Miteinander Lernen – Birlikte Öğrenelim (Hg.)

Frauen im Fremdland

Bildungsarbeit, Beratung und Psychotherapie mit Migrantinnen

Miteinander Lernen/Birlikte Öğrenelim (Hg.)

FRAUEN IM FREMDLAND

Bildungsarbeit, Beratung und Psychotherapie mit Migrantinnen

Gedruckt mit Unterstützung der Magistratsabteilung 7 (Kultur);
des Bundeskanzleramtes, Sektion I, Abt. 10, Grundsatzabteilung;
der Grünen Bildungswerkstatt Wien;
der Grünen Bildungswerkstatt Minderheiten;
des WHO-Projekts: „Wien – Gesunde Stadt".

Die Deutsche Bibliothek – CIP-Einheitsaufnahme
Frauen im Fremdland. Bildungsarbeit, Beratung und Psychotherapie mit Migrantinnen /Miteinander Lernen – Birlikte Öğrenelim/Wien: Promedia 1995
(Edition Forschung)
ISBN 3–900478–94–5
NE: Miteinander Lernen – Birlikte Öğrenelim<Wien>

© Promedia Druck- und Verlagsgesellschaft m.b.H., Wien 1995
Alle Rechte vorbehalten.
Umschlagentwurf: Gisela Scheubmayr
Lektorat: Gabriele Habinger
Druck: WB-Druck, Rieden
Printed in Germany
ISBN 3–900478–94–5

Inhaltsverzeichnis

Ruth Kronsteiner, Aurelia Weikert: Zu diesem Buch 7

Ruth Kronsteiner, Aurelia Weikert: Bu kitaba dair 10

1. Historisches, Selbstkritisches, Politisches

Karin Stangl-Mähner: Vom Türkinnenprojekt zum Verein *Miteinander Lernen – Birlikte Öğrenelim*. Die Entstehung eines feministischen Bildungs-, Beratungs- und Psychotherapiezentrums für Frauen, Kinder und Familien 14

Özet 29

Elisabeth Andeßner, Ruth Kronsteiner, Nilüfer Sözer, Patricia Zuckerhut: Konflikte, Erfahrungen, Entwicklungen im bikulturellen, feministischen Team 30

Özet 54

Aurelia Weikert: Der Seiltanz zwischen Frauenautonomie und Subvention. Geld und seine Auswirkungen auf Arbeit und Organisation 55

Özet 64

Patricia Zuckerhut: Rassismus und Feminismus 65

Özet 75

Ruth Kronsteiner: Fremdheit konstruiert per Gesetz. Gedanken zur „AusländerInnen"gesetzgebung in Österreich 76

Özet 86

2. Zielgruppenorientierte Bildungsarbeit

Cora Hiebinger, Aurelia Weikert: Deutschkurse mit Migrantinnen aus der Türkei – Erfahrungen und Konzepte 88

Özet 99

Aslıhan Karabiber-Ertuğrul: „Wenn du mich nur einen Buchstaben lehrst, werde ich 40 Jahre lang deine Sklavin sein". Alphabetisierung von Frauen aus der Türkei 100

Aslıhan Karabiber-Ertuğrul: „Bana bir harf öğretenin kırk yıl kölesi olurum". Türkiye'li kadınlarla okuma-yazma Öğretimi 107

Elisabeth Andeßner, Nilüfer Sözer: Analyse des türkischen und des österreichischen Schulsystems. Auswirkungen auf MigrantInnenkinder 112

Elisabeth Andeßner, Nilüfer Sözer: Avusturya ve Türk Eğitim Sistemlerinin İncelenmesi. Bu Eğitim Sistemlerinin Türkiye'li Göçmen Aile Çocukları Üzerindeki Etkileri 124

3. Krisenhafte Beziehungen in Beratung, Psychotherapie und Ethnologie

Judith Hanser: Von der Pflicht, realistisch zu sein, und vom Wunsch, das Unmögliche zu erreichen. „Sozial"arbeit mit Frauen aus der Türkei 136

Özet 140

Judith Hanser, Aslıhan Karabiber-Ertuğrul: „Ich bin wie ein Fisch". Protokoll und Evaluation einer Selbsterfahrungsgruppe mit Frauen aus der Türkei 141

Judith Hanser, Aslıhan Karabiber-Ertuğrul: „Balık Gibiyim". Türkiye'li Kadınlarla yapılan Bilinç Yükseltme Grubunun Protokolu ve Değerlendirilmesi.. 148

Ruth Kronsteiner: „Wenn die Worte fehlen, muß der Körper sprechen". Bewältigung und Hintergründe der Arbeitsmigration als psychische Krise 154

Özet 204

Sabine Strasser: *Cincilik* – eine Angelegenheit für die HeilerInnen? Zur Bedeutung von körperlichen Krisen der Frauen in einem türkischen Dorf 205

Özet 225

Die Autorinnen 226

Zu diesem Buch

> *Vom Weibe geht das Verderben aus,*
> *vom Weibe wird es vollendet.*
> *In wilden Weibern rast des Dämons Gewalt.*
> *Vom Manne dagegen soll die Rettung kommen.*
> J. J. Bachofen: Das Mutterrecht (1861/1975: 174)
>
> *Danach neigen Frauen dazu, sich mit den ihnen angesonnenen Weiblichkeitsentwürfen zu identifizieren, und zwar auch mit dem ihnen zugeschriebenen „Bösen": In ihrer komplementärnarzistischen Identifikationsbereitschaft produziert die Frau für den Mann dann auch noch den Dämon, den dieser in ihr sehen möchte.*
> Christa Rohde-Dachser: Expedition in den dunklen Kontinent (1991: 88)

Wir hatten 1993 unser zehnjähriges Bestandsjubiläum. Wir hätten es mit rauschendem Fest und Feuerwerk feiern können. Stattdessen nahmen wir es zum Anlaß, unsere jahrelange Arbeit und deren Entwicklung zu reflektieren, zu evaluieren, zu analysieren und die Ergebnisse zu publizieren. Also statt feiern noch mehr arbeiten.

Die Intention dieses Buches ist – neben der Präsentation unserer vielfältigen Tätigkeiten – die Analyse unserer Aktivitäten unter Einbeziehung der verschiedenen Zugänge, Spezialisierungsprozesse und fachlichen Ausrichtungen der Mitarbeiterinnen, um diese in der Öffentlichkeit zur Diskussion zu stellen. Damit meinen wir auch wirklich eine breite Öffentlichkeit – nicht nur SpezialistInnen, die mit „MigrantInnen" arbeiten, sondern jede Frau, jeden Mann, die/der Interesse daran hat, sich mit den eigenen Rassismen und Sexismen auseinanderzusetzen. Denn diese sind nichts anderes als Projektionen des Individuums auf die „Leinwand des Fremden". Wir projezieren alle auf das jeweils Andere.

Um auch Türkisch sprechenden LeserInnen dieses Buch zugänglich zu machen, wurden die Beiträge der türkischen Autorinnen und das Vorwort zweisprachig sowie Zusammenfassungen aller anderen Artikel in türkischer Sprache verfaßt.

Der Titel *Frauen im Fremdland* steht für eine Gemeinsamkeit von Frauen, die aus verschiedenen Blickwinkeln betrachtet wird. Frauen, die ins „Fremdland" Österreich kommen, Frauen, die im „Fremdland" Österreich geboren wurden, immer hier gelebt haben und sich trotzdem „fremd" fühlen, sind Autorinnen dieses Buches. Gemeinsamkeiten von und Unterschiede zwischen in- und ausländischen Frauen im Team als auch von und zwischen den „Hilfesuchenden" und den „Helfenden" sind zentrales Thema des vorliegenden Bandes. Wir entschieden uns, nicht ein einheitliches Gesamtwerk zu schreiben, sondern jeder

Autorin die Freiheit zu lassen, mit ihrer Methode, ihrer Sichtweise, ihrem fachlichen Hintergrund Beiträge zu verfassen. Inhaltliche Wiederholungen wurden absichtlich beibehalten und drücken wichtige gemeinsame Anliegen, Thesen und Schlußfolgerungen aus. So werden Themen wie persönliche, fachliche und institutionelle Entwicklungen, ganzheitlicher Beratungs- und Betreuungsansatz, Theorie und Praxis, AusländerInnengesetze, Rassismus und Sexismus sowie nicht zuletzt Finanzierung mehrfach und in unterschiedlichem Ausmaß behandelt.

Der Abschnitt *Historisches, Selbstkritisches, Politisches* wird mit der Darstellung der Entstehung und Entwicklung dieses Frauenprojektes eingeleitet. Dieser Beitrag zeichnet den Weg von idealistischen, hochmotivierten Anfängen zur professionellen Institution im psychosozialen Feld nach. Diesem historischen Abriß folgt eine Untersuchung des bikulturellen, feministischen Teams. Dabei stehen der Zusammenhang zwischen Sozialisation und Wahl des Arbeitsfeldes, die Entwicklung einer weiblichen Kultur am Arbeitsplatz und die Entscheidungs- und Machtstrukturen im Team im Zentrum der Betrachtung. An dieser Stelle erfolgt auf drei Ebenen die Auseinandersetzung mit Sexismus und Rassismus: der individuellen, der fachlichen und der institutionellen. Die Mitarbeiterinnen des bikulturellen feministischen Teams erleben sich als „zwischen den Stühlen" sitzend. Die politische Heimat von *Miteinander Lernen* befindet sich zwischen der österreichischen Frauenbewegung und der „AusländerInnenszene".

Differenzierte Ausführungen erfahren in diesem Abschnitt die Problemfelder der Finanzierung eines „autonomen" Frauenprojekts sowie des Anspruchs auf Effizienz unter Beibehaltung der gesellschaftskritischen Inhalte. Die SubventionsgeberInnen messen den Wert einer Arbeit an der gesellschaftlichen Anerkennung der Zielgruppe. Da die Gruppe der Arbeitsmigrantinnen, das heißt die personifizierte Verbindung von „fremd" und „Frau", am untersten Ende der Werteskala der Gesellschaft steht, schließt sich der Kreis wieder beim Thema Rassismus und Sexismus. Einerseits werden diese „Ismen" per Gesetz staatlich legitimiert und „Fremdheit" wird konstruiert. Andererseits findet sich diese Problematik auch in der weißen Frauenbewegung wieder. Dieser zugehörig, begannen wir 1983 – noch unter dem Motto von „Schwesterlichkeit" – unsere Arbeit, die sich vor allem auf den Bildungsbereich konzentrierte. Lehren, ohne Angst zu verbreiten, Lehren und Lernen als Austausch zwischen Frauen aus der Türkei und aus Österreich waren und sind – heute etwas differenzierter – zentrale Forderungen unseres Ansatzes.

Im zweiten Abschnitt *Zielgruppenorientierte Bildungsarbeit* steht neben der Sprachvermittlung die Notwendigkeit im Mittelpunkt, auf die spezifische Situation und die soziokulturellen Hintergründe der Frauen und Kinder im Rahmen des Kursgeschehens einzugehen. Die Aktivierung von vorhandenen Ressourcen in Verbindung mit Neuem fördert das Selbstbewußtsein der Lernenden. Zu diesem Zweck sind eine Erprobung und eine flexible Anwendung von Methoden der Sprachvermittlung unerläßlich. Dasselbe gilt für die Alphabetisierungskurse, die wir auf Grund unserer Erfahrungen ausschließlich in der Muttersprache der Teilnehmerinnen anbieten. Die oben angeführten pädagogisch-didaktischen Ansätze finden auch in unserer Arbeit mit Kindern Anwendung. Diese Ansätze haben jedoch weder im österreichischen noch im türkischen Schulsystem in der Förderung von sozial unterprivilegierten Kindern Eingang gefunden. Das österreichische Schulsystem gibt allerdings vor, allen Kindern die gleiche Chance auf Bildung zu bieten. Die Zahlen hingegen zeigen, daß die Sonderschulen noch immer mit MigrantInnenkindern „aufgefüllt" werden. Für die meisten Eltern und Kinder ist es ein schwerer Schlag, den Wunsch nach höherer Schulbildung als „unrealistisch" verwerfen zu müssen. Die Kluft zwischen Wunsch und Realität ist auch ein zentrales Thema in der „Sozial"arbeit mit MigrantInnen. „Sozial"arbeit dient, realistisch und kritisch betrachtet, der Aufrechterhaltung eines „Mangelsystems". Um dem entgegenzuarbeiten, versuchen wir, die von uns erbrachten unentgeltlichen Leistungen, die diverse Politikbereiche von uns fordern, in die Verantwortlichkeit derselben zurückzuführen. Somit entsteht eine unerläßliche Verbindung von politischer und sozialer Arbeit.

Diese Problematik wird im ersten Beitrag des Abschnitts *Krisenhafte Beziehungen in Beratung, Psychotherapie und Ethnologie* behandelt. Die Frau als Entität zu begreifen, ist die Voraussetzung dafür, Krisen zu bewältigen und soziales, körperliches und geistiges Wohlbefinden zu schaffen.

Die Selbsterfahrungsgruppe für Migrantinnen aus der Türkei zeigt einen Weg zur Erlangung von Wohlbefinden auf. Sie dient der Erforschung der eigenen Identität, dem Erkennen und Schätzen der eigenen Ressourcen zur Lösung von Konflikten und führt zur Wertschätzung der eigenen Persönlichkeit und schlußendlich zur Solidarisierung mit anderen Frauen.

Die Lebens- und Arbeitsbedingungen im Aufnahmeland verhindern oft eine positive Bewältigung der Krisen, die durch die Migration ausgelöst werden. Im Gegenteil, es entstehen neue Konflikte im Wechselspiel von innen und außen, zwischen Individuum und Gesellschaft. Die Frau wird zur Leidenden, zur Symptomträgerin einer kranken Gesellschaft. Psychische und psychosomatische Leiden dienen der Konfliktverarbeitung zum Nachteil des Individuums. Psychotherapie soll die Migrantin auf der Suche nach deren Ursachen und nach weniger einschränkenden und schmerzhaften Konfliktlösungsmodellen unterstützen und ihre Persönlichkeit stärken.

In einem Dorf an der Schwarzmeerküste der Türkei wird „Hysterie" als „Besessenheit" von Frauen verstanden. Die Besessenheit als Ausdruck einer Krise ist als eine Form der Verweigerung von Frauen gegenüber der herrschenden Gesellschaft zu verstehen. Frauen überschreiten im Rahmen von Ohnmachtsanfällen Grenzen. Doch verlassen sie die Welt der herrschenden Ideen, die sie mit den Männern teilen, meist nur während der unbewußten Inszenierungen. Diese werden angeblich nicht von ihnen selbst, sondern von DämonInnen geleitet. Dieses Konfliktlösungsmodell entlastet sowohl die Frauen als auch die Gesellschaft, bestätigt aber letztendlich die Ordnung, die wohl auch die Ursache für die Krisen darstellt.

Sowohl das Erkennen der herrschenden Ordnung in den einzelnen „Soziotopen", aus denen Frauen kommen und in denen sie jetzt leben, als auch das Erkennen von Identifikationen sowie der kritische Umgang mit beiden stehen im Zentrum unserer Arbeit. Die Bewältigung von Konflikten und Krisen sehen wir als Chance für Entwicklungsmöglichkeiten.

Die theoretischen Hintergründe für unsere Arbeit entnehmen wir verschiedenen Disziplinen – der Pädagogik, der Ethnologie, der Psychoanalyse, der systemischen Familientherapie und der Soziologie. Die feministische Wissenschaft stellt die Verbindung zwischen den Disziplinen und zwischen Theorie und Praxis her.

Ruth Kronsteiner, Aurelia Weikert, Wien 1994

Bu kitaba dair ...

1993 yılındaki, 10. kuruluş yıl dönümümüzü, şenlikler, havai fişekler ile kutlayabilirdik. Kutlamalar yerine, bu yıldönümünü, yıllardır süren çalışmalarımızı ve gelişimini yansıtmak, değerlendirmek, çözümlemek ve bunları yayınlamak için, bir fırsat olarak değerlendirdik. Yani kutlama yerine daha çok çalışma ...

Bu kitabın amacı, çok yönlü faaliyetlerimizin sunuluşu yanında, çeşitli girişimlerin çözümlenmesi, uzmanlaşma süreci ve çalışanların mesleki yönelimlerini kamuoyu önünde tartışmaya sunmaktır. „Kamuoyu" ile gerçekten geniş bir alanı kastediyoruz. Sadece göçmenlerle çalışan uzmanlaşmış kişileri değil, kendi içsel ırkçılık ve cinsiyet ayrımcılığını soruşturmak, incelemek isteyen her kadını ve her erkeği hedefliyoruz. Türkçe konuşan okuyuculara da ulaşmak için, önsöz, Türk yazarların makaleleri ve diğer makalelerin kısa özetleri Türkçe yayınlandı.

Bireyin, kendini „yabancı" üzerinden yansıtma olanakları sınırsızdır. Biz, hepimiz, kendimizi başka birinin üzerinden yansıtıyoruz. Kitabın adı *„Yabancı Ülkedeki Kadınlar"*; burada yaşayan farklı kadınların, ortak yönlerini, çeşitli bakış açılarından ifade etmektedir. Bu kitabın yazarları, „yabancı ülke" – Avusturya'ya gelen – ve „yabancı ülke" – Avusturya'da doğup, her zaman bu ülkede yaşamış olmalarına karşın – kendilerini „yabancı" hisseden kadınlardır. Aynı timdeki yerli ve yabancı kadınlar arasındaki benzerlikler ve farklılıklar gibi, „yardım arayan" ve „yardım sunan" kadınlar arasındaki benzerlikler ve farklılıklar da, bu kitabın ana temasını oluşturmaktadır.

Tek düze bir eser yazmak yerine, herkes, kendi yöntem ve bakış açısıyla, uzmanlık alanındaki makalesini yazma özgürlüğüne sahipti. Bizim için önemli olan istekler, tezler ve sonuçlar dile getirildiği için içeriksel tekrarlar, özellikle korundu. Böylece, kişisel, mesleksel ve kuramsal gelişmeleri, tüme yönelik danışmanlık hizmeti anlayışını, teori ve pratiği, Yabancılar Yasasını, ırkçılık ve cinsiyet ayrımcılığını, finans sorunlarını işleyen konular pek çok kez farklı boyutlarda ele alındı.

"Tarihsel, özeleştirisel, siyasal" adlı bölüme, projenin oluşumu ve gelişiminin sunulması ile başlandı. Makale, yüksek motivasyon ve idealizmle başlayıp, psiko-sosyal alanda profesyonel kurumlaşmaya doğru giden yolun taslağını çıkartmaktadır. Bu tarihsel özeti, feminist ve bikültürel timin çözümlenmesi izlemektedir. Bu yazının içeriğini ise, sosyalizasyon ile meslek seçimi arasındaki ilişki, iş yerindeki kadın kültürünün gelişimi ve timdeki karar verme-iktidar yapısı oluşturmaktadır. Cinsiyet ayrımcılığı ve ırkçılıkla ilgili tartışma, bireysel, mesleksel ve kurumsal üç boyut üzerinden yapılmaktadır. Bikültürel ve feminist timin bireyleri kendilerini „iki iskemle arasında oturuyor" gibi hissetmektedirler. Yukarıda sözü edilen tüm nedenlerden dolayı, Birlikte Öğrenelim derneğinin politik vatanı, „Kadın Hareketi" ile „Yabancılar Sahnesi" arasındadır.

Bu bölümde, yukarıda sözü edilen, „özerk" bir kadın projesinin finanse edilmesi ve toplumsal-eleştirel içeriği koruyarak, verimliliğe olan talep sorunsalları, farkı anlatımlarla tekrar ele alınmaktadır Bir çalışmayı finanse eden kurumlar, çalışmanın değerini, hedef grubun toplumsal kabulu ile ölçmektedirler. Göçmen işçi kadının bireyinde somutlaşan, „kadın" ve „yabancı" simgeleri, para verenlerin değer çizelgesinde en alt sırada yer aldığından, ırkçılık ve cinsiyet ayrımcılığı temasıyla bağlantısına da açıklık getirmektedir. Ki bu doktrinler, kanunlar aracılığıyla devletçe yasallaştırılmakta ve „yabancılık" oluşturulmaktadır. Bu sorun başka bir yönüyle „Beyaz Kadın Hareketi" nde de yer almaktadır. Bu hareketin mensupları olarak biz de, 1983'te, özellikle eğitim alanındaki çalışmalarımıza „kızkardeşlik" başlığı altında başladık. Bizim başlangıç noktamız, bugün biraz farklı da olsa, korkutmadan öğretmenin yanısıra, öğrenim ve öğretimi Türkiye'li ve Avusturya'lı kadınlar arasındaki bir alışveriş olarak görmekti.

Bu kitabın *„hedeflenen gruba yönelik eğitim çalışması"* başlığı altındaki ikinci bölümünde, lisan eğitiminin yanında, kadınların ve çocukların sosyo-kültürel kökenleri ve özgül durumlarının, kursun uygulanış çerçevesinde gözönünde bulundurulmasının gerekliliği ele alınmaktadır. Varolan özgül kaynakları, yeni olan ile bağlantısı içerisinde harekete geçirmek, öğrenenin bilinç düzeyini yükseltmektedir. Bu amaç için, lisan öğretimindeki yöntemlerin, değişken-esnek kullanımı ve denenmesi kaçınılmazdır. Bu, deneyimlerimizin sonucu, yalnız anadilde sunduğumuz okuma-yazma kursları için de geçerlidir. Yukarıda sözü edilen pedagojik-didaktik ilkeler, çocuklarla olan çalışmalarımızda da aynıdır.

Hem Avusturya hem de Türk eğitim sistemlerinde, sosyal bakımdan düşük düzeydeki çocuklar, kendilerini destekleyecek başlangıçtan yoksundurlar. Avusturya Okul Sistemi, tüm çocuklara aynı eğitim şansını verdiğini beyan etmesine karşın, yapılan istatistikler, „özel okulların" *(Sonderschule)* göçmen çocuklarınca doldurulduğunu göstermektedir. Yüksek öğrenime yönelik dileklerini, gerçekleşmesi olanaksız olarak kabullenmek zorunda kalmak, birçok ebeveyn ve çocuk için oldukça ağır bir darbedir. Gerçekle-dilek arasındaki uçurum, göçmen kadınlarla yapılan sosyal çalışmanın da ana konusudur. Gerçekçi ve eleştirisel bir gözle bakılacak olursa, „Sosyal Calışma"; aslında, eksiklikleri olan bir sistemin varlığını sürdürmesine hizmet eder. Bizlerse, buna karşı koyabilmek için, bizden ücretsiz talep edilen hizmetleri, ilgili politik „makamların" sorumluluğuna geri göndermeye çalışmaktayız. Böylece politik çalışma ile sosyal çalışmanın zorunlu bağlantısı oluşmaktadır.

Bu sorunsal, *„danışmanlık, psikoterapi ve etnoloji' deki buhranlı ilişkiler"* adlı bölümün ilk makalesinde işlenmiştir. Kadını „kendiliği" içinde kavramak, sosyal, bedensel, ruhsal sağlığının oluşturulmasında ve sorunların üstesinden gelmede en temel ögedir. Türkiyeli göçmen kadınlarla yapılan bilinç yükseltme grubu, sağlığa giden bir yolu göstermektedir. Bu grup çalışması, kişinin kimliğini araştırması, çelişkilerin çözümünde öz kaynaklarını tanıması ve değerlendirmesine hizmet etmekte; bireyin öz değerini anlaması ve diğer kadınlarla da dayanışmasına neden olmaktadır. Göç edilen ülkedeki yaşama ve çalışma koşulları, göç nedeniyle ortaya çıkan buhranların, olumlu olarak üstesinden gelinmesine genellikle olanak vermez. Tam tersine iç-dış, birey-toplum arasındaki değişen ilişkiler yeni çelişkilerin kaynağı olur. Kadın, hasta bir toplumun belirtilerini taşıyan, acısını çeken bireyidir. Ruhsal ve psikosomatik rahatsızlıklar, çelişkileri çözümleme çabasında, bireye zarar veren çeşitli görüntülerdir.

Psikoterapi, göçmen kadına sorunlarının ana nedenlerini araştırması, çelişkilerinin çözümünde kendisini daha az kısıtlayan, daha az acı veren yeni modellerle desteklenmesi ve kişiliğini güçlendirmesi işlevlerini üstlenmektedir.

Karadeniz bölgesindeki bir köyde, kadınlar tarafından „histeri" „cin çarpmışlık" olarak adlandırılmaktadır. „Cin çarpmışlık" halini, kadınların hükmedici toplumsal yapıyı rededişlerinin bir biçimi olarak anlamak gerekmektedir. Bayılma, kendini kaybetme nöbetleri sırasında, kadınlar, varolan toplumsal sınırları aşmaktadırlar. Erkeklerle paylaştıkları, hüküm süren toplumsal değerlerin dünyasını terketme, ancak yalnızca bilinçdışı sahnelemeler sırasında gerçekleşmektedir. Bu da kendilerince değil, güya cinler tarafından yönetildiklerindendir. Bu, gerek kadınların gerekse toplumun sorumluluğunu hafifleten, çelişkiyi çözme modeli, aslında buhranı yaratan ana nedenleri taşıyan düzeni onaylamaktadır.

Hem, kadınların içinden geldikleri ve şimdi içinde yaşadıkları, tek tek sosyal gruplarda hüküm süren düzenin tanınması, hem de buna karsı eleştirel tavır ve davranışlarda bulunma, yani bununla özdeşleşmelerin anlaşılması çalışmalarımızın odak noktasını oluşturmaktadır. Çelişki ve krizlerin üstesinden gelmeyi, gelişme olanakları için bir şans olarak görmekteyiz.

Teorik bazımızı, Pedagoji, Etnoloji, Psikoanaliz, Sistem Aile Terapisi gibi çeşitli disiplinlerden almaktayız. Feminist bilim de, hem disiplinler hem de teori-pratik arasındaki bağlantıyı ortaya koymaktadır.

Ruth Kronsteiner ve Aurelia Weikert, Viyana 1994

Çeviri: Aslıhan Karabiber-Ertuğrul

1.

Historisches, Selbstkritisches, Politisches

Karin Stangl-Mähner

Vom Türkinnenprojekt zum Verein Miteinander Lernen – Birlikte Öğrenelim

Die Entstehung eines feministischen Bildungs-, Beratungs- und Psychotherapiezentrums für Frauen, Kinder und Familien

Als ich begann, mich damit auseinanderzusetzen, wie sich die Entstehungsgeschichte des Vereins *Miteinander Lernen* am besten für dieses Buch darstellen ließe, wurde mir bald klar, daß ich dieser Aufgabe mit einem bloßen Auflisten von Daten und Fakten nicht gerecht werden kann. Zum einen gibt es gerade aus der Anfangszeit keine schriftlichen Dokumente, aus welchen ich Informationen beziehen hätte können; zum anderen erschien es mir viel spannender, vor allem die Motivationen und Hintergründe von zehn Jahren Projektarbeit mit Migrantinnen zu beleuchten. So entstand die Idee, die drei Gründerinnen des Vereins Judith Hanser, Uschi Oran-Daniel und Sabine Strasser zu interviewen und die Geschichte aus deren persönlichen Blickwinkeln erzählen zu lassen.

Dem Interview liegt kein detaillierter Fragebogen zugrunde, die drei Frauen erzählten aus ihrer subjektiven Sicht und bestimmten den Ablauf des Gespräches. Meine Rolle als Interviewerin beschränkte sich auf gelegentliches Nachfragen und Zusammenfassen. Das Gespräch wurde aufgezeichnet und anschließend transkribiert. Ich war bemüht, den Text möglichst authentisch wiederzugeben, habe aber im Sinne der besseren Lesbarkeit geringfügige Änderungen, wie zum Beispiel Kürzungen und Umstellungen einzelner Passagen, vorgenommen.

Zur Orientierung möchte ich dem Interview die wichtigsten Stationen der Entwicklung des Vereins voranstellen:

1983	Projektplanung und -vorbereitung, Beginn des Nähkurses mit Kinderbetreuung in Räumlichkeiten der Volkshochschule (VHS) Ottakring, Projektträger war der Verein Frauensolidarität[1];
ab 1984	entstanden Deutsch- und Alphabetisierungskurse (jeweils mit Kinderbetreuung), eine Vorschulkindergruppe, Lernhilfegruppen für Schulkinder, Sozialberatung, Frauengesprächsrunden;
1985	Konstituierung als bikulturelles Team;
1986	Gründung des Vereins *Miteinander Lernen – Birlikte Öğrenelim*;
1989	Übersiedlung von der VHS in ein eigenes Vereinslokal, Mitbegründung des „Dachverbandes der Bildungs- und Beratungseinrichtungen für ausländische Frauen"[2];

1991   Einrichtung einer Familienberatungsstelle für MigrantInnen;
1992   Aufbau des Psychotherapieangebotes für Frauen, Kinder und Familien;
1993   Suche nach einem größeren Vereinslokal.

„Wir haben den Nähkurs feministisch definiert" – Gespräch mit den Vereinsgründerinnen

Sabine: Der Verein Frauensolidarität wollte damals neben Projekten, die er in sogenannten Dritte-Welt-Ländern aufgebaut hatte, auch in Österreich etwas machen.

Judith: Ich bin zur Frauensolidarität gegangen, weil ich mir gedacht habe: „Ich muß mich jetzt als Frau entwickeln." Da ist mir die Frauensoli in die Quere gekommen, „Aha, da ist ein Verein, da sind nur Frauen, die initiieren Projekte für Frauen in der Dritten Welt". Das hat mir gefallen, das war mir wichtig, da bin ich hingegangen und wollte schauen, wie's mir dort geht. Da war noch keine Idee von türkischen Frauen, oder daß ich selber was mache; ich wollte eigentlich für mich dort etwas bekommen. Es hat Verbindungen der Frauensolidarität-Frauen zu Elisabeth Brugger gegeben, die damals pädagogische Assistentin in der Volkshochschule Ottakring war.

Sabine: War das nicht die Zeit, als die Arbeiten zur IHS-Studie[3] „Ausländische Arbeitnehmer in Österreich" schon gelaufen sind? Da haben Eva Kreisky und Gerda Neyer mitgearbeitet, die beide in der Frauensoli waren.

Judith: Und die Frauensoli hat sich immer im IHS getroffen. Die Idee zu einem Projekt in Österreich war sicher schon da, bevor wir dazugekommen sind.

Uschi: Nach meinem Nicaragua-Aufenthalt und einem Mexiko-Aufenthalt, wo ich mir nachher gedacht habe „Nein, ich muß doch nicht in die Dritte Welt, sondern ich schaue einmal, was die Dritte Welt bei uns macht", habe ich angefangen, in einer Sozialpädagogischen Beratungsstelle im 16. Bezirk Kindern Nachhilfe zu geben. Da habe ich freiwillig, das heißt unbezahlt, mitgearbeitet, was alle gewundert hat, daß jemand, ohne Geld zu verlangen, etwas tun will. Ich habe gesagt, ich möchte gerne etwas machen und bin dort dazugekommen. Der Sozialarbeiter, der dort gearbeitet hat, hat gesagt, es kommen so viele Kinder, die sie nicht betreuen können, ob ich das nicht machen möchte. Ich habe eigentlich keine genauen Vorstellungen gehabt, ich wollte mit Kindern etwas machen. Er hat mich gefragt: „Was wäre mit ausländischen Kindern?" Ich habe jugoslawischen und hauptsächlich türkischen Mädchen Nachhilfe gegeben. Das hat mir gut gefallen. Da bin ich so ein bißchen reingekommen, habe die Wohnungen gesehen von den Kindern, weil ich sie öfters nach Hause gebracht habe, die Sprache war mir sehr exotisch.

Gleichzeitig habe ich für ein Seminar „Frauen in der Dritten Welt" auf der Uni Texte zusammengestellt, als Reminiszenz an Nicaragua und Mexiko. Dann hat mich jemand angesprochen, daß die Frauensoli ein Projekt mit türkischen Frauen machen möchte. Da bin ich dann einmal hingegangen. Glücklicherweise war ich mit meinem Studium schon ziemlich am Ende, mit den Nerven auch schon. Ich wollte mit dem Studium nichts mehr zu tun haben und hatte eigentlich auch keine Lust, das Probejahr zu machen. Da hat sich das ganz gut ergeben. Dann habe ich Judith kennengelernt, die mir damals schon vorgestellt wurde als eine, die sehr gut Türkisch kann und dolmetschen könnte.[4] Am Anfang waren wir dann bei einer Diskussion, ob ein Nähkurs für Frauen überhaupt feministisch zu vertreten ist oder nicht wieder die Frauen in dem ewigen Klischee, daß sie nämlich nähen dürfen, festigt. Das waren lange Diskussionen. Wir haben überlegt, daß es mit einem Nähkurs einfacher ist, türkische Frauen anzusprechen. Es war uns wichtig, daß wir überhaupt erst einmal an die türkischen Frauen herankommen.

Sabine: Ein Nähkurs war die geringste Barriere, weil sie da ja gewisse Fähigkeiten haben, die sie ausbauen können. Das wichtigste war in unseren Augen ja, daß sich die Frauen treffen. Nicht, daß sie nähen lernen, sondern daß sie Kontakt untereinander haben und auch eine Gruppe gründen, die sich selbst weiterhelfen wird.

Uschi: Das heißt, wir haben den Nähkurs schon feministisch definiert, also nur Nähkurs – das hätten wir nicht auf uns sitzenlassen können. Wir haben uns schon etwas dabei vorgestellt. Auch daß die Männer da wahrscheinlich nichts dagegenhaben, daß sie die Frauen einfach einmal weglassen, war uns wichtig. Die Frauen sollten einmal kommen. Ob sie jetzt nähen lernen, war uns völlig gleichgültig.

Bevor der Kurs begonnen hat, haben wir Flugblätter gemacht, am Brunnenmarkt verteilt und plakatiert.

Judith: Wir sind auch in die Häuser rund um die Volkshochschule gegangen und haben an die Anschlagbretter Flugblätter geklebt, auch bei den Busstationen. Das Ansprechen von Frauen im Park war immer so peinlich. Wir haben immer überlegt: „Sollen wir oder sollen wir nicht? Wie kann ich das überhaupt machen?" Ich habe da ein sehr ungutes Gefühl dabei gehabt.

Uschi: Zur selben Zeit, im Herbst 83, habe ich mit einer sozialtherapeutischen Ausbildung begonnen. Dort habe ich eine Frau kennengelernt, die mir von einer Freundin erzählte, die Ethnologie studiert und auch unbedingt etwas mit Türkinnen machen möchte – und das war dann die Sabine. Die Sabine habe ich dann das erste Mal gesehen bei einem Treffen in der VHS.

Sabine: Das war das erste Treffen, das gedacht war als Gründungstag des Projektes, zu dem eigentlich die Frauen, die ihr am Brunnenmarkt angesprochen habt, kommen sollten. Und dann sind dort acht tatenhungrige Frauen gesessen, die die „armen" Türkinnen betreuen wollten, den „Armen", „Letzten" in der österreichischen Gesellschaft endlich helfen wollten, sowie zwei türkische Männer – und eine türkische Frau. Das war mein Eindruck, als ich dort reingekommen bin, und ich habe gedacht: „Oh Gott, oh Gott, so leicht ist das ja gar nicht." Wie dann plötzlich doch Frauen zum Nähkurs gekommen sind, war eigentlich nie klar. Es ist dann keine Werbung mehr gemacht worden, es hat sich einfach herumgesprochen, daß es so etwas gibt. Es waren auf einmal fünf Frauen, dann zehn Frauen, 15 Frauen und dann viel zu viele Frauen und zu viele Kinder da.

Uschi: Die wir wieder wegschicken mußten.

Sabine: Ich habe eine andere Geschichte gehabt, wie ich dazugekommen bin. Bei mir war das viel weniger zufällig. Ich habe Ethnologie studiert und habe angefangen, mich in Richtung Frauen und Entwicklungspolitik zu interessieren. Ich habe begonnen, die „beiträge zur feministischen theorie und praxis" zu lesen. Da war ein Artikel drin über das Berliner Beratungszentrum für türkische Frauen. Ich bin im Bett gesessen mit diesem Artikel und hab' gedacht: „So, und das mache ich in Wien auch. Das muß in Wien auch passieren." Das war sehr gescheit, wie die das beschrieben haben, ganz einfach: auch mit Nähkurs, Deutschkurs und Kinderbetreuung. Ich habe dann herumerzählt, daß ich so ein Projekt in Wien machen will. Dann erfuhr ich von Frauen, die auch in diese Richtung arbeiten wollten. Ich bin gezielt dorthin gegangen und hab' gedacht: „So, jetzt geht's los."

Ich war irrsinnig jung, gerade über 20, und war begierig darauf, was zu verändern in der Welt, mit den damaligen Ansprüchen, das heißt: helfen, unterstützen, aufmerksam machen. Das waren ganz andere Ziele, als sich dann im Laufe der Zeit herauskristallisiert haben. Es hat auch in die damalige politische Szene gepaßt, wo die Frauenprojekte-Szene angefangen hat. Davon beeinflußt waren gewisse Vorstellungen, aber es war ganz klar: Ich mache das, um zu helfen. Ich mache das ohne Geld. Wir machen das mit einer gehörigen Portion Idealismus, nämlich daß der Staat damit nichts zu tun hat, sondern wir als bewußte Frauen mit anderen Frauen gemeinsam, die uns dann vielleicht Türkisch beibringen, und wir ihnen Deutsch, alles im Austausch. Wir hatten zwar ein Riesenprojekt im Kopf, aber keine Idee, daß man sowas auch finanzieren muß. Da habe ich lange gebraucht, bis ich kapiert habe, daß staatliche Förderungsmittel für solche Zusammenhänge einfach unumgänglich sind, daß es eine gesellschaftliche Arbeit ist, die wir da leisten. Für mich war das lange so ein „Ich tu das so gern und ich bin so gut". Das „Moralisch-gut-Sein" war für uns alle so wichtig. Die Uschi hat anfangs ein schlechtes Gewissen gehabt, weil sie die einzige war, die ein bißchen Geld gekriegt hat.

Uschi: Ja, ich habe Akademikertraining gemacht, 5.000 Schilling habe ich gekriegt. Aber das war auch erst später, denn im Herbst 83 haben wir begonnen. Ich war Ende 83 mit dem Studium fertig. Die Frauensoli hat vorgeschlagen, sie könnten mich über Akademikertraining anstellen. Mir hat das gepaßt, in die Mittelschule wollte ich sowieso nicht. Die geringe Bezahlung war das kleinste Problem, im Gegenteil, ich habe ein schlechtes Gewissen gehabt. Aber ich habe dann auch mehr gemacht. Ich habe bald mit der Nachmittagsbetreuung von Schulkindern angefangen. Meine Eltern meinten, als Akademikerin stünde mir auch ein angemessenes Gehalt zu. Das war mir aber ganz egal. Die Arbeit war so eine Art Droge – es war einfach toll, was wir da aufgebaut haben, zum ersten Mal in Österreich, für türkische Frauen. Wir haben geholfen, Aktionen gemacht, zum Beispiel: Geld sammeln, Einkaufen fürs Wochenende für eine Familie. Die Stunden, die wir gearbeitet haben, haben wir nicht gezählt.

Sabine: Es war für uns in erster Linie politische Arbeit, wir verändern die Welt, wir sind am „Nabel des Veränderungsbedürftigen".

Uschi: Genau. Wir machen was für türkische Frauen, niemand sonst hat sich um die gekümmert, und wir machen das. Wir haben uns da reingestürzt mit unserem ganzen politischen und sozialen Engagement. Am Anfang gab es also einmal in der Woche diesen Nähkurs. Aber es hat sich eigentlich sehr schnell herauskristallisiert, daß es so läuft, wie wir es uns gewünscht haben. Wir haben nämlich den Frauen keinen Deutschkurs angeboten, sondern die Frauen haben selbst einen Deutschkurs verlangt. Das erste, was sie wollten, war zwar für die Kinder. Sie haben die Kinder im Nähkurs mitgehabt, die Kinder wurden anfangs im selben Raum betreut. Die Nählehrerin hat einige Sachen auf die Tafel geschrieben in Deutsch; Judith hat das dann übersetzt. Die Kinder, die im Vorschulalter waren, hatten auch Schwierigkeiten, Deutsch zu reden. Die Frauen haben gefragt: „Was ist mit unseren Kindern? Könnt ihr sie nicht am Nachmittag betreuen, es geht ihnen schlecht in der Schule." Das war eigentlich das erste, aber das zweite war dann: „Könnt ihr nicht einen Deutschkurs für uns machen?" Das war schon ein Erfolgserlebnis für uns, weil es nicht beim Nähkurs geblieben ist, den wir ja wirklich nur als Mittel zum Zweck betrachtet haben. Es ist nicht so gelaufen, daß wir gefragt haben: „Wollt ihr nicht auch Deutsch lernen?", sondern es ist so gekommen, daß es ein Anliegen der Frauen war. Am Montag, den 16. 1. 1984, haben wir zum ersten Mal Deutschkurs gemacht. (Uschi liest aus ihrem Tagebuch vor:) *„Zum ersten Mal Deutschkurs für türkische Frauen! Aber es kam nur eine Frau. Na ja, wenn sie wiederkommt, ist es recht, wenn nicht ... na ja. Zu Hause Türkisch gelernt und für morgen Nähkurs vorbereitet."* Türkisch lernen – auch etwas Wichtiges. Noch bevor ich mit dem Deutschkurs begonnen habe, war mir klar, ich muß Türkisch lernen. Endlich mal was, was ich gern lernen möchte nach fünf Jahren ödem Biologiestudium. Gut. Und dann schreibe ich weiter: *„Ich weiß nicht, ob das Tagebuchschreiben mir wirklich guttut. Weg vom persönlichen Kleinkram! Wieso nicht ein Tagebuch über das Türkinnenprojekt? Heute war der erste Deutschkurs. Wir sind gespannt, wie es werden wird. Die erste Frau kommt, aber geht bald wieder. Sie erkundigt sich nur nach Lernmöglichkeiten für ihre Kinder. Dann endlich kommt noch eine Frau, wir beginnen mit unserem Programm: Ich heiße Uschi. Wie heißt du? – Ich heiße Sabine. Wie heißen Sie? – Rabia. Wir probieren es öfters. – Ich heiße Rabia. – Woher kommen Sie? – Türkei. – Ich komme aus Österreich. Sie kommen aus der Türkei. – Wieso heißt es „aus Österreich", aber „aus der Türkei"? Wieso brauchen Türkinnen einen Artikel? – Wo wohnen Sie? – Wien. – Wir alle wohnen in Wien. Alles noch einmal von vorne. Rabia zieht ihr Heft heraus und schreibt die Sätze auf. Murat ist auch dabei. – Wie heißt du? – Murat. „Murat" ist die Antwort auf alle Fragen, die wir ihm stellen. – Wo wohnst du? Was machst du? Aber ich bin schon froh, wenn* *er heute lacht, denn Murat war im Spital und das letzte Mal im Nähkurs nicht wegzubringen von seiner Mutter. Nach einer Stunde sind wir alle mehr oder weniger erschöpft. Unsere Türkischkenntnisse sind viel zu gering, als daß eine Verständigung möglich wäre, und ich bin so müde."* Also das war der erste Deutschkurs. Zuerst ist eine Rabia gekommen, dann noch eine Rabia. Was wir uns vorbereitet hatten, war so, daß wir wirklich nach einer Stunde erschöpft waren. Wir, Sabine und ich, haben lange Zeit zu zweit unterrichtet, weil wir einfach unsicher waren. Wir haben die Stunden gemeinsam vorbereitet.

Sabine: Da es zu der Zeit überhaupt kein Material gegeben hat – es hat halt Deutschbücher für Studenten und Studentinnen gegeben, da haben wir uns angesehen, wie man Vorstellungsrunden macht –, haben wir unserer Phantasie entsprechend irgendwelche Stunden konstruiert, die wir dann eh' nicht so gehalten haben, weil wir ja so damit beschäftigt waren, uns irgendwie mit den Frauen zu verständigen. Das war unser Hauptproblem – à la „urlab".

Uschi: „Urlab" haben wir im Wörterbuch nachgeschaut, welches türkische Wort könnte dieses „urlab" sein.

Sabine: „Urlab'a gidiyorum", hat sie gesagt. (= Ich fahre auf Urlaub.)

Wir haben eine Zeitlang gemeinsam Türkisch gelernt. Ich habe mit meinem Projekt im Kopf, daß man in Österreich auch ein türkisches Frauenhaus aufbauen muß, schon vorher angefangen auf der Uni.

Uschi: Genau. Du hast ja schon im vorhinein prophylaktisch Türkisch gelernt. Ich bin in den praktischen Kurs „Türkisch für Lehrer" am Pädagogischen Institut gegangen. Abgesehen davon, daß die meisten Lehrer wissen wollten, was heißt: „Halt den Mund!" und „Bring die Hausübung!", war es mit dem Buch „Türkisch für Sie" nicht ganz so abgehoben wie auf der Uni.

Sabine: Ja, ich hab' zuerst einmal die Vokalharmonie und die Grammatik gelernt, und wo die Schlachten des Osmanischen Reiches stattgefunden haben, aber nicht das, was ich für die Frauen brauchte.

Das war die intensivste Zeit, das Frühjahr 84. Wir zwei haben viel zusammen gearbeitet am Entwickeln von Deutschkursen, haben uns Bücher aus Deutschland schicken lassen.

Uschi: Genau. Wir haben uns mit Elfi Pennauer getroffen, einer Fachfrau auf dem Gebiet der Vermittlung von Deutsch als Fremdsprache.

Judith: In der VHS hat es ein Koordinationstreffen gegeben, für Deutsch als Fremdsprache, da wart ihr auch.

Uschi: Ja, wir haben da einige Sachen gemacht.

Und parallel zu unseren Kursen sind dann die ersten Sitzungen im Ministerium dazugekommen.

Sabine: Da war die Judith tonangebend.

Uschi: Wir hatten absolut keine Ahnung, wie man in einem Ministerium verhandelt.

Judith: Ich hab' das auch nicht gewußt.

Sabine: Aber du hast das gut gekonnt.

Uschi: Es ist zuerst darum gegangen, eine Aktion 8000 zu bekommen. Wir haben dann eine Frau gefunden, die eine Langzeitarbeitslose war. Sie ist einige Male gekommen und hat Kinderbetreuung gemacht. Sie konnte sehr gut mit den Kindern umgehen, und wir haben gedacht: „Ja, das paßt." Wir sind allerdings davon ausgegangen, daß alle so sind wie wir, daß man sämtliche Zeit und Energie ins Projekt steckt und nicht aufs Geld schaut.

Wir haben damals Frauen gesucht, die in mögliche Anstellungsverträge reinpassen, und nicht Anstellungsverträge für die Frauen, die schon mitgearbeitet haben. Dieses Problem hat sich über Jahre gezogen.

Judith: Mit den Finanzierungsplänen hat es dann auf zwei Ebenen eine Entwicklung gegeben. Einerseits extern, was das Angebot für die türkischen Frauen betrifft, andererseits auch intern, indem wir uns als Team konstituiert und unsere eigenen Strukturen aufzubauen begonnen haben. Es hat Diskussionen gegeben: „Gibt es ein gemeinsames Ziel, müssen wir alle gleich denken und dieselben Ziele verfolgen? Verdienen wir alle das Gleiche?" Es hat ja bald die Situation gegeben, daß einige ein Dienstverhältnis hatten und Geld bekommen haben und einige bestenfalls einmal was gekriegt haben, wenn von Spenden etwas übriggeblieben ist. Das hat dann letztendlich dazu geführt, daß wir einen eigenen Verein gegründet haben. Bis dahin waren wir ja das „Türkinnenprojekt Ottakring" des Vereins Frauensolidarität.

Sabine: Das war dann schon zu einer Zeit, wo das Problembewußtsein gegenüber AusländerInnen in Österreich gestiegen ist, die Studie des IHS ist herausgekommen. Wir haben Kontakt zu anderen Frauen gekriegt, die 1984 dann mit ähnlichen Projekten angefangen haben.[5] Zuerst ist es nur darum gegangen, gemeinsame Ziele zu formulieren.

Uschi: Und um Informationsaustausch, „Wie macht ihr einen Kurs" etc.

Sabine: „Warum kommen die Frauen zu euch?" war erst einmal die Frage, denn unser Deutschkurs ist schon gelaufen, bevor sie angefangen haben. Da haben wir erzählt vom Beginn mit dem Nähkurs usw. Es ist dann darum gegangen, warum es bei uns funktioniert hat, warum die Frauen selbst Wünsche formuliert haben.

Uschi: Die Kontakte sind immer dichter geworden. Auch zu politisch aktiven Türken und Kurden, die den Projekten wohlwollend gegenübergestanden sind.

Sabine: Wir sind langsam in die Szene reingewachsen.

Uschi: Und immer mehr hat die Finanzierungsarbeit zugenommen, was mir schon zu Anfang nicht viel Spaß gemacht hat, Anträge schreiben, Verhandlungen mit den Ministerien etc.

Judith: Buchhaltung führen.

Sabine: Wir haben auch angefangen, Spendenaufrufe zu schreiben. Dann haben wir uns damit auseinandersetzen müssen, daß die Frauensolidarität meinte, wir hätten keinen Raster für unsere Arbeit, das heißt, es sei zu wenig schematisiert, zu wenig klar, wo wir hinwollten. Wir waren völlig baff, denn wir haben ja gewußt, wir wollen helfen, und das ist doch wohl genug als Ansatz. Und wir sind Feministinnen, das ist doch wohl klar, was das ist. Wozu sollen wir da einen Raster angeben. Frauen, die Hilfe brauchen, und wir, Frauen, die bessergestellt sind, machen miteinander das Projekt.

Uschi: Bald hat die Frauensoli mit uns nicht mehr mitgearbeitet. Am Anfang sind sie noch zu Treffen gekommen, haben bei der Kinderbetreuung mitgemacht und sich für alles interessiert. Wir sind zu Frauensoli-Treffen gegangen, aber dort ist über ganz etwas anderes geredet worden. Und das „Türkinnen-Projekt" war so ein Anhängsel. Ich hab' mich dort nicht mehr wohlgefühlt.

Judith: In der Frauensoli hat es aber zwei Linien gegeben: Die einen haben uns angegriffen, für mich war das ein Konflikt zwischen Kopf- und Handarbeit, die anderen haben uns aber sehr unterstützt, auch ideell, und haben sich gefreut, daß sich aus dem Projekt etwas entwickelt.

Sabine: Der Konflikt mit der Frauensoli war auch das Ergebnis einer typischen Ablösesituation. Da waren die „alten" Frauen, die Gründerinnen der feministischen Bewegung in Wien und Österreich, die die ganze Geschichte mitgekriegt haben. Und da kommen so junge unerfahrene Frauen daher und wollen Aktionen setzen.

Judith: Auch daß wir dann doch Gelder aufgestellt haben, war so ein Schritt, der vielleicht einerseits Bewunderung ausgelöst hat, andererseits auch Skepsis.

Sabine: Für mich war die Arbeit im Projekt auch eine Auflehnung gegen die etablierte Wissenschaft. Ich war auf der Uni, das war mir fad. Ich habe im Projekt eine Möglichkeit gesehen, mit ethnologischen Themen zu tun zu haben, aber auf ganz andere Art, wo ich was einbringen kann. Was mich dazu geführt hat, daß mich die Ethnologie wieder zu interessieren begonnen hat.

Uschi: Ich als Lehrerin hab' gewußt, daß ich an Biologie kein Interesse habe, und daran, an eine Mittelschule zu gehen, schon gar nicht. Aber im Projekt kann ich meine pädagogischen Fähigkeiten so einsetzen, wie ich es will, nämlich zu lehren, ohne Angst zu verbreiten, in einem angenehmen Rahmen, wo sanft und liebevoll umgegangen wird. Wir, die Lehrenden mit den Lernenden, das ist ein Austausch, das war unser Ansatz, unser Ziel. Wir wollten auch etwas lernen dadurch und nicht nur die Lehrerinnen sein.

Sabine: Das war der Leitsatz für die Deutschkurse: angstfreies miteinander Umgehen. Die Frauen, die überall verschreckt und zurückgewiesen werden, schicken wir nicht weg, egal mit welchen Problemen sie zu uns kommen. Wir machen alles an einem Platz. Da hatten wir damals schon diesen holistischen Ansatz, den wir später erst deutlich formuliert haben. Wir haben jede einzelne Frau in absoluter Einzelbetreuung behandelt. Der Deutschkurs war die Anlaufstelle für eigentlich alles, für alle Defizite.

Judith: Wobei die Beratung, deklariert als Arbeitsbereich „Beratung" am Anfang nicht da war, sondern die hat sich einfach ergeben.

Uschi: Was wir alles bereitwillig und gern gemacht haben, mit dem Wunsch „Wir lernen es!". Da ist auch unser Name *Miteinander Lernen* entstanden. Wir haben uns zwar später gedacht: „Wie konnten wir nur so blöd sein, *Miteinander Lernen* zu wählen", weil das wirklich blöd klingt, wenn man irgendwo anruft, und sich mit „Miteinander Lernen" meldet. „Warum heißen wir nicht z. B. ‚Beratungsstelle'?" Aber es war damals, als wir den Namen gefunden haben, wirklich gar nicht komisch. Wir haben uns gar nicht überlegt, wie das für andere Leute klingt, denn für uns war das einfach der Leitsatz.

Sabine: Wir haben zu Beginn ein ganz fixes Bild von einer Türkin gehabt, das von Vorurteilen gespickt war und das wir erst im Laufe der Jahre zu hinterfragen gelernt haben. Sie waren für uns auch die auf 30 Quadratmeter eingesperrten „Kopftuchtürkinnen". Gleichzeitig – das war so eine Idealvorstellung – haben wir schon geglaubt, daß sie eigentlich radikaler sind als die Österreicherinnen. Indem sie am äußersten Rand der Gesellschaft stehen und stark bedroht sind von dieser Gesellschaft, wird es sich von selbst ergeben, daß sie sich schnell in andere Richtungen entwickeln werden, wenn sie sich treffen, wenn es einen Punkt gibt, an dem sie ansetzen können. Im Grunde war's schon so, daß wir geglaubt haben, das werden alles Feministinnen. Aber es hat einmal einen Schritt gegeben, wo wir definitiv gesagt haben: „Wir stellen keine feministischen Ansprüche an die Frauen, sonst können sie da nicht herkommen." Das war nicht selbstverständlich, sondern wir sind erst draufgekommen, daß wir unser Weltbild nicht so eins zu eins übertragen können, sondern daß die Frauen selbst ihre Ziele formulieren lernen und daß sich daraus dann weitere Ansprüche ergeben werden.

Auf der anderen Seite haben wir relativ bald angefangen, uns mit den österreichischen Gesetzen auseinanderzusetzen, weil wir ja auch gesellschaftspolitisch eingreifen wollten. Wir wollten ja auch die österreichischen Verhältnisse verändern und an die Öffentlichkeit gehen mit den ersten Artikeln, die wir dann geschrieben haben. Wir haben geglaubt, wir sind jetzt die Expertinnen, die wissen, was die türkischen Frauen wollen, und wir formulieren das auch.

Es war schon so ein Prozeß: von einem feministischen Anpruch für alle zum Anspruch „Hilfe zur Selbsthilfe". Und da war der Deutschkurs die Basis schlechthin. Wenn die Frauen sich ausdrücken können – beim Arzt, in den Krankenhäusern, vor Gericht, in ihrem Alltag, beim Einkaufen – wenn sie diese Fähigkeiten und Kompetenz erwerben, dann werden sie als erwachsene Menschen wahrgenommen und können sich überall wehren. Das war ja unser wichtiger Ansatz: das sind erwachsene Frauen und keine Kinder. Nur weil sie die Sprache nicht können, werden sie als Kinder und dumme Menschen behandelt. Und dieses Defizit werden wir mit unserer Arbeit jetzt beheben.

Was die Umsetzung der feministischen Ideale betrifft ... also da waren wir schon oft auch enttäuscht, weil wir einfach gemerkt haben, die Frauen kommen und wollen, daß wir ein Formular übersetzen, einen Antrag ausfüllen. Aber darüber hinaus haben sie nicht das Gefühl gehabt, sie tragen diesen Verein mit uns gemeinsam. Das war nicht so unmittelbar sichtbar, daß sie daran auch Interesse hätten.

Es sind dann im Laufe der Zeit auch Frauen aus linken politischen Kreisen gekommen, und es sind auch Kurdinnen dazugekommen. Uns ist klargeworden, welche Schwierigkeiten da auch dazukommen, wenn es einfach zwei ethnische Gruppen gibt, die eigentlich in einem permanenten Kampf leben. Das hat sich in den Kursen auch fortgesetzt. Aber zum Teil haben wir manchmal Konflikte zwischen den Frauen – Kurdin und Türkin – gesehen, wo noch gar keine waren. Wir haben auch gesucht nach diesen politischen Konflikten und auch nach den Emanzipationsbestrebungen der Frauen. Gemäß dem feministischen Konzept „Gemeinsam sind wir stark" haben wir auch geglaubt, daß die Frau eines Imam mit der Frau eines „Checkers" einer politischen Partei sehr wohl gemeinsame Probleme ausfindig machen kann, und die werden sie dann auch gemeinsam diskutieren. Daß es auch Unterschiede zwischen diesen Frauen gibt, haben wir zwar wahrgenommen, aber nicht als einen ganz wesentlichen Aspekt der feministischen Diskussion. Uns ist es vielmehr um das „Gemeinsam sind wir stark" gegangen, die „Differenzdebatte"[6] hat es ja damals noch nicht gegeben.

Wir, die Uschi und ich vor allem, haben uns eigentlich den Frauen unterworfen. Wir waren so dankbar, daß sie gekommen sind und etwas von uns wollten, daß wir eigentlich nicht mehr geschaut haben, was die mit uns machen, uns zum Teil auch ausnutzen und gegeneinander ausspielen.

Uschi: Wir waren da wirklich schon fast devot. Die Frauen sind gekommen, und wir sind händchenhaltend mit ihnen zum Arzt. Aber wir haben einfach nicht gemerkt, wie sehr sie uns vereinnahmen. Was haben wir gemacht: Türkisch haben wir nicht von ihnen gelernt, wir haben wie besessen daheim Türkisch gelernt, damit wir sie noch besser betreuen konnten. Wir mit unserem Türkisch waren ja am Anfang zu vergessen.

Sabine: Wir waren nur „nett".

Uschi: Genau. Dann haben wir unsere „Nettigkeit" auch in Kompetenz umgewandelt, um den Frauen wirklich behilflich sein zu können. Es hat mich sehr befriedigt, wie ich dann gemerkt habe, ich kann auch schon übersetzen, ich kann auch schon wirklich reden. Das hat mir soviel gegeben, daß ich nicht hinterfragt habe „Wo bleibt bitte unsere Hilfe zur Selbsthilfe?".

Sabine: Und dann ist das Helfersyndrom diskutiert worden.

Judith: Ich denke, am Anfang war unsere Unsicherheit auch sehr groß. Ich glaube, ich hab' das auch in großem Ausmaß gemacht: meine eigene Persönlichkeit und die eigene Identität einmal völlig hintanzustellen, bis zur Selbstverleugnung. Aber aus der Angst heraus, auch etwas falsch zu machen oder Kränkungen auszusprechen. Da gibt es so Geschichten, daß wir im Kurs von den Frauen gefragt worden sind, ob wir verheiratet sind oder nicht, da haben wir oft auch gelogen, weil wir angenommen haben, unsere Lebensumstände würden doch nicht verstanden werden. Ich denke, da hat sich schon sehr viel verändert: von dieser vorsichtigen, „samtpfotenartigen" Behandlung bis zu einer wirklichen Auseinandersetzung, wo halt auch das Vertrauen da ist, um sich unterschiedliche Meinungen sagen zu können und auch damit umgehen zu können, wenn eine Frau sich beschwert oder nicht mehr kommt.

Uschi: Am Anfang fehlten uns Hilfe und Supervision. Wir wären nicht auf die Idee gekommen, daß uns jemand helfen sollte, denn wir waren ja die potentiellen Helferinnen. Daß wir auch Hilfe gebraucht hätten, ist uns nicht in den Sinn gekommen, erst viel viel später. Und da war die Hilfe, die wir uns gegönnt haben, immer viel zu wenig.

Judith: Nur dann, wenn wir das Gefühl gehabt haben, es geht nicht mehr. Wir haben diese Möglichkeit immer nur in äußersten Notfällen benutzt.

Uschi: Durch das Entstehen von professionellen Strukturen konnte man aber auch Bereiche abgeben, indem man sagt: „Wir haben eine Familienberatungsstelle, eine Juristin, eine Ärztin, und ich muß nicht z. B. jeden Scheidungsfall selbst lösen, sondern ich darf mir kompetente Hilfe holen." Mit einer Kompetenzabgabe, denke ich, ist es schon irgendwie leichter geworden.

Sabine: Und auch mit einer Kompetenzschaffung: Indem wir Sachen im Laufe der Zeit dann wirklich gekonnt haben, also konkrete Beratung geben konnten, gute Deutschkurse halten konnten, haben wir auch einsehen können, daß wir dieses und jenes nicht können, und da brauchen wir jetzt eine Therapeutin, eine Ärztin oder eine Juristin.

Judith: Die Professionalisierung hatte aber schon auch mit den persönlichen Intentionen und individuellen Schwerpunkten der einzelnen Mitarbeiterinnen zu tun. Daß wir jetzt drei Therapeutinnen im Verein haben, war nicht ein Auftrag, der vom Verein gekommen ist.

Uschi: Es ist nicht im Verein besprochen worden „Jetzt brauchen wir Therapeutinnen", sondern es waren immer einzelne Frauen, die sich gesagt haben: „Es ist zu wenig, was wir an Ausbildung haben, wir wollen uns speziell für dieses Projekt, für diese Arbeit noch zusätzlich qualifizieren." Und ich finde es schon ganz wichtig, daß es bei uns jetzt Therapeutinnen gibt, und ich glaube, es sind die ersten in Österreich, die mit ausländischen Frauen und Kindern in deren Muttersprache arbeiten.

Judith: Wir haben, glaube ich, in vielen Bereichen pioniermäßig gearbeitet. Der Anspruch, uns weiterzubilden, war schon immer da. Heute ist es so, daß wir auch von außen als Fachfrauen gefragt und anerkannt sind, was auch eine Anerkennung der Arbeit ist, die wir leisten.

Uschi: Ich würde gerne auch noch über die andere Seite reden. Das, was wir bis jetzt so erzählen, hört sich an wie das Paradies auf Erden: Da haben Frauen, die feministisch und sozial engagiert sind, etwas begonnen und geschaffen, immer mehr dazugelernt, sich immer mehr profiliert. Aber wie ist es den Frauen denn damit gegangen? Was hat es geheißen, so viel zu arbeiten wie nur möglich? Wie hat das ausgesehen – das finanzielle Entgelt, das wir gekriegt haben, in Relation zum Aufwand, den wir leisteten? Wie hat es auch untereinander ausgesehen? Welche Hoffnungen und Enttäuschungen, welche Limits, welche Grenzpunkte gibt es, bis dann eine sagt „Ich kann nicht mehr", und wie wird das von den anderen toleriert? Ich kann mich noch an eine frühere Mitarbeiterin erinnern, die gesagt hat: „Es wird bei uns niemand anerkannt, die nicht einen Nervenzusammenbruch oder Kollaps hat und trotzdem arbeitet." Das war zwar überspitzt ...

Sabine: Naja, das hat schon gestimmt!

Uschi: ... aber ich kann nur von mir sagen: sich krank fühlen und trotzdem hingehen, weil wir die türkischen Frauen nicht wegschicken können, in der Sozialberatung warten sie auf dich, wer macht die Arbeit? Keine Vertretung, und wenn, dann muß sie bezahlt werden und von welchem Geld eigentlich? So toll das ist, und so sehr ich das auch geschätzt habe, daß es keinen Chef gibt und keine Männer, die dreinpfuschen – aber wir haben uns selbst einen irrsinnigen Streß gemacht.

Judith: Es wurden uns schon auch von außen Bedingungen auferlegt, denen wir uns gefügt haben. Daß die Aktion 8000 bestimmte Anforderungen stellt an die Person, die sie kriegt, ist nun einmal so. Daß Anstellungen verbunden sind mit bestimmten Qualifikationen, ist auch klar. Ich bin eine Gründungsfrau, arbeite aber erst seit zwei Jahren angestellt in diesem Verein. Das haben wir nie in unserem Sinne lösen können. Wir haben uns dem aber gestellt und gesagt: „Da gibt es Möglichkeiten der Finanzierung, und die nehmen wir auch." Was dann daraus entstanden ist an Konflikten, Ungerechtigkeiten, Bevorzugungen, Kränkungen und Mißachtungen, ist ein ständiges Thema des Teams.

Was für mich und für uns alle trotzdem immer wichtig war und auch heute noch ist, ist unsere Eigenständigkeit. Wir haben immer darauf geachtet, daß wir nicht vereinnahmt werden. Autonomie in diesem Sinn war und ist uns noch immer sehr wichtig.

Sabine: Uns ist es halt ganz stark darum gegangen, daß die Sache weitergeht, daß wir ausbauen, ein großes Netzwerk aufbauen, das schließlich im Dachverband, dem großen Desaster[7], geendet hat. Aber unser Ziel war, flächendeckend für Wien eine sinnvolle ganzheitliche Betreuung für ausländische Frauen aufzubauen. Und wir haben nicht darauf geschaut, wie es uns individuell damit geht. Es war die Sache wichtiger als unser individuelles Wohlbefinden.

Judith: Ich glaube, daß wir heute schon einen gewissen Raster ausgehandelt haben, der für uns alle mehr oder weniger akzeptabel ist, z. B. daß es keine unbezahlte Arbeit mehr gibt, es gibt ein Gehaltsschema, eine Urlaubsregelung. Wir haben uns ja nicht einmal die Rechte zugestanden, die allen Angestellten in Österreich per Gesetz zustehen. An Hand dessen, was in Österreich eigentlich Recht und Gesetz ist, haben wir begonnen zu überlegen, wie bei uns im Verein die Arbeitsverhältnisse sind.

Ich glaube allerdings, daß heute die finanziellen Ressourcen die besten sind, die wir je gehabt haben. Ich hätte nie geglaubt, daß wir jemals neun Angestellte haben werden, die ein Gehalt kriegen, das relativ gesichert scheint; daß ich beruhigt auf Urlaub fahren kann und weiß, daß im Herbst der Betrieb weitergeht.

Uschi: Für mich ist das Arbeiten um wenig Geld zunehmend zum Problem geworden. Ich habe gemerkt, das Projekt geht an meine Grenzen – Sozialarbeit zu machen, für die ich eigentlich nicht ausgebildet war. Die anfängliche Euphorie, wie toll es ist, helfen zu können, ist dann umgeschlagen in Hilflosigkeit und das Gefühl „Eigentlich kann ich gar nichts machen, außer mitzuleiden". Der Wandel hat sich nicht von heute auf morgen ergeben, sondern das hat sich langsam verändert, mit meiner Lebenssituation, ein Kind zu haben, mehr Freizeit zu brauchen. In meiner heutigen Situation, mit zwei Kindern, kann ich mir nicht vorstellen, ins Projekt zurückzugehen und so zu arbeiten wie vorher. Ich habe das Gefühl, bei *Miteinander Lernen* kann man nicht „sich zurückhaltend" arbeiten, es ist ein völliges „Sich-Einlassen" ...

Sabine: ... auf mehrere Ansprüche – politische, feministische ... Das hängt zusammen mit den Idealen, die wir gehabt haben, wie Autonomie, Basisdemokratie.

Uschi: Am Anfang war ich euphorisch, wenn ich mit einer Frau zum Arzt gehen und wirklich übersetzen konnte. Irgendwann war ich ausgepowert, wenn ich mit beim Arzt war und genauso schlecht behandelt worden bin wie die Türkin, wenn ich gemerkt habe, das ganze Üben im Deutschkurs „Sagen Sie nicht ‚du' zu mir" war ein Humbug, weil die Ärztin dann zu mir auch noch „du" gesagt hat und ich so baff war, daß ich selbst nicht den Mund aufgebracht habe.

Sabine: Wenn du etwas viele Jahre lang machst, entwickelst du logischerweise Professionalität. Da ist das Mitgehen zum Arzt oder das Diskutieren mit einem Anwalt nicht mehr ein Prozeß des Lernens für dich selbst, sondern du willst irgendwann auch heimgehen und dich mit Dingen beschäftigen, die dich sonst noch interessieren im Leben. Es war aber immer die Angst da „Wie lange wird das Projekt noch existieren, wie lange werden wir es noch finanzieren können?" Wir haben immer wieder Angst gehabt, daß das Projekt eingeht, und das Gefühl „Wir müssen wirklich gut sein, damit wir es erhalten können", und haben uns noch mehr abgerackert. Dadurch haben wir viel Lust an dieser Arbeit verloren.

Es sind aber auch Ängste hochgekommen, daß durch die Professionalisierung das Miteinander verlorengeht und wir eine Dienstleistungseinrichtung, ein Routinebetrieb wie das Jugendamt geworden sind, im Gegensatz dazu aber nicht genügend abgesichert sind. Und wenn du nicht mehr die Rosen hast, dann brauchst du zumindest Brot.[8] Da sind dann die Diskussionen über Macht, Hierarchie und Differenz losgegangen.

Was wir bis jetzt noch nicht angesprochen haben, ist, daß seit langem Türkinnen im Projekt arbeiten. Es war für uns immer ein Riesenanspruch, daß Österreicherinnen und Türkinnen gemeinsam für einen gewissen Teil der Bevölkerung, der auch zu Österreich dazugehört, arbeiten. Es hat aber da ganz vehemente Differenzen gegeben – eine ganz wichtige war immer der unterschiedliche Zugang von Österreicherinnen und Türkinnen zur „Psychowelle". Das hat sich z. B. bei unseren Supervisionen gezeigt. Und dann dieses schlechte Gewissen, daß da Türkinnen mitarbeiten, und wir können mit den Differenzen und Sprachproblemen nicht umgehen, obwohl wir ja gerade die Stelle wären, die das schaffen müßte. Aber wir haben das auch nicht befriedigend hingekriegt. Das war dann mit der Differenzdebatte, die auch in der Frauenbewegung begonnen hat, erdrückend. Wir sollten jetzt die Kompetentesten diesbezüglich sein und haben unsere Defizite gespürt, weil wir nämlich nicht die Superfrauen sind, die im eigenen Team diese Konflikte nicht hätten. Wir haben eine klare Hierarchie gehabt zwischen Österreicherinnen und Türkinnen, wo Türkinnen manche Kompetenzen nicht zuerkannt worden sind aufgrund von Sprachproblemen. Ich habe damit sehr zu kämpfen gehabt, ich wollte nicht rassistisch und diskriminierend sein. Ich habe aber gemerkt, daß ich im Team trotzdem lieber deutsch rede. Die Sprachprobleme sind also auch im Team sehr kraß aufgetaucht. Ich glaube, das hat sich bis heute nicht wirklich gelöst.

Für mich ist das jetzt, so aus der Ferne betrachtet, immer noch mein Projekt, auf das ich stolz bin. Das sind zehn Jahre von meinem Leben, auf die ich befriedigt zurückschaue. Wir haben etwas geleistet, auf das wir stolz sein können.

Abschließender Überblick

Der Verein *Miteinander Lernen* bietet heute, gemäß dem bereits im Interview angesprochenen Arbeitskonzept der ganzheitlichen Betreuung, ein umfangreiches Programm in den Bereichen Bildung, Beratung und Psychotherapie. Detaillierte Informationen zu den einzelnen Arbeitsbereichen finden sich in den betreffenden Beiträgen dieses Buches; ich möchte daher an dieser Stelle nur einen kurzen Gesamtüberblick geben.

Im Bildungsbereich werden derzeit drei Deutschkurse und ein Alphabetisierungskurs für Frauen aus der Türkei, jeweils mit Kinderbetreuung, ein Türkischkurs für Frauen und Lernhilfegruppen für Schulkinder mit türkischer Muttersprache angeboten.

Im Beratungsbereich gibt es neben der seit Jahren angebotenen Sozialberatung auch juristische und medizinische Beratung mit Dolmetsch im Rahmen der Familienberatung (die aufgrund der Bestimmungen des Familienberatungsförderungsgesetzes nicht auf eine bestimmte Zielgruppe beschränkt sein darf, aber überwiegend von Frauen aus der Türkei in Anspruch genommen wird).

Im psychotherapeutischen Bereich sind derzeit zwei Therapeutinnen mit systemischer Familientherapieausbildung und eine Therapeutin mit psychoanalytischer Sozialtherapieausbildung tätig. Die Psychotherapie für Frauen, Kinder und Familien wird in türkischer Sprache angeboten.

Zu den ständigen Angeboten des Vereins zählen auch eine Selbsterfahrungsgruppe für Frauen aus der Türkei, die von einer türkischen und einer österreichischen Mitarbeiterin gemeinsam geleitet wird, Informationsveranstaltungen (z. B. zu den Themen AusländerInnengesetze, Gesundheit), verschiedene zeitlich beschränkte Projekte und Workshops, eine Leihbibliothek sowie Praktikumsplätze für Studentinnen.

Abschließend möchte ich mich bei Judith Hanser, Uschi Oran-Daniel und Sabine Strasser für das Interview und für ihre Zustimmung zur Veröffentlichung bedanken.

Anmerkungen

1 Verein Frauensolidarität – Entwicklungspolitische Initiativen für Frauen in der „Dritten Welt".
2 Zusammenschluß der Vereine „Beratungsstelle für ausländische Frauen und Mädchen", „LEFÖ – Lateinamerikanische Exilierte Frauen in Österreich", „Verein Türkischer Frauen" und „Miteinander Lernen".
3 IHS: „Institut für Höhere Studien" in Wien.
4 Judith Hanser lebte als Kind mehrere Jahre in Istanbul und studierte Turkologie in Wien.
5 Dabei handelte es sich um die späteren Mitgliedsvereine des Dachverbandes sowie „Frauen aktiv", ein Projekt der Wiener Jugendzentren.
6 Siehe dazu auch ZUCKERHUT in diesem Buch.
7 Die Administration der allen Mitgliedsvereinen zur Verfügung stehenden Einrichtungen des Dachverbandes (Arbeitsmarktpolitische Beratungsstelle, Koordinationsstelle, gemeinsame Finanzierungen) erwies sich als zu aufwendig, die Zusammenarbeit auf dieser Basis als sehr konfliktträchtig. Die Mitgliedsvereine beschlossen 1993 die Auflösung des Dachverbandes.
8 Anspielung auf Marie SICHTERMANN: Brot und Rosen – Die Suche nach dem Glück in Frauenprojekten. Vortrag. Unveröff. Ms. Wien 1991.

Karin Stangl-Mähner

Türk Kadınları Projesinden – Birlikte Öğrenelim Derneğine

Kadınlar, Çocuklar ve Aileler İçin Bir Feminist Eğitim, Danışma ve Psikoterapi Merkezi'nin Oluşumu

Bu makale, *Birlikte Öğrenelim – Miteinander Lernen* Derneğinin oluşma ve gelişmesini aydınlatmaktadır. Bir feminist, Eğitim, Danışma ve Terapi Merkezi'nin tarihçesi, 1983 yılının sonbaharında „Türk Kadınları için Dikiş Kursu" projesiyle işe başlıyan, üç kurucu üye, Judith Hanser, Uschi Oran-Daniel, Sabine Strasser ile yapılan bir görüşmeyle yeniden oluşturulmuştur.

Görüşme, görüşmenin kaydı, görüşmenin tamamlanıp yorumlanması ve yazılı sunuluşu, „oral history"-„sözlü hikaye" metoduna göre yönlendirilmiştir. Bu üç kadın, Türkiyeli Göçmen kadınlarla birlikte ve onlar için yaptıkları çalışmalardaki, kişisel motivasyonlarını ve yaklaşımlarını anlatmışlardır.

Dikiş Kursu'nun başlangıcındaki ve Türkiyeli kadınlar için gerçekleştirilen ilk Almanca Kursundaki amaçları, Göçmen kadınların gereksinimine uygun, yeterli yardımı sunabilmek için gösterdikleri çabaları, kendilerinin sosyal yardım semptomu ile edindikleri deneyimleri, hiç yada az para ödenen işle ve kendi kendini sömürme ile ilgili görüşlerinin değişikliğe uğraması, gittikçe çoğalan, çeşitlenen hizmetlerin finanse edilmesi ile ilgili problemler ... vb. hakkında bilgi vermişlerdir.

Anlatılanlar, profesyonel çalışan, bikültürel ekibe giden yoldaki, zorluklar ve başarıya, bir bakış atmaktadır.

Çeviri: Aslıhan Karabiber-Ertuğrul

Elisabeth Andeßner, Ruth Kronsteiner,
Nilüfer Sözer, Patricia Zuckerhut

Konflikte, Erfahrungen, Entwicklungen im bikulturellen, feministischen Team

Anläßlich der Herausgabe dieses Buches haben wir, die Mitarbeiterinnen eines Frauenvereins, die in der Türkei und/oder in Österreich sozialisiert wurden und die hauptsächlich mit Frauen, Kindern und Familien aus der Türkei arbeiten, unser Team auf seine bikulturellen und feministischen Aspekte untersucht. Unser Ziel war nicht eine streng „wissenschaftliche", positivistisch-empirische, quantitative Untersuchung, sondern wir wollten Einblick nehmen in die subjektiven Beweggründe von uns selbst und von unseren Kolleginnen, in diesem Frauenprojekt mit seinen spezifischen Inhalten[1] zu arbeiten: Was verstehen die Mitarbeiterinnen unter bikulturell und feministisch, steht dies im Einklang mit theoretischen Konzepten von Bikulturalität und Feminismus und werden diese Qualitäten in unserem Team realisiert. Die Begriffe „Bi/Multikulturalität" und „Feminismus" wollen wir nicht mit einem allgemeingültigen Satz definieren. Jede der Mitarbeiterinnen füllte sie mit eigenen Inhalten.

Um von Bi/Multikulturalität sprechen zu können, ist es notwendig, die kulturelle Zugehörigkeit der Mitarbeiterinnen zu erfassen und zu überprüfen, ob die dem Begriff Bi/Multikulturalität immanente Gleichwertigkeit in unserem Team gegeben ist. Um die (Un-)Gleichwertigkeit zu überprüfen, haben wir uns einerseits theoretischer Konzepte[2] und andererseits der subjektiven Einschätzung im Interview jeder Mitarbeiterin bedient.

Feminismus und Bi/Multikulturalität sind für uns immer auch im Zusammenhang mit (Anti-)Rassismus zu sehen: Frauenunterdrückung und Rassismus sind untrennbar miteinander verbunden.[3] Im derzeit herrschenden „modernen Weltsystem"[4] ist das eine ohne das andere nicht denkbar. In der Rassismusdebatte sind die Gemeinsamkeiten von und die Unterschiede zwischen Frauen von zentraler Bedeutung. Zu sagen: „Alle Frauen sind unterdrückt", reicht nicht aus als Grundlage für einen gemeinsamen Kampf gegen jegliche Form von Unterdrückung.

Zur Methode

Bei der Erstellung eines Leitfadens für qualitative Tiefeninterviews stellte sich heraus, daß die Kategorien „Rasse" – Klasse – Geschlecht nicht ausreichen, um Gemeinsamkeiten von und Unterschiede zwischen den Frauen festzustellen

und vor allem Veränderungsprozesse zu erfassen. Beispielsweise spielen die individuelle und kollektive Geschichte, die Bedeutung von Religion in der Familie und im sozialem Umfeld, die Rollenbilder der Familie und des sozialen Umfelds sowie deren Widersprüchlichkeiten, kurz alle Erlebnisse und Erfahrungen, bewußter und unbewußter Natur, die eine Person zum Individuum machen, eine Rolle. Die kultur-, schicht- und geschlechtsspezifische Sozialisation jeder Mitarbeiterin erfaßten wir mit Hilfe der Interviews. Dieses wurde durch einen Leitfaden[5] strukturiert, durch den folgendes ermittelt werden sollte:
- *Verbindungen zwischen den persönlichen Erfahrungen, der Sozialisation und der Wahl des Arbeitsfeldes:* subjektive Faktoren, die ausschlaggebend dafür sind, in einem bikulturellen feministischen Team zu arbeiten.
- *Vorstellungen von Projektarbeit*: das feministische Team, das bikulturelle Team, Anerkennung der Arbeit, Konflikte.
- *Von den Mitarbeiterinnen assoziierte Rollenbilder von Frauen*: gängige weibliche Rollenbilder jeder einzelnen und Rollenbilder im sozialen Umfeld der Mitarbeiterinnen; Bilder der sogenannten „österreichischen" und „ türkischen" Frau.

Das Besondere an der Untersuchung war die von Mies beschriebene „double consciousness"[6], d. h. die von Unterdrückung betroffenen sind mit den Forscherinnen ident. Die Interviewsituation war sowohl durch die Arbeits- als auch durch die persönlichen Beziehungen zwischen Interviewerinnen und Interviewten geprägt. Aus dieser besonderen Konstellation ergaben sich drei scheinbar einander widersprechende Tendenzen: erstens wurden durch die jeweilige Art der Beziehung Eindrücke, Erfahrungen, Erlebnisse besonders betont, denen in einer neutralen Gesprächssituation nicht dieser Stellenwert zugekommen wäre, zweitens wurde einiges verschwiegen, und drittens wurden aufgrund der Vertrauensbasis Aussagen gemacht, die bei einer fremden Interviewerin nie getätigt worden wären.

Als methodische Basis für die Interpretation unserer Interviews zogen wir die von Maria Mies[7] entworfenen Postulate zur feministischen Forschung heran. Ebenso haben wir einen Teil der Analyse unserer Frauenprojektarbeit mit den Inhalten ihrer theoretischen Arbeiten unterlegt. Weitere theoretische Ausgangspunkte für die Auswertung der Interviews bilden die Beiträge von Marie Sichtermann „Die Suche nach dem Glück in Frauenprojekten"[8] und „Zur Notwendigkeit einer kreativen Streitkultur in der Frauenbewegung"[9] sowie der Artikel von Fatih Güç „Multikultureller und bikultureller Alltag in Kindertagesstätten"[10].

Die Interviews zeigten bei jeder Mitarbeiterin massive Veränderungen im Laufe des Sozialisationsprozesses (z. B. Wechsel der Schichtzugehörigkeit), Konflikte zwischen der Kernfamilie und der sozialen Umgebung sowie Widersprüche zwischen vermittelter Ideologie und realem Leben innerhalb der Familie.

Trotz der Vielfalt lassen sich gewisse Gemeinsamkeiten entdecken. Die familiäre Herkunft und das soziale Umfeld der Mitarbeiterinnen unseres Teams waren zwar sehr unterschiedlich (Töchter konservativer, bürgerlicher, österreichischer Eltern; Töchter türkischer Mittelschichtseltern; uneheliche Arbeiterinnentöchter usw.), spätestens während des Studiums ging die Entwicklung in eine ähnliche Richtung – die meisten von uns begreifen sich ausdrücklich als Angehörige der intellektuellen Mittelschicht. Auch bezüglich unserer Erziehung gibt es eine interessante Gemeinsamkeit: Bei vielen von uns begann eine mädchenspezifische Erziehung erst mit dem Einsetzen der Pubertät, mit den Versuchen der Eltern, die Sexualität der Töchter zu kontrollieren und zu beschneiden. Die geschlechtsspezifische Erziehung wurde zu dem Zeitpunkt wahrgenommen, als sich die Frauen bereits dagegen wehrten. Die geschlechtsspezifische Erziehung dient der Kontrolle der weiblichen Sexualität. Der Kampf gegen diese Kontrolle mit allen ihren gesellschaftspolitischen Auswirkungen steht unserer Meinung nach im Zentrum der feministischen Bewegung, zu der sich auch unser Projekt zählt.

Theoretisches Planetarium[11]

In diesem Abschnitt möchten wir kurz die Thesen von Maria Mies, Marie Sichtermann und Fatih Güç darstellen.

Zur Theorie von Maria Mies:

Maria Mies' Postulate zur feministischen Forschung erschienen uns insofern geeignet als Ausgangspunkt für die Analyse unseres Projekts und Teams, als sie nicht in der Abgeschiedenheit der universitären Theorienbildung entwickelt wurden, sondern aus der Praxis konkreten politischen Handelns. Sie entstanden in den 70er Jahren aus und in den Aktionen zur Erkämpfung eines Hauses für mißhandelte Frauen in Köln. Obwohl mittlerweile schon mehr als fünfzehn Jahre vergangen sind und sich auch in der feministischen Diskussion einiges verändert hat, haben viele Überlegungen von Mies immer noch Gültigkeit, wenngleich sich v. a. die Postulate sechs und sieben aufgrund der Differenzdebatte als zu einfach herausgestellt haben.[12]

Das Ziel feministischen Handelns und Forschens ist die Aufhebung der Unterdrückung von Frauen. Frauen, als gleichzeitig Betroffene und Forschende, sollten dazu übergehen, ihre Betroffenheit, „ihre Identifikation mit der eigenen unterdrückten Gruppe" nicht als Störfaktor zu verdrängen, „sondern als methodologische Möglichkeit, die Situation der Unterdrückten umfassender, d. h. von der Seite der Unterdrückten zu analysieren"[13] und für sich zu nutzen. Frauen müssen ihre subjektive Betroffenheit (ihre Erfahrungen von Unterdrückung und Diskriminierung) also bewußt in den Forschungsprozeß einbeziehen. Aus ihrer subjektiven Erfahrung sind sie für psychologische Herrschaftsmechanismen besser sensibilisiert als Angehörige nicht unterdrückter Gruppen.

(1) Folgerichtig ersetzt Mies im ersten Postulat die von den herkömmlichen Sozialwissenschaften gegenüber den Forschungsobjekten geforderte sogenannte Wertfreiheit durch *bewußte Parteilichkeit*. Die Voraussetzung dafür bildet die

„Teilidentifikation"[14] zwischen Forscherin und Erforschter, da erst auf dieser Grundlage eine kritische und dialektische Distanz entstehen kann.

(2) Das hierarchische Verhältnis zwischen Forscherin und Erforschter muß abgebaut werden, die „Sicht von oben" wird durch die „Sicht von unten"[15] ersetzt.

(3) Ziel ist die Aufhebung von Unterdrückung und Ausbeutung. Dafür ist eine „aktive Teilnahme an emanzipatorischen Aktionen und die Integration von Forschung in diese Aktionen"[16] erforderlich.

(4) Ausgangspunkt wissenschaftlicher Erkenntnis ist die Veränderung des Status Quo – „um ein Ding kennenzulernen, muß man es verändern"[17].

(5) Die Wahl des Forschungsgegenstandes ist daher abhängig „von den allgemeinen Zielen und den strategischen und taktischen Erfordernissen der sozialen Bewegung zur Aufhebung von Ausbeutung und Unterdrückung von Frauen"[18].

(6) „Der Forschungsprozess wird zu einem Bewußtwerdungsprozess"[19] für alle Betroffenen, sowohl individuell als auch im Kollektiv. Dazu gehört die Aneignung der jeweiligen individuellen und kollektiven Geschichte des Frauseins als Ausgangspunkt für ein kollektives Frauenbewußtsein.

(7) Eine feministische Gesellschaftstheorie sollte versuchen, „endlich eine geschichtlich gültige Antwort auf die alte zentrale Frage zu finden, wie die Frauenunterdrückung mit der Klassenunterdrückung zusammenhängt und wie beide aufzuheben wären"[20].

Die Postulate sechs und sieben sind in dieser Form zu hinterfragen, da gerade die Kritiken Schwarzer Feministinnen an der weißen Frauenbewegung gezeigt haben, daß nicht von einem einzigen kollektiven Frauenbewußtsein ausgegangen werden kann. Somit erweist sich die Suche nach *einer* gültigen Antwort für den Zusammenhang und die Aufhebung von Frauen- und Klassenunterdrückung als Illusion.

Zur Theorie von Marie Sichtermann:

Maria Mies entwarf ihre Postulate zu einer Zeit, in der die ersten Frauenprojekte im Entstehen waren. Mittlerweile können die Frauenprojekte auf über ein Jahrzehnt Praxiserfahrung zurückblicken. Auf dieser Grundlage entwickelt Marie Sichtermann ihre Thesen.

Das zentrale Anliegen von Sichtermann in ihrem Vortrag „Brot und Rosen – Die Suche nach dem Glück in Frauenprojekten"[21] und in ihrem Artikel „Zur Notwendigkeit einer kreativen Streitkultur in der Frauenbewegung"[22] ist die Entwicklung einer weiblichen Kultur am Arbeitsplatz. Die Grundpfeiler dieser Kultur bilden für sie die Kommunikations- und Organisationsstrukturen in Frauenprojekten.

Die Kommunikation in Frauenprojekten ist von einer psychologisierenden und therapeutischen Sprache geprägt. Viele Frauen kamen aus Selbsterfahrungsgruppen, machten Therapieausbildungen und ließen die dafür charakteristische Sprache in die Arbeitssituation einfließen. Die „totale Identifizierung"[23] und der Vorrang des Gefühls wurden zur Wahrheit, die Suche nach adäquaten Methoden der Wahrheitsfindung am Arbeitsplatz wurde deshalb eingestellt. Für die Lösung von sachlichen Problemen ist die therapeutische Methode, deren Ziel die Heilung ist, völlig ungeeignet. Sie führt dazu, daß das Denken über sachliche Lösungsmöglichkeiten eingestellt wird. Für Sichtermann stellt die adäquate Methode das Streitgespräch dar. Alles darf gedacht, alles darf gesagt werden, ohne daß das Gesagte mit der sprechenden Person identifiziert wird. Die Funktion der Sprechenden ist die einer „advocata diaboli"[24]. Diese Methode bewährt sich auch bei der Lösung von Problemen, die durch Interessensgegensätze entstanden sind, die sich z. B. daraus ergeben, daß im Frauenprojekt alle Mitarbeiterinnen gleichzeitig die Rolle der Arbeitgeberin und der Arbeitnehmerin innehaben.

Der zweite Grundpfeiler ist die Organisationsform. Die meisten Frauenprojekte wählten die des Kollektivs, die per se keine weibliche Organisationsform ist. Das Kollektiv ist ein Zusammenschluß von Schwachen, d.h. derer, die in der Gesellschaft keinen Platz finden, mit dem Zweck, gemeinsam Stärke und Macht zu erlangen.

Nach über zehn Jahren Frauenprojektarbeit im Kollektiv stellten sich folgende Fehlentwicklungen ein:
- Mißtrauen gegen jegliche Art von Professionalität.
- Mißtrauen gegenüber Leistung.
- Mißtrauen gegen starke Frauen; diese müssen sich schwach geben, um im Frauenprojekt arbeiten zu können. Wenn sie Stärke zeigen, werden sie von den Kolleginnen nicht mehr gefördert.
- Der Zustand der Schwäche wird immer wieder neu hergestellt, z. B. durch Aufrechterhaltung der Abhängigkeit von „Staatsknete"[25], durch das Einstellen inkompetenter Mitarbeiterinnen, indem unerreichbare Ziele gesteckt werden.

Diese Mechanismen führen zu einem „Durchlauferhitzereffekt"[26] in den staatlich geförderten Frauenprojekten. Auch die Subventionen sind so angelegt, daß der Arbeitsplatz einer Person nur für einen bestimmten Zeitraum gefördert wird.

Die Alternative ist ein Zusammenschluß von Frauen aufgrund von Stärke. Diese Frauenprojekte sind finanziell unabhängig, da sie ihre Produkte oder Dienstleistungen am freien Markt anbieten. Sie zeichnen sich durch einen hohen Grad an Professionalisierung aus. Zur Klärung von Problemen verwenden sie die Methode des Streitgesprächs. Sie wissen, daß das Kollektiv kein machtfreier Raum ist. Im Frauenprojekt sollte es möglich sein, Machtausübung erlernen und diese verantworten zu können.

Sichtermann[27] spricht auch das Thema Rassismus in der Frauenbewegung an. Sie kritisiert vor allem eine Umgangsweise mit diesem Thema, nämlich das Schweigen. Gerne werden Migrantinnen als Alibifrauen bei Kongressen aufs

Podium gesetzt. Diese wiederum erkennen ihre Alibifunktion – Schwarze Frauen fordern Teilhabe an den Mitteln und Ressourcen der weißen Frauen. Sie stellen für die weißen Frauen eine Bereicherung und eine existenzielle Bedrohung dar. Das wird nicht ausgesprochen – es tritt Schweigen ein. Auch hier ist das Streitgespräch eine gute Methode zur Klärung der unterschiedlichen Positionen und zur Wahrheitsfindung. Im Streitgespräch wird gelernt, daß Forderungen nur dort gut sind, wo auch die Möglichkeit und das Interesse zur Erfüllung besteht. Die Streitkultur birgt eine Methode in sich, mit deren Hilfe Frauen einander näherkommen und zugleich die Folgen dieser Annäherung offenlegen können.

Zur Theorie von Fatih Güç:

Die Annäherung zwischen einander Fremden steht im Mittelpunkt der Überlegungen von Fatih Güç[28] zur Arbeit im bi- oder multikulturellen Team. Im Unterschied zu Sichtermann, deren Methode des Streitgesprächs auf ihre Ausbildung als Juristin zurückgeht, verwendet Güç einen psychoanalytischen Ansatz.

Nach Güç gibt es in jeder Gesellschaft „Freund-" und Feindbilder, deren Wurzeln im frühen Abwehrmechanismus der Spaltung in Gut und Böse zu finden sind.

Das jeweils Fremde dient dem Individuum/der Gruppe als Projektionsfläche für entweder das eigene Dunkle, Böse und Verdrängte oder für das Gute, das ihm/ihr fehlt. Mit Hilfe des Fremden kann sich das Individuum/die Gruppe selbst erkennen, indem es/sie erfährt, was es/sie dem Fremden Positives oder Negatives zuschreibt. Somit lernt das Individuum/die Gruppe sich vom Fremden zu unterscheiden, seine/ihre Identität zu erkennen. Dazu ist ein Rückzug, eine Abkoppelung notwendig, um dann wieder auf das Fremde zugehen und Verbindendes erkennen zu können. „Bei einer Betrachtung des Verbindenden werden dann vielleicht erneute Differenzierungen deutlich, z. B. daß wir alle das gleiche menschliche Problem haben, aber unterschiedlich damit umgehen."[29]

Der Kontakt mit dem Fremden führt häufig zu Verunsicherung und Angst, das bewirkt oft einen Rückzug auf sich selbst. In dieser Phase hat der „Abgrenzungstyp" seine Wurzeln – er ist vom Feindbild geleitet.[30] Die aus dem Kontakt mit dem Fremden entstandene Angst kann auch geleugnet werden, wodurch es zu einer Totalidentifikation mit dem Neuen, zu einer Überanpassung kommen kann. An dieser Stelle entsteht der sogenannte „Anlehnungstyp". Das damit verbundene „Freundbild" stellt einen „übertriebenen Positivismus"[31] dar.

Die Reaktionsmöglichkeiten des Anlehnungstypus sind bei den sogenannten InländerInnen (bei Güç den Deutschen) die positive Diskriminierung, bei den MigrantInnen (bei Güç den AusländerInnen) die Germanisierung/Deutschfreundlichkeit.[32] Der Abgrenzungstyp reagiert auf der einen Seite mit ignorierender Toleranz, auf der anderen mit kultureller Festschreibung.

Im Unterschied zu InländerInnen müssen sich MigrantInnen, selbst wenn sie sich abkapseln, mit der sie umgebenden „anderen Kultur" auseinandersetzen. Der Prozeß der Anlehnung und der Abgrenzung ist ein dynamischer und auch in jedem bi- oder multikulturellen Team zu finden. Jedes Teammitglied hat Annäherungs- und Distanzwünsche, die beide im Team Platz haben müssen und somit wichtige Bestandteile eines Entwicklungsprozesses sind. Die Frage „Warum arbeite ich mit MigrantInnen?" bzw. „Warum bin ich nach Österreich gekommen?" sollte sich jedes Teammitglied stellen, um die Distanz-Nähe-Achse im Team und somit die bikulturelle Kooperation zu gewährleisten. Diese Kooperation hat einen Modellcharakter in der Arbeit mit Menschen. Kommt es zu keiner Bearbeitung der Distanz-Nähe-Achse, besteht die Gefahr, daß „HelferInnen" ihre eigenen, nicht gelungenen Emanzipationsbestrebungen auf MigrantInnen projizieren.

Fatih Güç[33] stellt folgende Thesen für die Arbeit in bi- und multikulturellen Teams auf:

- Ausgehend von den Fragen: „Wer trifft die Entscheidungen? Wer setzt die Regeln in der Gruppe?"[34] Wer leistet die Kopfarbeit, wer die Handarbeit? – kurz und gut: Herrscht Gleichberechtigung im Team? – stellt Güç die Forderung, daß bei nichtvorhandener Gleichberechtigung jede MitarbeiterIn für ihre/seine jeweilige Kultur zuständig ist. Sie/er soll versuchen, in ihrem/seinem Bereich monokulturelle ExpertInnenmacht und monokulturellen ExpertInneneinfluß zu gewinnen.
- Werden soziokulturelle Unterschiede verleugnet, so kann es zu positiver Diskriminierung und „Deutschfreundlichkeit" kommen.
- Unausgesprochene Vorurteile der Teammitglieder zeigen sich in der täglichen Arbeit.
- Bikulturelle Arbeit läßt sich in erster Linie in einem bikulturellen Team erlernen.
- In der Arbeit mit MigrantInnen sind drei Ebenen zu beachten – die individuelle, die kulturelle und die transkulturelle. Um eine Problemlösung der Hilfesuchenden zu gewährleisten, sind folgende Fragen zu beantworten: was ist personenspezifisch, was kulturspezifisch, was allgemein menschlich? Dazu sind psychologisches Wissen und Kenntnisse der jeweiligen Kultur erforderlich.
- Die Fachkräfte in einem bikulturellen Team müssen folgendes mitbringen: Auf der persönlichen Ebene: Selbsterfahrung, Respekt vor der „Andersartigkeit", Sensibilität, Wissen um Schichtspezifität.
Auf der fachlichen Ebene: Neugierde, Offenheit, Infragestellung der Methoden und erforderlichenfalls Revidierung und Erneuerung derselben, sprachliche und kulturelle Kompetenz.
Auf der institutionellen Ebene: Rahmenbedingungen für Auseinandersetzungsprozeße im Team; dies führt zur Relativierung der soziokulturellen Subjektivität, zur Entkräftung der Polarität.

– Das Team, das sich bi- bzw. multikulturell auseinandersetzt, erreicht dies auch bei der „Klientel"[35] und hat somit Modellcharakter.

Der Zusammenhang von Sozialisation und Motivation

In diesem Abschnitt arbeiten wir einige Aspekte des Zusammenhangs von Sozialisation und der Motivation, in diesem Arbeitsfeld tätig zu sein, heraus, die sich aus den Interviews mit den Frauen unseres Teams herauskristallisiert haben. Teamarbeit erfordert Qualitäten – wie im theoretischen Planetarium beschrieben – die durch Sozialisation, Motivation und Qualifikation erreicht werden. Im Sozialisationsprozeß werden bestimmte Formen von Sublimierungsfähigkeiten gefördert oder hintangestellt. Dementsprechend erfolgt im Erwachsenenalter die Berufswahl. In den Interviews zeigte sich, daß der Entscheidung für die Tätigkeit in einem bikulturellen feministischen Arbeitsfeld spezifische Konstellationen, wie zum Beispiel in der Ursprungsfamilie, vorausgehen.

Sozialisation

Elf Frauen wurden interviewt, vier türkische und sieben österreichische. Die Projektfrauen sind im Alter zwischen 29 und 37; sie sind verheiratet, ledig, geschieden, mit Kindern und ohne Kinder. Alle Frauen haben Matura. Bis auf zwei (türkische) Frauen haben alle ein Universitätsstudium zumindest begonnen. Die meisten haben ihr Studium noch nicht abgeschlossen – ein großer Teil hat daneben eine zusätzliche Berufsausbildung (Psychotherapie, Sozialakademie) absolviert. Zwei Frauen haben ihr Studium (Pädagogik, Volkswirtschaft) in der Türkei abgeschlossen. Fünf Frauen studieren Ethnologie, eine Turkologie und eine Biologie (Österreicherinnen).

Bis auf eine Mitarbeiterin sind alle im (klein)städtischen Bereich aufgewachsen; bis auf zwei haben alle eine Binnenmigration, sechs Frauen haben zusätzlich eine Außenmigration erlebt. Die Migration nach Wien erfolgte meist aus Ausbildungsgründen. Bei zwei Frauen kamen politische Gründe dazu. Das Motiv, ausgerechnet nach Wien zu migrieren, war bei den meisten persönlicher Natur.

Alle Frauen wuchsen in frauendominierten Haushalten auf, in denen die Väter zumindest zeitweise bzw. ab einem bestimmten Zeitpunkt gänzlich abwesend waren. Fast alle Frauen wiesen in den Interviews ausdrücklich darauf hin, daß die geschlechtsspezifische Erziehung massiv in der Pubertät (Geschlechtsreife) einsetzte. Die Frauen, die einen Bruder haben, können sich auch an frühere geschlechtsspezifische Erziehungsmaßnahmen erinnern.

Alle Frauen erfuhren Diskriminierung, viele mehrfach – aufgrund ihrer Schichtzugehörigkeit (hauptsächlich Österreicherinnen), der regionalen Herkunft (Bundesland), des Geschlechts, der Sprache und nicht zuletzt aufgrund körperlicher Merkmale (Hautfarbe etc.) und der Nationalität. Sich als Feministin zu deklarieren, führt ebenfalls zu Diskriminierung.

Die Klassenzugehörigkeit der Herkunftsfamilien wird von acht Frauen als kleinbürgerlich beschrieben, zwei Frauen kommen aus bürgerlichen Familien, eine aus dem Proletariat. Aufgrund der jetzigen Lebenssituation und des Bildungsniveaus sind alle Frauen der Mittelschicht bzw. den Intellektuellen zuzurechnen. Nach der Herkunft befragt, bewerteten viele Frauen diese positiv, kritisierten aber die mangelnde Förderung ihrer intellektuellen Fähigkeiten. Sie hatten es an den höheren Bildungsinstitutionen wesentlich schwerer als Frauen aus dem Großbürgertum. Trotzdem verstehen sie sich jetzt als Angehörige der intellektuellen Mittelschicht. Die Matura zu machen war in fast allen Familien eine Selbstverständlichkeit, Studieren wurde hauptsächlich von den Müttern gefördert.

Die Veränderungen der Sprache, v. a. durch die Migration bedingt, war ein sehr auffälliger Themenbereich in den Interviews. Sowohl bei den deutschsprachigen als auch bei den türkischsprachigen Mitarbeiterinnen gab es solche Veränderungen. Es fanden einerseits Anpassungs-, andererseits Abgrenzungsprozesse statt. Die Österreicherinnen, die Dialekt sprachen, mußten sich ans universitäre Hochdeutsch anpassen. Einige versuchten, sich gegen die sie umgebende Dominanzkultur im fremden Wien durch besondere Betonung ihres Herkunftsdialekts zu wehren. Die Frauen aus der Türkei beklagen den Verlust ihrer Muttersprache. Trotz guter Deutschkenntnisse haben sie das Gefühl, sich nicht adäquat ausdrücken zu können. Somit haben sie das eine verloren, aber noch nichts Entsprechendes gewonnen.

Obwohl drei Frauen (eine Frau aus der Türkei, zwei Österreicherinnen) streng religiös erzogen wurden, spielt bei keiner Mitarbeiterin die institutionell verankerte Religion eine Rolle. Die streng religiöse Erziehung führte bei zwei von drei Frauen zur Auflehnung, da sie institutionell verankerte Religion als erzieherisches Druckmittel erlebten. Religiöse Vorstellungen finden sich bei vier Mitarbeiterinnen.

Nach dem Versuch, die Unterschiede und Gemeinsamkeiten der Teamfrauen darzustellen, geht es in der Folge um die Unterschiede zwischen und Gemeinsamkeiten von Mitarbeiterinnen und jenen Frauen, mit denen sie im Rahmen ihrer Arbeit eine Beziehung herstellen (= Klientel). Wir gehen davon aus, daß es Zusammenhänge zwischen persönlichen Erfahrungen, Sozialisation und der Wahl des Arbeitsfeldes eines Menschen gibt.

Wir denken, daß der Prozeß der Teilidentifikation an dieser Stelle von zentraler Bedeutung ist. „Der Begriff der *Teilidentifikation* bedeutet zunächst, daß wir von der eigenen widersprüchlichen Seins- und Bewußtseinslage ausgehen. Das heißt, nicht nur die ‚anderen' Frauen, sondern ich selbst habe auch ein Problem. Es heißt ferner, daß ich diese Widersprüchlichkeit nicht mehr verdrängen will. Dies ermöglicht es, zwischen mir und den ‚anderen' Frauen sowohl das uns Verbindende wie das uns Trennende zu erkennen. Das uns Verbindende sind die auf der ganzen Welt vorhandenen Erfahrungen von Frauen mit Unterdrückung, Sexismus und Ausbeutung. Teilidentifikation bedeutet außerdem, daß ich auch erkenne, was uns trennt. Auf der Ebene der Erscheinungen mag das sich an Merkmalen wie Hautfarbe, Sprache, Bildung, usw. [...] festmachen. Doch in diesen Erscheinungen manifestieren sich lediglich die Herrschaftsverhältnisse, nach denen die Gesamtgesellschaft strukturiert ist, die Erscheinungen *sind* nicht die Verhältnisse. [...] Teilidentifikation, die von einer double consciousness ausgeht, bedeutet also, daß wir uns als Forscherinnen der objektiven Strukturen bewußt sind, innerhalb derer wir leben und arbeiten."[36]

Motivation

Neun von elf Frauen studierten zum Zeitpunkt des Arbeitsbeginns; alle mußten ihren Unterhalt selbst verdienen. Alle suchten eine für sie sinnvolle, stimmige Arbeit, d. h. eine Arbeit, mit der sie sich identifizieren können.

Folgende Motive und Bedürfnisse wurden im Detail genannt: als Frau mit Frauen arbeiten; Aufrechterhaltung des Kontakts zur Türkei (von zwei Österreicherinnen, die lange Zeit in der Türkei lebten); politisch sinnvolle Arbeit; Zusammenhang von Arbeit und Studium; Arbeit mit Kindern türkischer und österreichischer Herkunft; in der Frauenszene prestigeträchtige Arbeit; Interesse am Feminismus (Verbindung von Theorie und Praxis); eigene Migrationsgeschichte.

Aus den Antworten auf die Frage nach dem Motiv zur Wahl dieses Arbeitsfeldes ergab sich auch, daß die Mitarbeiterinnen dieses Arbeitsfeld wählten, weil sie Gemeinsamkeiten von Frauen im Team sowie von Teamfrauen und Klientinnen voraussetzten.[37] Explizit als Gemeinsamkeiten wurden genannt: idente Erfahrungen als Frauen; als Mütter; die Art des Verantwortungsgefühls gegenüber den Kindern und der Familie; Migrationserfahrungen; Fremdsein; das Gefühl, nicht dazuzugehören; Diskriminierungserfahrungen; Konfliktlösungsmuster; Neugierde; Auseinandersetzung mit dem „Fremden", mit Rassismus und Sexismus. Von den Mitarbeiterinnen aus der Türkei wurde die Sprache als weitere Gemeinsamkeit genannt.

Auffallend sind die Überschneidungen zwischen den oben genannten Gemeinsamkeiten von Frauen und jenen persönlichen Erfahrungen und Sozialisationsprozessen, denen die Mitarbeiterinnen teilweise schon in ihrer Kindheit und Jugend unterzogen wurden und in denen wir die Wurzel für die Wahl des Arbeitsfeldes sehen. Die Überschneidungen sind v. a. in den Bereichen Diskriminierungs- und Migrationserfahrungen, geschlechtsspezifische Sozialisation, psychisches Konfliktlösungsmuster (Somatisieren) und Leben in einem frauendominierten Haushalt zu finden. In einem Verein, in dem nur Frauen arbeiten, Männer nur sehr reguliert Zutritt haben, ist die Aufrechterhaltung der Struktur des frauendominierten Haushaltes am besten möglich. Diese bewährte Form wurde mit politischen Inhalten gefüllt; die Gemeinschaft existiert nicht mehr aufgrund von verwandtschaftlichen Beziehungen, sondern ist ein bewußter Zusammenschluß (Kollektiv).

Es ist wichtig zu wissen, was uns verbindet, aber genauso wichtig ist das Wissen um Unterschiede. Ein wesentlicher Unterschied im Motiv zur Wahl des Arbeitsfeldes ist die Betroffenheit der Österreicherinnen in der notwendigen Auseinandersetzung mit dem Dritten Reich. Übernommene Schuldgefühle und Wiedergutmachungstendenzen und die „kollektive narzißtische Kränkung" durch den verlorenen Krieg wurden von einer Teamfrau in diesem Zusammenhang angeführt. Hingegen sind die Aussagen der Mitarbeiterinnen aus der Türkei so zu interpretieren, daß die „narzißtische Kränkung" als Migrantin, die im Unterschied zu Österreicherinnen aufgrund von Rassismus diskriminiert wird und die sie mit dem Klientel verbindet, ein zentrales Motiv für die Wahl des Arbeitsplatzes darstellt.

Die Unterschiede zwischen den Teamfrauen und den Klientinnen liegen in der Bildung, Schichtzugehörigkeit, Sprache, Sozialisationsfaktoren (z. B. Stadt – Land, Minderheitenzugehörigkeit), der jetzigen Lebenssituation, im Verhalten und in der Weltanschauung. Wir stellten in den Interviews die Frage: Was ist dir an den Frauen, die in den Verein kommen, völlig fremd? Die Antworten zeigen, daß „Fremdheit" das Unbekannte, das vorerst abgewehrt werden muß, um die eigene Identität zu reflektieren, bedeutet. Die meisten Teamfrauen beschrieben einen langen Prozeß, den sie durchlebten und noch immer erleben, bis dahin, daß manchen an den zu uns kommenden Frauen nichts mehr fremd erscheint. Dieser Entwicklungsprozeß ist einer von vielen, die Mitarbeiterinnen im Laufe ihrer Tätigkeit im Verein durchmachen.

Einige Frauen stiegen mit der Motivation ein, einen politisch sinnvollen Job zu machen. Heute wird die Arbeit immer noch als sinnvoll betrachtet, nun aber als Beruf, für den frau sich qualifizieren muß und der einen persönlichkeitsfördernden Aspekt hat. Die politische Arbeit steht auch heute noch im Mittelpunkt. Die Form des politischen Handelns hat sich jedoch verändert. In den Anfangsjahren stand das direkte politische Handeln (Organisation und Teilnahme an Demonstrationen, Besetzungen etc.) gemeinsam mit BündnispartnerInnen aus der linken, der feministischen und der AusländerInnenszene im Zentrum. Wir machten jedoch zunehmend die Erfahrung, zwischen den Stühlen zu sitzen. Dem blinden Fleck der Frauenbewegung bezüglich Rassismus entsprach und entspricht der blinde Fleck der AusländerInnenszene bezüglich Sexismus, und beide negieren die Diskriminierung aufgrund der Klassenzugehörigkeit. Die sogenannte Linke birgt sowohl Rassismus als auch Sexismus in sich. Von unserer Seite erfolgte daher ein Rückzug zur Besinnung auf die eigenen Ressourcen, der zu einer Analyse von politischem Handeln vor dem Hintergrund von Rassismus und Sexismus führte. Nun stehen im Vordergrund v. a. die fachliche Qualifikation, die Setzung neuer Programmschwerpunkte, die Ausdehnung des Angebots auf österreichische Frauen und eine vermehrte Öffentlichkeitsarbeit im Sinne von Publikationen, Vorträgen, Vorlesungen u. ä.

Projektarbeit

Das feministische Team

Anhand der Interviews zeigt sich, daß die Kriterien für eine feministische Wissenschaft von Maria Mies auch als Kriterien für ein feministisches Team anwendbar sind. Obwohl Mies' Postulate dem größten Teil der Mitarbeiterinnen nicht ausdrücklich bekannt waren, wurden die Anforderungen an die Mitarbeiterinnen eines feministischen Teams wie folgt benannt: die bewußte Parteilichkeit für Frauen; „den anderen Blick haben" als eine Form der Sicht von unten; das bewußte Umgehen mit hierarchischem Denken und mit Macht; die Gemeinsamkeiten und Unterschiede von Frauen erkennen; das Geschlechterverhältnis als aufzuhebendes Herrschaftsverhältnis zu sehen und entsprechend zu handeln; das Herstellen des Zusammenhangs von Rassismus und Sexismus.[38]

Aus der Geschichte von *Miteinander Lernen*[39] geht hervor, daß sich von Anfang an praktisches Handeln und theoretische Erkenntnis wechselwirkend ergänzten. Die Gründung des Frauenprojekts „Türkinnenprojekt Ottakring" ist im Zusammenhang mit den oben genannten „blinden Flecken" der sozialen Bewegungen zu sehen. Die Ausgangspunkte waren: „Wir sind alle Opfer (= Schwestern), aber manche sind ‚opfriger und am opfrigsten'", verbunden mit dem Motto „Die Dritte Welt gibt's auch in Österreich". In weiterer Folge bedeutete dies dann die Entwicklung von spezifischen Strategien zur Bekämpfung von rassistischen, geschlechts- und schichtspezifischen Unterdrückungsmechanismen.[40] Somit wird der Arbeitsprozeß zu einem Bewußtwerdungsprozeß für individuelle und kollektive Geschichte und daher auch für Unterschiede und Gemeinsamkeiten.

Die weibliche Kultur am Arbeitsplatz, die sich in Organisations- und Kommunikationsform sowie im Bewußtsein von Hierarchie, Macht und Fiktion zeigt,[41] nahm im Interviewleitfaden einen breiten Raum ein.

Die Organisationsform des Vereins ist das Kollektiv, der Zusammenschluß von Frauen, um gemeinsam stark zu sein. Strukturiert wird das Kollektiv durch diverse Teamformen. Das Großteam, an dem alle Mitarbeiterinnen teilnehmen, dient der Entscheidungsfindung bezüglich Geld, politischer Strategien und der inhaltlichen Schwerpunktsetzungen des Vereins sowie dem Informationsaustausch. Die Subteams gründen sich auf verschiedene Arbeitsbereiche und verfügen über fachspezifische Teilautonomie.

Die praktische Handhabung entspricht nicht der formalen Festlegung der Entscheidungsebenen. Dringliche Entscheidungen und Vorentscheidungen werden oft auf einer informellen Ebene, außerhalb der vorgesehenen Gremien, getroffen. Diese Divergenz wird von den meisten Mitarbeiterinnen festgestellt und teilweise als unbefriedigend kritisiert. Positiv hervorgehoben wird die Tatsache, daß das Kollektiv trotzdem funktioniert. Im Unterschied zu den Mitarbeiterinnen aus Österreich sind alle Mitarbeiterinnen aus der Türkei der Meinung, daß die Entscheidungen im Team oder zumindest gemeinsam getroffen werden, obwohl sie in der Praxis selbst an informellen Entscheidungsprozessen teilhaben.

Zum Thema Kommunikationsform wurde im Interview keine Frage gestellt. Die Autorinnen dieses Beitrags kamen zu dem Schluß, daß die psychologisierende Sprache zur Klärung von Sachverhalten nicht verwendet wird, hingegen die Techniken des Brainstormings und des Streitgesprächs v. a. in Klausuren[42] benützt werden. Die Funktion der „advocata diaboli" übernehmen Teamfrauen oft unbewußt. Das Nichterkennen dieser Übernahme birgt die Gefahr in sich, daß Aussagen, die in der Funktion der „advocata diaboli" erfolgen, als persönliche gewertet werden.

In den letzten Jahren kristallisierte sich immer mehr der Bedarf nach Organisationsentwicklung und -beratung heraus. Auch ist die Teamsupervision der Fallsupervision gewichen – *beides* ist aus finanziellen Gründen nicht möglich. Ein Teil der Frauen leistet sich privat eine Psychotherapie.[43]

Diese Entwicklungen sind im Zusammenhang mit der zunehmenden Professionalisierung der Arbeit zu sehen. Diese Professionalisierung eines von staatlichen Subventionen abhängigen Projektes ist nur möglich, wenn der „Durchlauferhitzereffekt" unterbunden wird. Die Gewährung von Personalsubventionen über einen zwangsweise begrenzten Zeitraum für ein und dieselbe Person führt vielerorts zur Fluktuation der Beschäftigten und somit zu mangelnder Professionalität. Wir hingegen entwickelten ein System, in dem Mitarbeiterinnen, deren Anstellungen auslaufen und die Anspruch auf Arbeitslosengeld haben, ehrenamtlich weiterarbeiten. Somit erweitern sie ihre fachlichen Kompetenzen, die eine Argumentationsgrundlage für neue Geldverhandlungen darstellen. Bis jetzt konnten wir für die Mehrzahl der Mitarbeiterinnen eine Weiteranstellung erreichen, und somit sind viele Frauen bereits seit vielen Jahren im Verein beschäftigt.

Im Laufe der Jahre wechselten die Mitarbeiterinnen die Arbeitsbereiche, oft entsprechend dem Prinzip „Alle müssen alles können". Dies führte einerseits zu vielfältigen Erfahrungen, andererseits wurde dadurch eine Spezialisierung, eine Verantwortungs- und somit eine Machteingrenzung bezüglich eines Arbeitsbereichs verhindert. Auch entstand das Problem, Macht behalten und Verantwortung abgeben zu wollen. Laut Sichtermann[44] wird die Rotation der Mitarbeiterinnen von einem Arbeitsbereich zum anderen eingesetzt, um Machtanhäufung bei einigen wenigen Frauen zu unterbinden. In unserem Projekt wurde das Prinzip der Rotation hervorgehoben, aber in der Praxis arbeiteten und arbeiten einige wenige Frauen gleichzeitig in mehreren Bereichen, die auch mit der Kontrolle von Geld, Macht und Ressourcen verbunden sind. Andere beschränkten sich auf wenige und wenig einflußreiche Bereiche. Dies führte zu Kontrolle, Machtanhäufung und zum Gefühl absoluter Verantwortlichkeit für den gesamten Verein bei einigen wenigen Frauen und somit zu Ansätzen einer „pyramidalen" Hierarchie. Gleichzeitig setzte eine Professionalisierung durch fachliche Qualifikation bei allen Mitarbeiterinnen ein, teilautonome Fachteams wurden gebildet, und somit obiger Hierarchieform entgegengearbeitet. Laut Interviews werden aber trotzdem einige Mitarbeiterinnen noch immer mächtiger gesehen als andere. Als Gründe dafür werden angeführt: individuelle Persönlichkeitsstruktur; Qualifikation; Erfahrung; Arbeit in „mächtigen" Bereichen; langjährige Mitarbeit im Verein; Schweigen als Methode.

Wie bereits erwähnt, hat sich eine Hierarchie der Arbeitsbereiche entwickelt. Als ausschlaggebende Faktoren dafür werden die Mächtigkeit der in den jeweiligen Arbeitsbereichen tätigen Personen, der Zugang zu Geld und Informationen, monopolisierbares Wissen, Engagement der Mitarbeiterinnen für den Bereich, die gesellschaftliche Anerkennung des Bereichs und die für den Bereich erforderlichen Qualifikationen angeführt. Diese additive Aufzählung berücksichtigt allerdings nicht die *widersprüchlichen* Auffassungen bezüglich der Gründe für die Mächtigkeit von Arbeitsbereichen, z. B. ist für einige Qualifikation oder Zugang zu Geld kein Kriterium. Tendenziell wurden die Bereiche Administration und Therapie an der Spitze, Kinderbetreuung hingegen am untersten Ende der Hierarchie angesiedelt. In der geringen Bewertung der Kinderbetreuung spiegelt sich nicht nur die gesellschaftliche Geringschätzung von Kindern, sondern auch die frauenspezifische Ausrichtung des Vereins wider. Die Arbeit mit Frauen wird über die mit Kindern gestellt und somit auch als wichtiger gesehen. Die hohe Bewertung der Administration ist, im Unterschied zur hohen Bewertung des Bereichs Therapie, weniger auf die dafür erforderliche Qualifikation zurückzuführen, sondern auf den Zugang zu und den Umgang mit Ressourcen und auf den direkten Kontakt zu „Herrschenden" (SubventionsgeberInnen, Ministerien u. ä.). Die Gesprächsrunde und die Sozial- und Familienberatung werden im oberen Bereich der Wertschätzungsskala angesiedelt. Zum Bereich der Kurse gibt es sehr widersprüchliche Aussagen, die eine Zuordnung in der Hierarchieskala verunmöglichen. Sie werden allerdings von niemandem auf derselben Ebene wie Kinderbetreuung gesehen. Diese Widersprüchlichkeit dürfte mit der veränderten Schwerpunktsetzung des Vereins von einer Bildungs- und Beratungseinrichtung hin zu einem Bildungs-, Beratungs- und Psychotherapiezentrum zusammenhängen. Der Bereich Lernhilfe lag früher am unteren Ende der Skala. Die Lernhilfe ist aber ein schönes Beispiel für die Veränderbarkeit der Hierarchie – der Aufstieg dieses Bereichs in den letzten Jahren durch die Einrichtung eines Lernhilfeteams wurde von den meisten Mitarbeiterinnen betont.

Festzuhalten ist, daß in keiner der beschriebenen hierarchischen Bewertung der Arbeitsbereiche ein Zusammenhang zwischen Herkunft der Frauen und ihrer Position in der Hierarchie herzustellen ist.

Das bikulturelle Team

Die Mitarbeiterinnen wurden gefragt, ob ein Team in diesem Arbeitsfeld bi- oder monokulturell sein sollte. Auffallend war, daß viele Mitarbeiterinnen aus Österreich das monokulturelle Team mit einem österreichischen und die Frauen aus der Türkei dieses mit einem türkischen Team gleichsetzten. Darauf aufmerksam gemacht, daß ein monokulturelles Team nicht automatisch ein österreichisches Team sein muß, versuchten nur die Österreicherinnen, ihre Tätigkeit in diesem Arbeitsfeld zu rechtfertigen.

Die Mehrheit entschied sich für das bikulturelle Team, zwei Mitarbeiterinnen türkischer Herkunft war es gleichgültig, ob das Team monokulturell (= türkisch) oder bikulturell ist.

Als Anforderung an die Mitarbeiterinnen eines bikulturellen Teams wurden angeführt: Zweisprachigkeit; Wissen um soziokulturelle Hintergründe; Selbstverständnis als Mittlerinnen, die sich in beiden Kulturen bewegen können; Bereitschaft, voneinander zu lernen; Toleranz; Einfühlungsvermögen; Fähigkeit zu Selbstreflexion; sich real in beiden Ländern bewegt haben; ein geschärfter Blick für Individuelles, Kultur-, Schicht-, Geschlechtsspezifisches; Wissen um eigene Rassismen und Sexismen; fachliche Qualifikation. „Das Team sollte einen Spiegel darstellen, in dem frau Prozesse auf einer anderen Ebene aufarbeiten kann, die in der Arbeit mit dem Klientel auch auftreten."[45] Weiters gilt in einem bikulturellen Team das Prinzip: Nicht beforscht werden, sondern selber forschen. Angehörige einer Gruppe wissen über sich selbst am besten Bescheid. Andererseits eröffnet der Blick von außen die Möglichkeit, Dinge zu sehen, die frau innen nicht sieht. Beides ist grundsätzlich im Team des Vereins gegeben. Das quantitative Verhältnis von Mitarbeiterinnen aus der Türkei und aus Österreich sollte möglichst ausgewogen sein. Dies führt allerdings nicht zum Wunsch nach einer Quotenregelung, denn dadurch würde die Herkunft über die Qualifikation gestellt.[46]

Die Nachteile eines monokulturellen (richtiger ist eigentlich „mononationalstaatlichen") Teams liegen im Verlust der Mittlerinnenrolle, des Modellcharakters und des Zugangs zu den erlernbaren Fertigkeiten beider Kulturen. Außerdem wäre ein rein österreichisches Team eine Manifestierung bestehender Herrschaftsverhältnisse.

Nach Ansicht der Teamfrauen werden die Anforderungen an die Mitarbeiterinnen eines bikulturellen Teams bei uns nicht durchgängig erfüllt. Hauptkritikpunkte sind, daß Zweisprachigkeit, Toleranz sowie Kenntnisse der soziokulturellen Hintergründe nicht bei allen gegeben sind. Das Phänomen des „Positiven Rassismus" kommt sowohl bei Frauen aus Österreich als auch bei Frauen aus der Türkei vor. Alle Frauen bemängelten, daß im Projekt mehr Österreicherinnen als Türkinnen arbeiten (derzeit sieben österreichische, vier türkische Mitarbeiterinnen). Dieses quantitative Mißverhältnis sagt aber nichts über die Gleichberechtigung zwischen den Mitarbeiterinnen aus. Es wäre ein Fehlschluß, daraus Ungleichheit zwischen Österreicherinnen und Türkinnen im Team abzuleiten. Die Teamfrauen aus der Türkei (drei wurden von einer Türkin, eine von einer Österreicherin interviewt) stellten fest, daß sie an den Entscheidungsprozessen, an der Aufstellung der Regeln genauso teilhaben und nach demselben Gehaltsschema entlohnt werden wie die österreichischen Teamfrauen. Allerdings betonten sie ihre Sprachprobleme, die auch in Teamsitzungen, die in deutscher Sprache abgehalten werden, auftreten. Für die Autorinnen stellt sich hier die Frage, inwieweit Mitarbeiterinnen aus der Türkei an Entscheidungsprozessen aktiv teilnehmen können. Dieser Aspekt wurde in den Interviews von keiner türkischen Mitarbeiterin problematisiert. Auf die Frage nach den Konflikten im Team führte jeweils eine Frau aus der Türkei und aus Österreich die Sprachprobleme im Team an. In der Hierarchie der Arbeitsbereiche gibt es keine Ballung von Mitarbeiterinnen aus der Türkei, weder an der Spitze noch an der Basis. Auffällig ist nur ihre Absenz in der Administration, was durch gehäuften Kontakt mit österreichischen SubventionsgeberInnen und Behörden und dem damit verbundenen Schriftverkehr in deutscher Sprache bedingt ist. Es gibt also praktisch keine herkunftsbedingte Aufteilung zwischen Kopf- und Handarbeit.[47]

Güç's Thesen entsprechen größtenteils den Erfahrungen der von uns Interviewten. Seine Forderungen an ein bikulturelles Team stimmen mit unserem Anforderungsprofil an die Mitarbeiterinnen überein. Diese werden – wie bereits erwähnt – teilweise erfüllt, doch einige Prozesse sind noch nicht abgeschlossen. Ein Beispiel dafür ist die Bewußtwerdung der Projektion eigener, nicht gelungener Selbständigkeitsbestrebungen von Teamfrauen auf die Frauen, mit denen sie arbeiten. Dies allerdings ist eine Entwicklung, deren Verlauf nicht unbedingt im Team, sondern in der privaten Psychotherapie zu bearbeiten ist. Ebenso verhält es sich mit der Auseinandersetzung mit dem sogenannten „Fremden".

Anerkennung der Arbeit

In diesem Abschnitt behandeln wir die Frage, inwieweit sich die Frauen unseres Teams gegenseitig Anerkennung geben und inwieweit Anerkennung von außen kommt. Als bikulturelles feministisches Team stehen wir gewissermaßen am Rande der Gesellschaft. Die Anerkennung, die von außen kommt, dürfte daher eher gering sein. Daher ist die wechselseitige Anerkennung der Mitarbeiterinnen umso wichtiger. Diese dient der Förderung des Selbstbewußtseins der Mitarbeiterinnen, einer wichtigen Voraussetzung für die Förderung des Selbstbewußtseins des Klientels. Selbstbewußtsein zu erlangen ist die Grundlage für das Erlangen von Stärke.[48]

Wir befragten unsere Kolleginnen daher nach der persönlichen Anerkennung, die sie erhalten, nach der Anerkennung ihrer Arbeitsbereiche und nach der Anerkennung des Vereins in der Öffentlichkeit. Bis auf die letzte Frage wurde immer unterschieden zwischen Anerkennung im Team und der Anerkennung von außen (Klientel, SubventionsgeberInnen, Institutionen, FreundInnen und Bekannte).

Die persönliche Anerkennung innerhalb des Vereins erfolgt eher verschlüsselt, indirekt und informell und wird von allen Mitarbeiterinnen als zu gering empfunden. Der Aussage einer Mitarbeiterin zufolge ist die mangelnde Anerkennung auch eine Ursache von Konflikten und steht in engem Zusammenhang mit der Konkurrenz, die zwischen Frauen besteht. Allerdings ist es möglich, sich selbst Anerkennung zu holen, indem frau auf ihre Leistungen verweist.

Wird Anerkennung gegeben, so erfolgt diese v. a. aufgrund von Engagement, außerordentlicher Arbeitsleistung, Qualifikation, türkischer Herkunft (Gefahr des „Positiven Rassismus"!), Beständigkeit und auch aufgrund von Freundschaft.

Die Anerkennung einzelner Mitarbeiterinnen durch Personen/Institutionen von außen erfolgt direkter und ist v. a. auf Respekt, Qualifikation, Kompetenz, Engagement, Herkunft, Freundschaft, auf das spezielle Arbeitsfeld und auf Öffentlichkeitsarbeit im Sinne von Referaten und Vorträgen zurückzuführen. Als zwiespältige Form der Anerkennung von außen wird das Staunen, verbunden mit Exotismus, bei der Erwähnung der Arbeit mit Frauen und Kindern aus der Türkei erlebt.

Die Anerkennung der Arbeitsbereiche von innen spiegelt in erster Linie die Hierarchie der Bereiche wider. Nur bei der Buchhaltung findet sich diese Übereinstimmung nicht. Als Teil der Administration zwar im oberen Bereich der Hierarchie angesiedelt, führt sie ein klassisches Schattendasein. Laut Aussage der Mitarbeiterin, die für die Buchhaltung – ein mehr oder weniger unsichtbarer Bereich – zuständig ist, ist ihre Anerkennung gleich Null.

Die Anerkennung der Arbeitsbereiche durch das Klientel erfolgt entsprechend der Befriedigung seiner Bedürfnisse durch den jeweiligen Bereich, ergänzt durch gesellschaftliches Wertverständnis. Die Kinderbetreuung wird von den Frauen zwar genutzt, aber nicht als wichtiger Arbeitsbereich anerkannt. Die Frauen bewerten Kindererziehung nicht als Arbeit, d. h. sie entwerten sich selbst und die in diesem Bereich tätigen Frauen. Administration dagegen kann von den Frauen zwar nicht unmittelbar genützt werden, aber sie findet im wesentlichen im Büro statt und „im Büro, da ist der Chef".

Für SubventionsgeberInnen und Institutionen ist einerseits der Nutzen, den sie aus unserer Arbeit ziehen können, entscheidend; andererseits ist die für einen Arbeitsbereich erforderliche Qualifikation für sie wichtig. Dazu kommt unsere Fähigkeit, bestimmte Arbeitsbereiche ‚gut verkaufen' zu können (z. B. gute Sozialberatungsstatistiken).

Die sonstige Öffentlichkeit, d. h. Personen, Institutionen usw., die unmittelbar wenig mit uns in Berührung kommen, erkennen – wenn überhaupt – die Arbeit des Vereins als Ganzes an. Die Bewertung eines Vereins, der mit einer spezifisch benachteiligten Gruppe arbeitet, ist abhängig von der in der Gesellschaft vorherrschenden Stimmung. Dazu kommen die Probleme eines Vereins, der zwischen zwei Sesseln sitzt.[49]

Wie bei der Anerkennung der einzelnen Arbeitsbereiche wird der Verein in seiner Gesamtheit von SubventionsgeberInnen, Institutionen und Personen analog zum Nutzen für diese anerkannt. Diese Anerkennung drückt sich allerdings selten in vermehrten Geldzuwendungen aus (eher im Gegenteil). Allgemein werden unsere Professionalität, unser homogen-ganzheitliches Konzept und unsere konsequente politische Einstellung positiv hervorgehoben. Referats- und Vortragstätigkeit werden anerkannt, obwohl von den Mitarbeiterinnen des Vereins die zu geringe Öffentlichkeitsarbeit einhellig kritisiert wird.

Konflikte

Wie oben angesprochen gibt es einen gesellschaftlichen Zusammenhang zwischen der Anerkennung der Arbeit des Vereins und der gesellschaftlichen Stellung des Klientels. Die Positionierung des Klientels am unteren Ende der gesellschaftlichen Werteskala und die daraus resultierende Nicht-Anerkennung der Vereinsarbeit wird in allen Interviews als ein Konfliktpunkt im Arbeitsfeld angegeben. Das politische Umfeld und die gesellschaftlichen Bedingungen (AusländerInnengesetzgebung, Rassismus, Fremdenhaß usw.), unter denen wir arbeiten müssen, erschweren unsere Tätigkeit und führen zu Frustrationen. Diese werden verstärkt durch die Unsicherheit der Anstellungen sowie durch Budgetkürzungen und allgemeine Finanzprobleme. Auch unsere Stellung zwischen AusländerInnen- und Frauenszene ist nicht dazu angetan, unsere Frustrationen zu vermindern.

Der Hinweis auf die Arbeit mit Migrantinnen aus der Türkei löst beim Gegenüber oft große Ängste aus. Umgekehrt führt dieser aber auch dazu, daß die GesprächspartnerInnen „Positiven Rassismen" und Exotismen Ausdruck verleihen. Immer wieder muß erklärt werden, daß es *die Türkin* schlechthin nicht gibt. Sie ist nicht die arme, unterdrückte, kopftuchtragende Frau, umzingelt von Kinderhorden und von Blutrache bedroht.

Schwierig ist auch die Darstellung dieses Arbeitsfeldes gegenüber Personen, die zu dieser Art von Tätigkeit in einem bikulturellen feministischen Team keinerlei Bezug haben. Die fremden- und frauenfeindlichen Reaktionen führen bei uns zur Vorsicht. Ein weiteres Konfliktfeld stellen die oft nicht zu erfüllenden Erwartungen des Klientels dar (ausgelöst durch die politische Situation und die damit im Zusammenhang stehende Wohnungsnot, Arbeitslosigkeit und Unsicherheit).

Unter den Konfliktfeldern im Team wird an erster Stelle die zu wenig direkt geäußerte Anerkennung genannt. Weitere Konflikte ergeben sich aus dem Umgang mit Macht und Hierarchie, aus der Zu- bzw. Aberkennung von Kompetenzen, aus der oft informellen Entscheidungsfindung und den daraus resultierenden Informationsmängeln. Schweigen im Team wird von vielen Mitgliedern als großes Problem angesehen. Es gilt als Machtmittel, als Ausdruck von Nicht-Engagement, aber auch als Zeichen von Hilflosigkeit. Die finanzielle und personelle Unsicherheit führt auch zu Konflikten im Team, nicht zuletzt deshalb, weil sich einige Mitarbeiterinnen mehr mit der Arbeitgeberinnen-, andere mehr mit der Arbeitnehmerinnenrolle identifizieren.

Inhomogenität von Entwicklungsprozessen bei den einzelnen Mitarbeiterinnen, Generationskonflikte oder das Gefühl, Außenseiterin zu sein, führen oft im Zusammenhang mit persönlichen Konflikten zu Spannungen. Den Kolleginnen, die sich nicht völlig mit dem Verein identifizieren und die Schwerpunkte außerhalb des Vereins setzen, wird der Vorwurf mangelnder Verantwortlichkeit gemacht. Als ein großes Problemfeld erweist sich auch immer wieder die nur teilweise existierende Zweisprachigkeit. Laut selbstkritischer Aussage einiger Mitarbeiterinnen sind auch sie vor Ethnozentrismus, offenem und versticktem Rassismus und Sexismus nicht gefeit.

Die bisherigen Ausführungen bezüglich unserer Projektarbeit decken sich in vielen Aspekten mit den oben genannten theoretischen Grundlagen. In unseren Interviews stellten wir darüber hinaus noch weitere Fragen, die uns im Zusammenhang mit der Arbeit in einem bikulturellen, feministischen Team als wichtig erschienen. Dazu gehört vor allem die Frage nach eigenen Diskriminierungserfahrungen, die mögliche Gemeinsamkeiten von Frauen darstellen. Die Fragen nach gängigen weiblichen Rollenbildern und dem Bild „der türkischen" und „der österreichischen" Frau wurden gestellt, um das Bewußtsein der Diskrepanz zwischen Klischee und Realität zu erfassen. Wichtig war uns dabei, ob sich im Laufe der persönlichen Entwicklung der Befragten Veränderungen in den von ihnen assozierten Bildern feststellen ließen.

Rollenbilder von Frauen

Die von den interviewten Frauen genannten gängigen weiblichen Rollenbilder in der Sozialisationsumgebung ihrer Kindheit entsprechen den allgemein bekannten. Eine Frau muß: heiraten, Kinder bekommen, den Haushalt führen, Kinder und Mann versorgen, treu sein. Sie gilt als die Vermittlerin gesellschaftlicher Werte. Weiters muß sie weiblich, gepflegt und äußerlich attraktiv sein. Geld sollte im allgemeinen durch die Männer verdient werden, jedoch in Notsituationen darf eine Frau auch einen Beruf ausüben. Die tatsächliche Situation in den Herkunftsfamilien steht oft im Widerspruch zu diesen Klischees.[50]

Stimmten die normgerechten Rollenbilder eventuell mit den Rollenbildern der einzelnen Frauen in der Kindheit überein, so ist das später nicht mehr der Fall. Die Benachteiligung und Unterdrückung von Frauen wurde zunehmend erkannt. Jetzt steht an erster Stelle die Rolle der selbständigen, ökonomische unabhängigen Frau und das Bild von einer Frau, die alle Möglichkeiten hat, sich selbst zu verwirklichen.

Nach dem Bild der österreichischen Frau befragt, betonten die Mitarbeiterinnen österreichischer Herkunft spontan, daß es *die* österreichische Frau nicht gibt.

Sie assozierten folgendes: die Frau Laubbichler, d. h. eine weiße Frau bäuerlicher Herkunft, verheiratet, drei Kinder und berufstätig; weiß; mittelständisch; widersprüchlich; Romantikerinnen; nicht Fisch, nicht Fleisch; Mütter, uns, Junge, Alte, Bäuerinnen; partnerschaftlich; vereinbaren Beruf und Familie; können ökonomisch unabhängig sein; haben viele Möglichkeiten der Lebensgestaltung.

Die Mitarbeiterinnen türkischer Herkunft hingegen nennen zuerst Bilder über österreichische Frauen, um diese anschließend zu relativieren. Die österreichische Frau ist demnach mürrisch, kühl, tatenlos, lieblos; klug, charmant, witzig, manchmal auch angenehm; sie ist blond, groß, geschminkt, berufstätig, gut ausgebildet und frei. Trotz vieler Fortschritte lebt sie noch in einer patriarchalen Gesellschaft. Sie ist Radikalfeministin, einsam und kämpferisch.

Bezüglich der Bilder über die türkische Frau gibt es eine größere Einheitlichkeit in den Aussagen der Mitarbeiterinnen österreichischer und türkischer Herkunft. Ähnlich wie bei den Assoziationen zur österreichischen Frau wird betont, daß es *die* türkische Frau nicht gibt. Frauen aus der Türkei sind: Kursfrauen,[51] Kopftuchfrauen, Dorffrauen, Intellektuelle, politisch engagierte Frauen, gepflegt und modisch gekleidete Oberschichtsfrauen, Hausfrauen. Türkische Frauen gelten z. T. als emanzipierter als Österreicherinnen.

Eine Mitarbeiterin türkischer Herkunft betonte jedoch die Unterdrückung türkischer Frauen; eine andere das andere Kampfverständnis – notfalls auch mit Männern gegen Unterdrückung im allgemeinen.

Nach den Unterschieden zwischen österreichischen Frauen und Frauen aus der Türkei befragt, wurde darauf verwiesen, daß die Unterschiede weniger kultur- als schichtspezifisch sind. Trotzdem sind nach Ansicht der Österreicherinnen türkische Frauen höflicher und indirekter als sie selbst. Diese Indirektheit drückt sich nach Aussage einer Mitarbeiterin auch in der Sprache aus: Zuerst kommt der Nebensatz – die Begründung –, dann erst die Aussage. Weiters müßten Türkinnen den Anschein normgerechten Verhaltens eher wahren als Österreicherinnen. Als weiterer Unterschied wurde angegeben, daß viele in Österreich lebende türkische Frauen erst die Sprache und das Umgehen mit den hiesigen kulturellen Gegebenheiten lernen müssen.

Abschließende Bemerkungen

Wie gezeigt wurde, sind viele Ansprüche, die an ein bikulturelles, feministisches Team gestellt werden, bei uns weitgehend erfüllt. Die Anwendbarkeit der Kriterien für eine feministische Wissenschaft von Maria Mies auf unser feministisches Team geht aus den vorangegangenen Ausführungen hervor.

Viele der von Marie Sichtermann angeführten Gefahren, die ihrer Auffassung nach in der Struktur staatlich geförderter Frauenprojekte angelegt sind, konnten bei uns vermieden oder überwunden werden.[52] Unsere Organisationsform, das Kollektiv, ist für Marie Sichtermann keine spezifisch weibliche. Die

„weibliche Kultur" am Arbeitsplatz ist unserer Ansicht nach eng mit der Sozialisation der Mitarbeiterinnen verbunden. Sie resultiert aus dem „weiblich dominierten Haushalt", in dem alle von uns aufgewachsen sind. Nur hat dieser zusätzlich einen politischen und wissenschaftlichen Inhalt bekommen. Die Organisations- und Kommunikationsstrukturen an diesem „weiblichen" Arbeitsplatz erfordern allerdings eine ständige Weiterentwicklung, um den sich verändernden Bedürfnissen entsprechen zu können.

Zu Sichtermanns These, daß das Kollektiv keine per se weibliche Organisationsform darstelle, ist weiters anzumerken, daß es immer problematisch ist, aus einem Ganzen (dem feministischen Team) einzelne Teile (Organisations- und Kommunikationsform) herauszureißen und zu bewerten. Feministische Arbeit setzt sich zwar aus vielen Teilchen zusammen, jedes für sich genommen ist aber nicht notwendigerweise spezifisch feministisch oder weiblich. Denn auch hier gilt: Das Ganze ist mehr als die Summe seiner Teile.

Wir betrachten unser Team jetzt nicht mehr als einen Zusammenschluß von Schwachen.[53] Trotzdem entwickeln wir durch die Arbeit zusätzliche Stärke. Die damit verbundene Professionalisierung bringt allerdings auch Nachteile mit sich. Durch die hohe Bewertung fachlicher Spezialisierung besteht die Gefahr der Abwertung von (auch gesellschaftlich wenig anerkannten) Ressourcen wie Wärme, Geduld, Einfühlsamkeit u. ä.

Die von Fatih Güç dargestellten Anforderungen an ein bikulturelles Team sind bei uns weitgehend erfüllt.[54] Unsere Ansprüche an ein bikulturelles Team gehen über die von Fatih Güç hinaus. Jedoch sind die von uns geforderte Zweisprachigkeit, das Wissen um soziokulturelle Hintergründe und eine zahlenmäßige Ausgeglichenheit von Mitarbeiterinnen aus Österreich und aus der Türkei nicht vollständig gegeben. Obwohl die Mitarbeiterinnen aus der Türkei praktisch in allen Arbeitsbereichen tätig sind und sie die Entscheidungsprozeße gleichberechtigt mittragen, haben sie oft das Gefühl, keine vollwertige Arbeit zu leisten, weil sie glauben, nicht flexibel in allen Arbeitsbereichen einsetzbar zu sein.

Der permanente, aber notwendige Wechsel von Annäherungs- und Distanzwünschen äußert sich manchmal auch bei unseren Kolleginnen in den extremen Formen der Anlehnung und der Abgrenzung,[55] des „Positiven" und offenen Rassismus.

Abschließend möchten wir noch einmal bemerken, daß es sich in diesem Beitrag nicht um eine streng wissenschaftliche Analyse handelt. Es ist der Versuch, die Zusammenhänge, in denen wir uns als Mitarbeiterinnen eines bikulturellen feministischen Teams befinden, als Betroffene zu erfassen und aufzuarbeiten. Dieses Unterfangen erschien uns zunächst schwierig und langwierig, da die von uns gewählte Methode des qualitativen Interviews besonders aufwendig ist und die Zusammenhänge weit verzweigt und komplex sind. Weiters finden wir während unserer täglichen Arbeit kaum Zeit für Auseinandersetzungen mit feministischen und antirassistischen Inhalten. Einige der im

Verein tätigen Frauen beschäftigen sich außerhalb des Arbeitszusammenhanges mit den Theorien zu Rassismus und Sexismus. Sie mußten allerdings feststellen, daß es keine theoretischen Arbeiten zu (Anti-)Rassismus und (Anti-)Sexismus in bikulturellen feministischen Organisationen, Institutionen, Teams etc. gibt. Unser Anliegen war es, die vorhandenen Ansätze zum bikulturellen Team, zum feministischen Team und zur feministischen Wissenschaft miteinander zu verbinden und diese in Beziehung zu unserer praktischen Arbeit zu setzen. Wir hoffen, daß unser Artikel dazu beitragen kann, eine Auseinandersetzung mit diesem Thema anzuregen.

Anmerkungen

1 Siehe Beiträge in diesem Buch.
2 Siehe unten.
3 Vgl. z. B. KRONSTEINER: *Fremdheit konstruiert per Gesetz – Gedanken zur „AusländerInnen"gesetzgebung in Österreich*; DIES.: *Wenn die Worte fehlen, so muß der Körper sprechen. Bewältigung und Hintergründe der Arbeitsmigration als psychische Krise*; ZUCKERHUT: *Rassismus und Feminismus* (alle in diesem Buch); BEITRÄGE ZUR FEMINISTISCHEN THEORIE UND PRAXIS 1990, Bd. 27; DAVIS 1981; HOOKS 1990.
4 Vgl. WALLERSTEIN 1979.
5 Die inhaltlichen Schwerpunkte des Leitfadens ergaben sich aus der Auseinandersetzung mit der Rassismusdiskussion und der Differenzdebatte in der Frauenbewegung (vgl. ZUCKERHUT in diesem Buch) und aus der ethnologischen Debatte um Herrschaft, Macht und Egalität (vgl. LENZ/LUIG 1990).
6 MIES 1984a: 10.
7 MIES 1984a.
8 SICHTERMANN 1991.
9 SICHTERMANN 1993.
10 GÜÇ 1990.
11 Der Begriff „Planetarium" geht auf THOMPSON (1980) zurück.
12 Siehe unten.
13 MIES 1984a: 10.
14 A.a.O.: 12.
15 Ebda.
16 A.a.O.: 13.
17 A.a.O.: 14.
18 Ebda.
19 A.a.O.: 15.
20 A.a.O.: 16.
21 SICHTERMANN 1991.
22 SICHTERMANN 1993.
23 A.a.O.: 60.

24 A.a.O.: 64.
25 Vgl. SICHTERMANN 1991.
26 Ebda.
27 SICHTERMANN 1993: 69 ff.
28 GÜÇ 1990; GÜÇ 1993.
29 GÜÇ 1990; 433.
30 Ebda.
31 Ebda.
32 A.a.O.: 436.
33 A.a.O.: 435 ff.
34 A.a.O.: 435.
35 Klientinnen – Klientel: Obwohl diese Bezeichnungen von vornherein ein hierarchisches Verhältnis implizieren, indem die aktive Sozialarbeit einem passiven Objekt gegenübersteht, werden sie von uns – der Kürze wegen – verwendet. Aus unseren Ausführungen müßte jedoch hervorgehen, daß wir einem derart strukturierten Verhältnis kritisch gegenüberstehen und bewußt damit umgehen.
36 MIES 1984b: 56.
37 Vgl. unsere Ausführungen zu GÜÇ.
38 Trotz der auffallenden Übereinstimmungen zwischen der feministischen Theorie und den Aussagen von Mitarbeiterinnen zum feministischen Team deklarieren sich nicht alle Mitarbeiterinnen ausdrücklich als Feministinnen.
39 Vgl. STANGL-MÄHNER in diesem Buch.
40 Vgl. MIES 1984: Postulat 5.
41 Vgl. obige Ausführungen zu SICHTERMANN.
42 Dreitägige Sitzungen, an denen alle Mitarbeiterinnen teilnehmen. Sie finden zweimal jährlich statt und dienen der Planung des darauffolgenden Semesters.
43 Vgl. die drei Ebenen bei GÜÇ: persönlich, fachlich, institutionell.
44 SICHTERMANN 1991.
45 Zitat aus einem der Interviews.
46 Siehe Anforderungen an die Mitarbeiterinnen eines bikulturellen feministischen Teams.
47 Vgl. These 1 bei GÜÇ 1990.
48 Siehe den Abschnitt *Zur Theorie von Marie Sichtermann*.
49 Vgl. Ausführungen im Abschnitt *Motivation*.
50 Siehe Kapitel *Sozialisation*.
51 Damit sind die Frauen, die bei uns einen Kurs besuchen, gemeint.
52 Siehe Kapitel *Das feministisches Team*.
53 Vgl. SICHTERMANN 1993.
54 Siehe Kapitel *Das bikulturelle Team*.
55 Vgl. GÜÇ 1990, 1993.

Literatur

BEITRÄGE ZUR FEMINISTISCHEN THEORIE UND PRAXIS, Bd. 27: Geteilter Feminismus. Köln 1990.

DAVIS, Angela: Women, Race and Class. New York 1981.

GÜÇ, Fatih: Multikultureller und bikultureller Alltag in Kindertagesstätten. In: Theorie und Praxis der sozialen Arbeit, Nr. 11. 1990: 431-438.

DERS.: Mitschrift eines Vortrages im Rahmen des AWO-Seminars für PsychologInnen, die mit MigrantInnen arbeiten. Berlin, November 1993. Unveröff. Ms.

HOOKS, Bell: Yearning. Race, Gender and Cultural Politics. Boston 1990.

LENZ, Ilse/LUIG, Ute (Hg.): Frauenmacht ohne Herrschaft. Geschlechterverhältnisse in nichtpatriarchalischen Gesellschaften. Berlin 1990.

MIES, Maria: Methodische Postulate zur Frauenforschung – dargestellt am Beispiel der Gewalt gegen Frauen. In: beiträge zur feministischen theorie und praxis, Bd. 1: Erste Orientierungen. München 1978: 41-63.

DIES.: Methodische Postulate zur Frauenforschung. In: beiträge zur feministischen theorie und praxis, Bd. 11: Frauenforschung oder feministische Forschung. Köln 1984a: 7-25.

DIES.: Frauenforschung oder feministische Forschung? In: beiträge zur feministischen theorie und praxis, Bd. 11: Frauenforschung oder feministische Forschung. Köln 1984b: 40-60.

SICHTERMANN, Marie: Zur Notwendigkeit einer kreativen Streitkultur in der Frauenbewegung. In: Frauenberatung Wien (Hg.): Zusammenspiel und Kontrapunkt. Frauen – Team – Arbeit. Tagungsband anläßlich des gleichnamigen Kongresses am 6. und 7. Dezember 1991 zum zehnjährigen Bestehen von Frauen beraten Frauen in Wien. (= Reihe Dokumentation, Bd. 7) Wien 1993: 57-79.

SICHTERMANN, Marie: Brot und Rosen – Die Suche nach dem Glück in Frauenprojekten. Vortrag. Wien 1991. Unveröff. Ms.

THOMPSON, E.P.: Das Elend der Theorie. Zur Produktion geschichtlicher Erfahrung. Frankfurt am Main/New York 1980.

WALLERSTEIN, Immanuel: The Capitalist World-Economy. Studies in Modern Capitalism. Cambridge 1979.

Elisabeth Andeßner, Ruth Kronsteiner,
Nilüfer Sözer, Patrizia Zuckerhut

Feminist ve Bikültürel bir Timde Çelişkiler, Deneyimler ve Gelişmeler

Makale, bikültürel ve feminist bir tim olarak, *Birlikte Öğrenelim – „Miteinander Lernen"* timinin çözümlemesi ile ilgilidir. Çözümleme, günlük çalışmaların yoğunluğu nedeniyle, feminist ve anti-rasist içerikli tartışmalara pek zaman ayrılamadığından, oldukça zor ve uzun bir çalışmayı gerektirdi.

Irk-sınıf-cinsiyet kategorilerinin, kadınlar arasındaki benzerlikleri ve farklılıkları ortaya çıkarmaya yetmediğinin anlaşılması üzerine, bireysel ve ortaklaşa geçmiş, dinin ailede ve çevredeki önemi, ailede ve çevredeki roller ve çelişkiler, kişiyi birey yapan, bilinçli ya da bilinçsiz her türlü deneyim ve yaşanmışlıkların öneminden yola çıkarak, yedisi Avusturyalı dördü Türkiyeli olmak üzere onbir dernek çalışanı ile yapılan röportajlar ışığında çözümleme yürütüldü ve çalışanlar arasında birçok ortak yön keşfedildi. Derneğin dört çalışanı tarafından yapılan röportajlar, ayrıca dernek çalışanlarını proje çalışmasına iten nedenleri, dernekteki ve kamudaki beğeni ve kabul görme olanaklarını, bikültürel ve feminist bir timde çalışanlarda bulunması gereken özellikleri, toplumsallaşma ve kişisel deneyimlerle, çalışma alanının seçimi arasındaki ilişkileri de ortaya çıkarıcı nitelikte oldu. Röportajın özü, rasizim ve kadın hareketindeki farklılık tartışmalarının ve egemenlik, iktidar ve eşitlik üzerine etnolojik tartışmaların irdelenmesinden ortaya çıktı.

Köln'de yetmişli yıllarda, bir kadın evinin savaşımından ortaya çıkan somut politik tavırlardan geliştirdiği postulatlarından yola çıktığımız Maria Mies, kadın projelerindeki iletişim ve çalışma örgütlenmesine dair konuşmalarıyla Marie Sichtermann ve bikültürel tim çalışmalarına ilişkin teorik yazıları ile Fatih Güç bu makalenin kuram-uygulama incelemesinde yararlanılan yazarlardır.

Bu üç yazar tarafından geliştirilen kuramların, röportajlarda ortaya çıkan duruma göre gözden geçirilmesi, çalışmanın ana hatlarını oluşturdu. Ve bu gözden geçirme, teorilerle, çalışanların istek ve düşüncelerinin büyük bir oranda uyuştuğunu ortaya çıkardı.

Nilüfer Sözer

Aurelia Weikert

Der Seiltanz zwischen Frauenautonomie und Subvention

Geld und seine Auswirkungen auf Arbeit und Organisation

Gratulation und Glückwünsche! Frauenbewegte[1] Einrichtungen feiern im In- und Ausland ihre Jubiläen. Auch der Verein *Miteinander Lernen*, der vor über zehn Jahren mit seiner Arbeit begonnen hat, darf sich den allgemeinen Feierlichkeiten anschließen. Wie all jene Frauenprojekte und -einrichtungen, die es geschafft haben zu überleben, blickt er dabei auf eine lange, bewegte Berg- und Talfahrt zurück, die sich in stetem Wechsel von den Höhen der kreativen Arbeitsvorhaben und gesellschaftsverändernden Ideen bis zu den Tiefen der finanziellen Nöte und Selbstausbeutung vollzogen hat.

Doch das Auf und Ab hat uns fit gehalten für einen Seiltanz besonderer Art: den Balanceakt zwischen politischer Autonomie und staatlicher Subvention.

Laut Duden-Fremdwörterbuch bedeutet Autonomie: Selbständigkeit, Unabhängigkeit; autonom: nach eigenen Gesetzen lebend. Subvention wird als zweckgebundene, finanzielle Unterstützung aus öffentlichen Mitteln, als Staatszuschuß beschrieben.

Autonomie und Subvention, dieses ungleiche Paar scheint für manche absolut unvereinbar, für andere dagegen stellt es eine Notwendigkeit dar.

Doch begeben wir uns auf das Seil!

Die Arbeit ist vielfältig

Frauenprojekte, die den Anspruch haben, gesellschaftliche Mißstände aufzuzeigen und in ihrer Arbeit gegen diese anzukämpfen, geraten zwangsläufig in Widerspruch zu den bestehenden Normen dieser Gesellschaft. Frauenprojekte als „Infrastruktur einer feministischen Gegenkultur", die die „patriarchale Gesellschaft unterwandern" wollen, um das zu erreichen und durchzusetzen, „was Frauen in dieser Gesellschaft fehlt",[2] erfreuen sich verständlicherweise nur geringer Popularität bei jenen, die die bestehenden gesellschaftlichen Strukturen aufrechterhalten wollen.

Die Arbeit, die im Rahmen von Frauenprojekten geleistet wird, ist äußerst vielfältig. Sie reicht vom Verkauf einschlägiger Produkte, z. B. frauenspezifischer Literatur, bis zu umfangreichen Dienstleistungen wie Bildungs- und Beratungsangeboten. All diesen Bereichen gemeinsam sind das Engagement und die Parteilichkeit für Frauenanliegen, ungeachtet der Form der Unterstützung, ob als Zufluchtsort (Frauenhaus), Lernstätte (Bildungseinrichtung) oder Gesprächsmöglichkeit (Beratungs- und Psychotherapiezentrum).

Autonomie bedeutet für unseren Verein, Arbeitsinhalte und -organisation selbst zu bestimmen und auch selbst dafür verantwortlich zu sein.

Die verschiedenen Angebote unseres Vereins erfordern unterschiedliche Qualifikationen, die sich die Mitarbeiterinnen entweder vor Eintritt in den Verein oder während der Tätigkeit im Verein angeeignet haben, wobei laufende Fortbildung das Anliegen aller ist.

Das Anforderungsprofil für unsere Mitarbeiterinnen sieht etwa folgendermaßen aus:
– Zweisprachigkeit (türkisch und deutsch),
– pädagogisch-didaktisches Wissen,
– Ausbildung als Sozialarbeiterin und/oder Therapeutin,
– Engagement für Frauenanliegen,
– Organisationstalent und Teamfähigkeit,
– soziologisches und ethnologisches Hintergrundwissen bezüglich unserer Klientel,
– Verhandlungsgeschick,
– Fähigkeit, wissenschaftlich zu arbeiten,
– Kenntnisse bezüglich Büroorganisation und -technik.

Sämtliche dieser Kenntnisse sind im Verein vorhanden, oft in ein und derselben Person. Kenntnisse, die in anderen Berufen selten derart gebündelt eingefordert, jedoch zweifellos erfreut zur Kenntnis genommen würden. Allerdings stehen – wie in den meisten Frauenprojekten – Qualifikation und Bezahlung in keinem adäquaten Verhältnis. Denn obwohl die Arbeit von Frauenprojekten in der Öffentlichkeit durchaus bekannt ist, obwohl auf Erfahrung und Wissen von Mitarbeiterinnen von Fraueninitiativen seitens der Öffentlichkeit gerne zurückgegriffen wird,[3] obwohl Frauenvereine zu politischen Stellungnahmen eingeladen werden (wenn diese auch nur selten in die politische Praxis Eingang finden), gibt es noch immer Probleme hinsichtlich der Finanzierung dieser Projekte.[4]

Geld macht nicht glücklich, aber haben muß man's

Da der Verein *Miteinander Lernen* aus seinen Angeboten keine Einnahmen erzielt, die seine Aufwendungen für Personal und Infrastruktur abdecken, ist er auf Subventionen angewiesen. Auf Subventionen für Leistungen, die von staatlichen Beratungsstellen gar nicht oder oft nur unzureichend erbracht werden können. Somit wird neben unmittelbarer Hilfestellung für die Klientel mittelbar auch Arbeit für den Staat geleistet. Und das mit erstaunlich geringem Budget.

Genau dieser Aspekt hat schon seit langem heiße Debatten innerhalb der Frauenbewegung hervorgerufen: Ob denn staatlich geförderte Beratungsangebote von Frauenprojekten überhaupt gesellschaftskritisch sein können, oder ob sie nicht vielmehr systemunterstützend arbeiten.[5]

Nehmen diese doch einerseits, noch dazu für wenig Geld, dem Staat notwendige Arbeiten ab und versuchen andererseits, Menschen, v. a. Frauen, an die kritisierten Lebens- und Arbeitsbedingungen wieder anzupassen.[6]

Vermutlich arbeiten alle Einrichtungen, die im weitesten Sinne im sozialen Bereich tätig sind – unabhängig von ihrer Kritik an bestehenden gesellschaftlichen Zu- oder Mißständen –, letztlich auch immer systemerhaltend, indem sie Hilfestellungen für ein Zurechtfinden in eben dieser Gesellschaft bieten. Die Frage ist nur, wie sehr dabei auf die Förderung von Selbstsicherheit und Selbstbewußtsein bei der Klientel Wert gelegt und diese auch als notwendiges Ziel erachtet wird.[7]

Die Mitarbeiterinnen des Bielefelder Frauenhauses in Deutschland lehnen jegliche bezahlte (professionelle), aber auch ehrenamtliche Sozialarbeit in ihrem Arbeitsbereich ab.[8] Ihrer Meinung nach wird durch Bezahlung dem feministischen Selbstverständis, der Autonomie, der Stärke und Solidarität entgegengewirkt. Denn Sozialarbeit (bezahlt oder ehrenamtlich) beinhalte, daß die Klientel als nicht fähig betrachtet werde, mit ihren Problemen selbst umzugehen, diese selbst zu lösen. Für geschlagene Frauen hieße das, sie wären besonders hilfsbedürftig und passiv; doch die Realität ist für die Frauenhaus-Mitarbeiterinnen anders: Frauen, die ins Frauenhaus kommen, sind stark und mutig, sie haben viel geschafft (ihre Kinder großgezogen, ihren Mann verlassen etc.). Sie benötigen Geld, ein Dach über dem Kopf und einen sozialen Raum, um ihre Probleme selbst lösen zu können, aber keinen vorgegebenen Plan, der von anderen Personen festgelegt wird. Noch dazu von Personen, deren eigene Biographie sich zumeist von jener der Klientin deutlich unterscheidet.[9]

Obwohl dieser Ansicht entgegenzuhalten ist, daß vorgegebene Pläne oder selbständige Problemlösung an sich nichts mit der Bezahlung oder Nicht-Bezahlung von (Sozial-)Arbeit zu tun haben müssen und die absolute Ablehnung von bezahlter Arbeit (wenn auch nur im Bereich der Frauenhäuser) Selbstausbeutung und damit einen Rückschritt bezüglich langjähriger Forderungen der Frauenbewegung bedeutet, bringen Geld und die Forderung nach Subventionen natürlich Probleme mit sich.

Doch ehe diese Probleme auf uns zukommen, müssen andere Hürden genommen werden.

Geldquellen erschließen und Subventionsgeber finden ist mittlerweile eine eigene Berufsbranche geworden. *Fund Raising* heißt das Zauberwort, für das sich so manche Einrichtung schon eine eigene Abteilung leistet.

Miteinander Lernen hat kein eigenes Ressort, das Finanzierungskonzepte erstellt, erste Gespräche mit dem Verhandlungspartner (dem potentiellen Subventionsgeber) aufnimmt, Anträge schreibt, Verhandlungen führt, schließlich Abrechnungen fertigt und Berichte verfaßt.

All dies ist jedoch für die Projektfinanzierung durch Subventionen nicht nur nötig, sondern auch mit erheblichem Arbeitsaufwand verbunden. Und so vielfältig unsere Arbeitsbereiche, so vielgestaltig unsere Geldgeber, so mannigfaltig sind auch die Anträge, Abrechnungen und Berichte. Nicht selten stellt sich die Frage nach Aufwand und Ertrag, da so viel Zeit und Kapazität für die Finanzierungstätigkeit verbraucht wird, die besser für weitere inhaltliche Arbeit genutzt werden könnte.

„Macht Geld süchtig?"[10]

Mit diesen Worten betitelten Sabine Strasser (damals *Miteinander Lernen*) und Ulrike Lunacek (damals *Frauensolidarität*) ein Interview mit Maria Mies und Veronika Bennholdt-Thomsen über das Thema Geld und Frauen(projekte). Geld, als Streitpunkt feministischer Diskussionen, war auch bei *Miteinander Lernen* schon vor Jahren ein Thema.

Mies und Thomsen lehnten in dem Interview jegliche staatliche Subvention für Fraueninitiativen ab. Ihr Hauptargument stellte die versuchte Einflußnahme auf die inhaltliche Arbeit seitens der Geldgeber dar. Thomsen: „Wenn Geld, dann wirklich nur geschenkt!"[11]

Sie kritisierten Aufwand und Energie für die Erlangung des Geldes und auch den immensen bürokratischen Apparat, der für diese Subventionspolitik notwendig ist. Um all dem entgehen zu können, gäbe es die Möglichkeit, private, reiche Gönnerinnen zu finden.[12]

Die Interviewerinnen, beide Mitarbeiterinnen von (subventionierten) Frauenprojekten, waren nicht ganz einverstanden. Natürlich bestätigte ihre eigene Erfahrung, daß „Geld bekommen" durchaus Nachteile mit sich bringt: Geld schafft Abhängigkeit(en).

Andererseits ist aber auch klar, daß „Geld bekommen", im günstigsten Fall kontinuierlich, ein wesentlicher Garant dafür ist, beständige und gute Arbeit zu leisten.

Um das nötige Geld für ein Frauenprojekt zu erlangen (und das alle Jahre), müssen viel Zeit und Energie aufgewendet werden, ungeachtet dessen, ob es sich dabei um staatliche oder private Geldgeber handelt.

Der Streitpunkt Geld beinhaltet demnach zwei interessante Aspekte: Zum einen geht es um die Frage, nehmen wir überhaupt Geld, zum anderen, von wem nehmen wir Geld?

Geld ermöglicht nicht nur die Erhaltung der notwendigen Infrastruktur und die Bezahlung der Mitarbeiterinnen, die benötigt werden, um den laufenden Betrieb aufrechterhalten zu können, sondern gewährleistet auch Kontinuität, die wesentlich für die Qualität der Arbeit ist.

Nicht zuletzt bedeutet Geld aber auch Anerkennung. Zumal gerade soziale Arbeit, von Frauen geleistet, meist als Gratisarbeit verstanden wird. Außerdem hat Sozialarbeit ein geringes Prestige und damit wird jenen, die in diesem Bereich tätig sind, ebenfalls nur geringe Wertschätzung zuteil. Denn in unserer Gesellschaft hängt die Achtung einer sozialen Dienstleistung davon ab, wie sehr die Klientel geschätzt wird!

Obwohl dem Geld seine Herkunft bekanntlich nicht anzusehen und prinzipiell jede und jeder willkommen ist, uns Geld zu geben, ist es doch auch eine politische Frage, von wem Geld gefordert wird.

Primär wird von jenen Stellen Unterstützung verlangt, denen Fraueneinrichtungen erhebliche Arbeit ab- bzw. von diesen übernehmen. Darüber hinaus sollte nicht vergessen werden, daß Subventionen Steuergelder darstellen, die auch die Mitarbeiterinnen von Frauenprojekten mittragen.[13] Aber das Subventionsmenü bleibt mager, oder wie es Marie Sichtermann ausdrückte: „Karges Vollkornbrot steht auf dem Tisch."[14]

Jahrelange „Finanzierungskämpfe" und „-krämpfe"[15] sind nicht nur oft zermürbend, sondern verleiten gleichermaßen zu einem Prozeß der Gewöhnung.[16] Gewöhnung an den Zustand, ständig zuwenig Geld zu haben und doch mit den vorhandenen Ressourcen auszukommen.

Lebenskünstlerinnen sind wir allemal! Doch das ist nicht unser Ziel, selbst wenn zu Beginn der Vereinstätigkeit vor zehn Jahren ausschließlich unbezahlte Arbeit geleistet wurde.

Die Gewöhnung an den Mangelzustand hat im Laufe der Zeit zwei scheinbar entgegengesetzte Symptome hervorrufen: „verordnete Bescheidenheit" und den „Hang zur Grandiosität".[17]

Das eine ist nur zu oft eine Folge des anderen. Manchmal scheint es beinahe unumgänglich zu sein, trotz oder gerade wegen Geldknappheit und düsterer finanzieller Aussichten, weiter zu planen, zu arbeiten und auch zu träumen.

Würde *Miteinander Lernen* jedesmal beim Auftauchen von Geldnot seine Kurse, Beratungen, Therapien, Lernhilfe, Gesprächsrunde oder Büroarbeit einstellen, hieße das nicht nur ständige Angebots-Pausen (bis der nächste Geldbote klingelt; da kommt der Exekutor schneller!), sondern überhaupt das Aus für den Verein. Sowenig wir Hausverwaltung, Gas- und Stromwerk, Rundfunk, Postverwaltung, Krankenkasse, Finanzamt oder Angestellte vertrösten *können*, *wollen* wir dies ebensowenig bei unserer Klientel tun.

Wir sind nicht nur Lebenskünstlerinnen, sondern auch Finanzgenies. Jahrelange Arbeit hat uns Erfahrung und Professionalität im Umgang (nicht nur mit den Inhalten unserer Arbeit, sondern auch) mit dem „ewigen Mangel" gebracht. Trotz der meist unzureichenden und vor allem nicht zeitgerecht eintreffenden

Subventionen wurde und wird nicht nur weitergearbeitet, sondern das Angebot auch erweitert, notfalls mit Bankkrediten.

Solche Arbeitsbedingungen sind unseren Subventionsgebern vermutlich unbekannt, vielleicht gar nicht vorstellbar; falls aber doch, sind Verzögerungen beim Auszahlen von Subventionen umso unverzeihlicher.

Professionalität, Leistung und Effizienz – eine unheilige Allianz?

Professionalität und Qualität fallen nicht vom Himmel. Wir haben sie uns durch theoretische Überlegungen und praktische Arbeit in einem andauernden Prozeß erworben; sie bedürfen einer ständigen Erweiterung und Überprüfung.

Professionalität, Effizienz und Leistung werden in der Arbeit eingefordert. Ist dies bereits ein Schritt in eine Richtung, die frauenbewegte Projekte seit jeher ablehnen? Halten Werte wie Leistung und Erfolg, die doch stets dem kapitalistischen Wirtschaftssystem zugeordnet und deshalb verworfen wurden, Einzug, weil die Arbeit in Fraueneinrichtungen einen hohen Grad an Anpassung erfordert? Wollten Frauenprojekte nicht immer „anders" als „übliche" Betriebe sein?[18]

Kampf um Finanzierung und gesellschaftliche Anerkennung, Zeitnot und Überlastung rufen „Anpassungsprozesse an Werte einer patriarchalen Leistungsgesellschaft" hervor.[19] So sieht es Ulrike Hänsch und bezieht sich auf Christina Thürmer-Rohrs ironisch gemeinte Aussage „Jeder ist seines Glückes Schmied".

Das bedeutet, jede und jeder *kann*, wenn sie oder er nur will. „Glück kann sich jeder holen, und wer es nicht hat, hat eben nicht genug dafür getan."[20]

Für Frauenprojekte würde dies die Aufforderung bedeuten, nach marktwirtschaftlichen Kriterien zu arbeiten. In letzter Konsequenz hieße das, auf öffentliche Finanzierung zu verzichten und die Klientel für die angebotenen Leistungen zahlen zu lassen, um die Kosten für Personal und Infrastruktur abdecken zu können. (Ein verlockender Gedanke, denn durch den Verzicht auf öffentliche Subventionen fielen die damit verbundenen äußerst zeitintensiven Auflagen weg, was erhebliche Kapazitäten freisetzen würde.) „Aber welche [Fraueneinrichtung] auf öffentliche Finanzierung verzichtet, tut gut daran, statt feministischer Therapie lieber Psychodrama für Managerinnen anzubieten, [...] und statt des Frauenselbstverteidigungsvereins ein Fitnesstudio zu unterhalten."[21]

Der Zusammenhang zwischen Klientel und Art der Finanzierung ist klar. Das heißt, wollte *Miteinander Lernen* seine Kosten durch Bezahlung seiner Angebote seitens der Klientel abdecken, würde dies aller Voraussicht nach einen völligen Wechsel derselben und damit auch seiner Arbeit bedeuten. Weiters stellt sich die politische Frage, welche Leistungen und Angebote sich eine Gesellschaft, die sich zu den Prinzipien der Solidarität (zumindest) bekennt, finanziell gestatten will und dies auch tut.

Für Brigitte Sellach sind „Frauenprojekte [...] nach den Definitionen unserer kapitalistischen Industriegesellschaft im eigentlichen Sinn Betriebe".[22] Nach ihrem Motto „Kooperieren statt konkurrieren" sollen Angebote von Fraueneinrichtungen in ein und derselben Region aufeinander abgestimmt, zentrale Dienste, wie Buchhaltung und Öffentlichkeitsarbeit, an einer Stelle zusammengefaßt werden, um Basiskosten zu reduzieren.[23] *Miteinander Lernen* hat dieses Unternehmen bereits hinter sich.[24]

Ob sich nun Fraueneinrichtungen durch Betonung der Werte Professionalisierung, Effizienz und Leistung tatsächlich einer sanften Form des Kapitalismus hingeben (der alleinherrschende Kapitalist als Familienpatriarch hat ausgedient, und schließlich wird schon fast in jedem Konzern Mitbestimmung geübt) und, dem Zeitgeist folgend, „Kapitalismus Light" praktizieren, sei vorerst dahingestellt. Um diese Frage zu klären, müßten die Begriffe Professionalität, Effizienz, Leistung genau definiert werden.

Auch wenn diese bislang dem Vokabular der kapitalistischen Produktionsweise zugeordnet wurden, können sie meines Erachtens nicht a priori in dieses Eck geschoben werden. Entscheidend ist, für wen und um welchen Preis Professionalität, Effizienz und Leistung gesucht und praktiziert werden. Sobald wir in dieser Gesellschaft leben und arbeiten, kommen wir ohnedies nicht umhin, uns an ihre Spielregeln zu halten.

Wesentlich ist, wieviel Freiraum wir erkämpfen *können* und *wollen*.

Möglich, daß uns dies in autonomen Frauenprojekten leichter fällt als in Institutionen des Staates; schließlich haben die Mitarbeiterinnen von Frauenprojekten doch genau mit dieser Prämisse ihre Arbeit begonnen.

Zynikerinnen könnten bei dieser Gelegenheit natürlich das Sprichwort „Aus der Not eine Tugend machen" strapazieren. Möglicherweise fördern unsichere Arbeitsbedingungen Kreativität und Kampfgeist? Viele Frauen, die in staatlichen Institutionen arbeiten, wissen sehr wohl um diesen Unterschied und schlagen vor, Vorurteilen und Konflikten durch Vernetzung und ständigen Austausch von Informationen zwischen autonomen Frauenprojekten und staatlichen Einrichtungen vorzubeugen.[25] Ein heikles Thema, haben doch viele Frauenvereine schlechte Erfahrungen mit dieser Art von Kommunikation gemacht: nur zu oft war sie einseitig![26]

Für Frauenprojekte geht es letztlich darum, „das Bedürfnis nach materieller Absicherung und gesellschaftlicher Anerkennung einerseits und die Fähigkeit zu Patriarchatskritik und feministischem Eigensinn andererseits als nicht lösbaren Widerspruch zu realisieren und dieses Verständnis in die Projektpraxis zu integrieren"[27]. Das kann jedoch nicht gelingen, ohne sich den oben erwähnten Begriffen kritisch zu stellen.

Was aber bedeuten Macht und Hierarchie in einem feministischen und bikulturellen Verein?[28] Und vor allem, wie wird damit umgegangen? Wie wird im

Verein kommuniziert? In welche Richtung laufen die Kommunikationsprozesse? Wie finden Entscheidungsprozesse statt und wie werden Entscheidungen gefällt? Welche Art der Kommunikation und Entscheidungsfindung ist für die Gewährleistung zügiger und zugleich gut überlegter Beschlüsse notwendig? Welche Arbeits- und Teamstrukturen sind dafür erforderlich? Welche Form der Arbeitsteilung ist sinnvoll in einem Verein mit derart vielfältigen Arbeitsbereichen? Welches Verhältnis ist ideal zwischen der Arbeit, die mit der Klientel direkt stattfindet, und jener, die mit der Klientel unmittelbar nichts zu tun hat?

Die Erfahrung bei *Miteinander Lernen* hat gezeigt, daß ein ausgewogenes Verhältnis sehr wichtig ist, da beispielsweise eine Verhandlungsführung für die Finanzierung von Bildungsprogrammen ohne praktisches Hintergrundwissen oder die theoretische Auseinandersetzung mit dem Aufenthaltsgesetz ohne praktische Klientelarbeit nicht effizient genug ist.

Neue Erkenntnisse und neue Erfahrungen werfen zwangsläufig auch immer neue Fragen auf. Der Verein *Miteinander Lernen* hat es in seinen ersten zehn Jahren jedoch geschafft, sein Wissen und seine Erfahrungen zur Problemlösung einzusetzen und sich auch neuen Herausforderungen zu stellen.

Miteinander Lernen bleibt auf dem Seil!

Anmerkungen

1 Der Begriff wird in Anlehnung an den Buchtitel von GEIGER/HACKER 1989 verwendet.
2 DICK 1991: 171.
3 Dieses Zurückgreifen entpuppt sich oft als Vereinnahmung von Initiativen und Ideen: So geht der in mittlerweile einigen Wiener Spitälern eingerichtete Dolmetschdienst auf eine Initiative der Vereine des Dachverbandes der Bildungs- und Beratungseinrichtungen für ausländische Frauen zurück; eine Tatsache, die in der Öffentlichkeit unerwähnt blieb. Das im Herbst 1990 eingerichtete IKL-Projekt (IKL = Interkulturelles Lernen) der Lernhilfebetreuung an etlichen Wiener Pflichtschulen, das von der Arbeitsmarktverwaltung und der Gemeinde Wien gemeinsam finanziert wird, wurde seitens der Betreiber als Novum präsentiert; ungeachtet der Tatsache, daß der Verein *Miteinander Lernen* bereits seit Jahren Lernhilfebetreuung für ausländische Kinder anbietet.
4 Vgl. SCHEFFLER 1993.
5 Vgl. DICK 1991.
6 Vgl. GIEBELER/HOHMANN/SCHUHMANN 1987.
7 Zur Definition von Sozialarbeit im Verein *Miteinander Lernen* siehe HANSER *Von der Pflicht, realistisch zu sein, und vom Wunsch, das Unmögliche zu erreichen* in diesem Buch.
8 Vgl. GIEBELER/HOHMANN/SCHUHMANN 1987.
9 Vgl. a.a.O.
10 STRASSER/LUNACEK 1987: 14.

11 A.a.O.: 15.
12 Vgl. a.a.O.
13 Vgl. STRASSER 1987.
14 SICHTERMANN 1991.
15 GEIGER/HACKER 1989: 136.
16 Vgl. HÄNSCH 1993.
17 A.a.O.: 13.
18 Vgl. DICK 1991; HÄNSCH 1993.
19 HÄNSCH 1993: 10.
20 THÜRMER-ROHR 1990: 15.
21 KILLINGER/ENGEL 1992: 3, zit. nach HÄNSCH 1993: 14.
22 SELLACH 1993: 40.
23 Vgl. SELLACH 1993.
24 Im Rahmen der Koordinationsstelle (Juni 1990 – Herbst 1993) des Dachverbandes der Bildungs- und Beratungseinrichtungen für ausländische Frauen, deren Mitgliedsverein *Miteinander Lernen* war, wurden Aufgabenbereiche wie Subventionsansuchen stellen, Abrechnungen tätigen, Öffentlichkeitsarbeit gemeinsam durchgeführt.
25 Vgl. METZGER 1993.
26 Siehe dazu Anmerkung 3.
27 HÄNSCH 1993: 14.
28 Zur Darstellung unseres Verständnisses der Begriffe feministisch und bikulturell siehe ANDESSNER/KRONSTEINER/SÖZER/ZUCKERHUT in diesem Buch.

Literatur

AYKLER, Charlotte: Workshop: Frauen und Geld. Sag' mir, wie du mit Geld umgehst, und ich kenne deine Lebenseinstellung. In: Frauenberatung Wien (Hg.): Zusammenspiel und Kontrapunkt: Frauen – Team – Arbeit. Tagungsband anläßlich des gleichnamigen Kongresses am 6. und 7. Dezember 1991 zum zehnjährigen Bestehen von Frauen beraten Frauen in Wien. (= Reihe Dokumentation, Bd. 7) Wien 1993: 143–148.

BREITNER, Marion: Zehn Jahre Frauen-Teamarbeit in der Wiener Frauenberatungsstelle: Team-Dynamik zwischen Ansprüchen und Alltag. In: Frauenberatung Wien (Hg.): A.a.O.: 17–24.

DICK, Hildegunde: Die autonome Frauenbewegung in Wien. Entstehung, Entfaltung und Differenzierung von 1972 bis Anfang der 80er Jahre. Phil.Diss. Wien 1991.

EHRHARDT, Heidrun: Wirklichkeit. In: beiträge zur feministischen theorie und praxis, Bd. 30/31: Feministische Öffentlichkeit – patriarchale Medienwelt. Köln 1991: 7–23.

GEIGER, Brigitte/HACKER, Hanna: Donauwalzer Damenwahl. Frauenbewegte Zusammenhänge in Österreich. Wien 1989.

GIEBELER, Cornelia/HOHMANN, Angelika/SCHUHMANN, Cornelia: Über die Unverträglichkeit von Staatsknete und Feminismus. Die autonomen Frauenhäuser Bielefelds – zehn Jahre Suche. Eine Selbstdarstellung. In: beiträge zur feministischen theorie und praxis, Bd. 19: Politik Zeit zum Streit. Köln 1987: 79–88.

HÄNSCH, Ulrike: Frauenprojekte im Zustand kollektiver Ermüdung und erfolgsorientierter Anpassung. In: beiträge zur feministischen theorie und praxis, Bd. 35: Feminismuß. Köln 1993: 9–16.
METZGER, Martha: Workshop: Frauenprojekte – Institutionen. Beziehungen zwischen Autonomie und Anhängigkeit. In: Frauenberatung (Hg.): A.a.O.: 101–109.
MÖLLER, Carola/FRÖSE, Marilies: Der Staat reicht die Scheidung ein. In: beiträge zur feministischen theorie und praxis, Bd. 35: Feminis-muß. Köln 1993: 17–24.
PRIELER-WOLDAN, Maria: Selbstverwaltet oder fremdbestimmt? Das Linzer Frauenhaus, seine Entstehung und Konfliktgeschichte aus der Sicht einer Mitarbeiterin. Linz 1988 (Diplomarbeit zur Erlangung des Diploms D.H.E.P.S. der Universität Straßburg).
SCHEFFLER, Sabine: Wer ist denn nun das schönste Aschenputtel? Zur Stabilität und Institutionalisierung der Frauenprojektarbeit. In: Frauenberatung Wien (Hg.): A.a.O.: 41–55.
SELLACH, Brigitte: Die Zukunft der Frauenprojektepolitik. In: beiträge zur feministischen theorie und praxis, Bd. 35: Feminis-muß. Köln 1993: 31–42.
SICHTERMANN, Marie: Brot und Rosen – Die Suche nach dem Glück in Frauenprojekten. Vortrag. Wien 1991. Unveröff. Ms.
STRASSER, Sabine: Postscriptum. In: Frauensolidarität, Nr. 22. Wien 1987: 20–21.
DIES./LUNACEK, Ulrike: Macht Geld süchtig? In: Frauensolidarität, Nr. 22. Wien 1987: 14–20.
THÜRMER-ROHR, Christina: Die Gewohnheit des falschen Echos. In: beiträge zur feministischen theorie und praxis, Bd. 17: Neue Heimat Therapie. Köln 1986: 113–120.
DIES.: Befreiung im Singular. Zur Kritik am weiblichen Egozentrismus. In: beiträge zur feministischen theorie und praxis, Bd. 28: Femina Moralia. Köln 1990: 9–17.

Aurelia Weikert

Kadın Özerkliği ve Sübvansiyon (Para Yardımı) Arasındaki İp Cambazlığı

Para ve Paranın, Organizasyon ve Çalışmaya Etkileri

Bu makale de, politik özerklik ile Para Yardımı arasındaki çelişki, devlet yardımına bağımlı, özerk bir kadın derneği'ndeki somut bir proje çalışmasıyla gösterilmiştir.

Genellikle, az ve geç alınan paralarla, zorunlu olarak ucu ucuna idare etme; düzenli verilmesi gereken tüm hizmetlerle karşı karşıya konulmuştur. Bu, ancak çalışanların, genellikle mükemmel bir hokkabazlık icra etmeleriyle olmaktadır. Toplumsal-eleştirisel temel hakları göz önünden kaybetmeden, yapılan işte, profesyonellik, başarı ve ekonomik olma talep edilmekte ve gösterilmektedir.

Çeviri: Aslıhan Karabiber-Ertuğrul

Patricia Zuckerhut

RASSISMUS UND FEMINISMUS

Rassismus – Versuch einer Begriffsklärung

> „Der Polizist, der in Queens einen Zehnjährigen niederschoß [...] und eine Stimme sagt ‚Stirb du kleiner Hurensohn' [...]. Bei seinem Prozeß sagte der Polizist zu seiner Verteidigung ‚Mir war die Größe nicht aufgefallen, nur die Farbe.'"[1]

> „RASSISMUS: Der Glaube an die natürliche Überlegenheit einer Rasse über alle anderen und an das daraus resultierende Recht auf Herrschaft in offener und versteckter Form."[2]

> „Das Doppelbild des Fremden bleibt bestehen. Einerseits seine Minderwertigkeit, sei es in Technik und Fortschritt, Arbeitskraft und Intelligenz [...]. Sei es als uns vorangegangene niedere Entwicklungsstufe [...]; andererseits die Glorifizierung seines magischen Wissens, seiner Religiosität und ganzheitlichen Bewußtseinsformen [...], darin versteckt die eigene Kulturkritik."[3]

Schon diese drei Beschreibungen von Rassismus, die einander nicht widersprechen, nur ergänzen, zeigen, daß Rassismus etwas sehr Komplexes ist. Er ist ein historisch entstandenes und gesellschaftlich bedingtes Phänomen. Es gibt daher auch sehr unterschiedliche Formen von Rassismus – wie einen offenen oder versteckten, einen institutionellen Rassismus, Rassismus als Ideologie usw. –, die sich gegenseitig überschneiden und ergänzen. So äußert sich Rassismus auch innerhalb einer Gesellschaft sehr unterschiedlich, je nach ethnischer Zugehörigkeit, Klassen- und/oder Geschlechtszugehörigkeit der jeweils handelnden Personen.

Rassismus wird oft mit Ethnozentrismus, vor allem aber mit einer besonderen Spielart desselben, dem Eurozentrismus, gleichgesetzt. Von der eigenen Kultur als Maßstab für andere auszugehen, um die Übereinstimmungen und Abweichungen vom Selbst festzustellen, ist ein internationales und interkulturelles Phänomen.[4] Aber „trotzdem unterscheidet sich der Eurozentrismus von anderen Ethnozentrismen durch den kolonialen Anspruch der Überlegenheit"[5]. Damit ist er in der Universalität seines Überlegenheitsanspruches einzigartig.

Der *Begriff* des Rassismus ist eng verbunden mit der Konzeption von Rassen, die im 18. Jahrhundert in Europa entstanden ist. Die Schaffung und Erfindung von Rassen ist einerseits auf das Bedürfnis der Aufklärung nach „Rationalität" und „Ordnung", nach einer Klassifikation aller nur erdenklichen Phänomene – und daher auch des Menschen – zurückzuführen. In diesem Zusammenhang ist auch die Entstehung der Physischen Anthropologie Mitte des

19. Jahrhunderts zu sehen. Im Anschluß an die erste Klassifikation der Menschenrassen durch Linné im 18. Jahrhundert wurden die Menschen verschiedenen Rassen mit jeweils spezifischen Merkmalen zugeordnet. Andererseits stellte sich die Notwendigkeit, Kolonialismus und Sklaverei zu legitimieren. Zwar galt in der bürgerlichen Gesellschaft das Postulat der französischen Revolution „Alle Menschen sind gleich", aber es gibt doch große Unterschiede in der Gleichheit. Durch die Zuordnung bestimmter Eigenschaften an bestimmte Menschengruppen konnten und können die unterschiedlichen Zugänge zu Ressourcen u.ä. legitimiert werden. Verstärkt wurde dieser „Drang zur Legitimierung" gerade durch die „drohende" Aufhebung der Sklaverei zu jener Zeit (1620-1850).

„Rasse" ist ein sich veränderndes Konstrukt. Wie sich die Positionen von Menschen innerhalb der gesellschaftlichen und ökonomischen Hierarchie verändern, so verändern sich auch die „Rassen". Heute als „weiß" definierte Völker galten früher als verschiedenen Rassen zugehörig.[6] Gobineau (1816-1822), einer der ersten Rassentheoretiker in Frankreich, versuchte den Adel als eigene Rasse abzugrenzen, die sich auch biologisch von der (primitiven) Rasse der Bauern unterscheide.

Rassismus setzt den Begriff der Rassenkonstruktion voraus. Gewissen, willkürlich ausgewählten biologischen Merkmalen, wie zum Beispiel großen Ohren oder auch der Hautfarbe, wird eine bestimmte, ebenso willkürliche Bedeutung zugeschrieben, wie etwa: alle Leute mit großen Ohren hören schlecht usw. Diese Merkmale werden zum Erkennungszeichen bestimmter Gruppen gemacht. „Status und Herkunft der Gruppen werden so als natürlich und unveränderlich vorgestellt, das Anderssein der Gruppe erscheint als eine ihr innewohnende Tatsache."[7]

Neuerdings erfolgt wieder eine Art von „Rassisierung", auch innerhalb Europas. Im Sinne des Biohumanismus, auch als „neuer Rassismus" bezeichnet, werden verschiedene Bevölkerungsgruppen als eigenständige Kulturen definiert, die es zu bewahren gälte. Kommen sich diese unterschiedlichen Kulturen zu nahe oder vermischen sie sich gar, so führe das zu einer natürlichen Abwehrhaltung der betroffenen Gruppen, zu einer naturgegebenen Aggression. Um das zu verhindern, müsse – nach Ansicht der VertreterInnen dieser „Theorie" – die Einwanderung „kulturfremder" Gruppen in ein bestimmtes Land, zum Beispiel nach Österreich, verhindert werden. Ist ein Einwanderungsverbot nicht möglich, dann müßten gewissermaßen Ghettos errichtet werden.[8] Die soziale Ungleichheit zwischen Gruppen von EinwanderInnen und der einheimischen Mehrheitsbevölkerung erscheint als Ausdruck der jeweiligen Kultur. *„Die ‚unterschiedlichen' Kulturen sind also die Hindernisse für den Erwerb der Kultur, bzw. sie werden institutionell [...] zu Hindernissen aufgebaut."*[9]

In einem Land werden also bestimmte Gruppen von Menschen „aufgrund ihrer Herkunft und ihrer kulturellen Besonderheiten" ausgegrenzt, andererseits aber in einer untergeordneten Position über den Arbeitsprozeß wieder eingeschlossen.[10] Auf das Prinzip der gleichzeitigen Ein- und Ausgrenzung durch

Rassismus und dessen Funktion möchte ich im folgenden Abschnitt genauer eingehen.

I. Durch Rassismus und Sexismus gelingt es, Teile der ArbeiterInnenschaft aus der universellen Gleichheit auszuschalten, sie jedoch als Arbeitskräfte zu erhalten

Rassismus im Sinne der Zuweisung von bestimmten, meist negativen Eigenschaften an bestimmte Gruppen, die meist so dargestellt werden, als würden sie negative Folgen für andere verursachen, ist keine Erfindung der Aufklärung. Er muß außerdem in seinem sozioökonomischen Zusammenhang betrachtet werden. Untrennbarer Bestandteil des europäischen/amerikanischen Rassismus ist ein ökonomisches Machtgefälle. Deshalb wird Rassismus auch als wesentlicher Bestandteil der kapitalistischen Weltwirtschaft angesehen, die bereits im 16. Jahrhundert ihre Anfänge hat. Zuvor gibt es zwar den Glauben an eine moralische Höherwertigkeit der eigenen Gruppe (= Fremdenfeindlichkeit), nicht aber die spätere ökonomische Hierarchisierung. Diese ökonomische Hierarchisierung funktioniert nach den Prinzipien von Einschluß und Ausschluß: bestimmte Gruppen werden bei der Verteilung von Privilegien und Ressourcen benachteiligt bzw. davon ausgeschlossen. Gleichzeitig werden die Mitglieder dieser Gruppen als Arbeitskräfte benötigt und daher in das Wirtschaftssystem eingeschlossen.

So gibt es im 20. Jahrhundert im bäuerlichen Bereich immer mehr Haushalte, die ihr Überleben ohne zusätzliches Einkommen nicht mehr sichern können. Ein Teil der Familie ist daher gezwungen, wegzuziehen und Lohnarbeit zu verrichten. Je nach Region sind das die Söhne oder Ehemänner, wie häufig in Südafrika, junge unverheiratete Frauen, wie oft in Korea (Weltmarktfabriken), oder Kinder, wie häufig in Lateinamerika (Hausmädchen), usw. Die Arbeit, die diese Leute machen, wird nun zwar bezahlt, aber sehr schlecht, und es gibt keinerlei Sozialleistungen. Der Lohn reicht nicht aus zur Existenzsicherung einer Person, geschweige denn einer Familie. Diese ArbeiterInnen sind also von den Privilegien des angeblich „typischen" Lohnarbeiters (= der weiße europäische Mann jüngeren bis mittleren Alters) ausgeschlossen. Gleichzeitig aber sind sie als (Lohn-)ArbeiterInnen in das Wirtschaftssystem eingeschlossen. Die Entlohnung unterhalb des Existenzminimums ist aber nur möglich, weil das Einkommen aus der Lohnarbeit nur einen Teil des familiären Gesamteinkommens ausmacht. In diesem Zusammenhang zeigt sich die enge Beziehung zwischen Rassismus und Sexismus hinsichtlich ihrer Funktion in der kapitalistischen Weltwirtschaft: In Haushalten mit einem niederen Anteil an Lohneinkommen wird ein Großteil des Familieneinkommens durch die materielle und emotionale Reproduktionsarbeit der Frauen geleistet. Unbezahlte Frauenarbeit ist daher ein wesentlicher

Bestandteil der Kapitalakkumulation. Die Gratisarbeit der Frau im Haushalt hilft mit, den/die LohnarbeiterIn arbeitsfähig zu halten (durch die Bereitstellung von Kleidung, Nahrung, der Sorge um das psychische Wohlbefinden usw.), wodurch sie mithilft, die Lohnkosten zu senken (die Kosten für eine/n WäscherIn, BüglerIn, KöchIn usw. wären ungleich höher bis unbezahlbar). Vor allem aber Haushalte mit Subsistenzwirtschaft (in denen natürlich auch Männer tätig sind) tragen wesentlich zur Senkung der Lohnkosten bei.

Unterstützt durch Rassismus und Sexismus gibt es eine Hierarchie der ArbeiterInnenschaft. Je nachdem, inwieweit es jemandem möglich ist, von ihrer/seiner Lohnarbeit zu überleben, definiert sich ihr oder sein Platz in der Hierarchie. Geschlecht, Klasse, Alter und „rassische" Zuordnung bestimmen sowohl die Qualität der Lebensbedingungen, als auch die Qualität der Arbeitsbedingungen. An oberster Stelle in der Hierarchie stehen amerikanisch-europäische weiße junge Männer, an unterster Stelle ältere Frauen aus Ländern des Trikont, die womöglich zu einer ethnischen Gruppe gehören, die auch innerhalb ihres Landes unterdrückt wird (z. B. Angehörige bestimmter indianischer Gruppen in Ländern Lateinamerikas).[11]

II. „Der Bezug auf das ‚Wesen' der Frau oder die ‚Natur' einer Rasse soll nichts anderes, als die Tatsache, daß es sich um eine soziale Konstruktion von Machtverhältnissen handelt, verschleiern"[12]

Die Parallelen von Rassismus und Sexismus gehen über die oben geschilderte ökonomische Verwertbarkeit hinaus: „Eine der Grundlagen des Sexismus ist die falsche Annahme der Überlegenheit eines Geschlechts über das andere. Eine der Grundlagen des Rassismus ist die falsche Annahme der Überlegenheit einer ethnischen Gruppe über die andere. Beide Formen der Ausgrenzung und Unterdrückung führen zu Ideologiebildungen und dienen der Aufrechterhaltung der ökonomischen, politischen und kulturellen Macht einer Gruppe von Menschen, Männern der herrschenden Klassen und privilegierten Schichten der Gesellschaft, die sich gleichzeitig auf eine ‚natürliche' oder ‚gottgewollte' Suprematie ihrer Rasse und ihres Geschlechts berufen."[13] Rassismus wie Sexismus basieren auf angeblich biologisch vorgegebenen, nicht veränderbaren Tatsachen. Ausgehend davon wird physiologischen und biologischen Merkmalen ein entscheidender Einfluß auf die Psyche und auf die Eigenschaften von Menschen zugeschrieben. „Der Bezug auf das ‚Wesen' der Frau oder die ‚Natur' einer Rasse soll dabei nichts anderes, als die Tatsache, daß es sich letzten Endes um eine soziale Konstruktion von Machtverhältnissen handelt, verschleiern."[14] Es kommt zu einer „Naturalisierung" gesellschaftlich gewachsener, historisch gewordener Kräfteverhältnisse. Sozioökonomische Machtverhältnisse zwischen

Frauen und Männern oder zwischen als Rasse konstituierten Menschengruppen werden auf deren biologische Beschaffenheit zurückgeführt. Es kommt zu einer einseitigen Bewertung und zu einer Hierarchisierung der etablierten Unterschiede.

Eine weitere Parallelität in der Funktionsweise von Rassismus und Sexismus liegt in der gleichzeitigen Auf- bzw. Abwertung des „Selbst" und des „Anderen". In beiden kommt es zu einer einseitigen Spiegelung: „In der Repräsentation des Anderen spiegelt sich zugleich das Bild des Selbst."[15] Rassismus bzw. Sexismus funktioniert als ein Spiegel, „indem die negativen Merkmale des Anderen als positive Merkmale des Selbst zurückgeworfen werden"[16]. Wie gesagt, handelt es sich dabei um eine einseitige Spiegelung, in der das Gegenüber nicht in seiner Selbständigkeit berücksichtigt wird, sondern nur dem Zweck dient, das narzistische Eigenbild zu finden. „Wird der Gegenpart als eigenständiger Anderer vergessen, so impliziert das die Etablierung von Dominanz. Der Schritt zur Verachtung liegt nahe: entdeckt der Suchende Risse und Sprünge in seinem Spiegelbild, so wird er diese Unvollkommenheiten eher dem Miroir vorwerfen, der seiner Meinung nach schlecht reflektiert, als sie kritisch den eigenen Spiegelungen zuzurechnen."[17] Obgleich sich Becker-Schmidt ausschließlich auf die Spiegelung im Zusammenhang mit Sexismus bezieht, lassen sich einige ihrer Aussagen auch auf den Rassismus übertragen: „Als Hohlspiegel und Mittel zur Focussierung können ‚die Frauen den Männern' nur dienen, wenn sie von diesen als leer vorgestellt werden, ohne eigenes Zentrum. Es gibt dann keine Rivalität, die verkleinern könnte." Die Frauen dienen den Männern als Spiegel, um sich zu vergrößern, ebenso wie die „Schwarzen" den „Weißen" dazu dienen, sich selbst aufzuwerten.[18]

Trotz dieses Wunsches des männlichen bzw. des „weißen" Selbst nach einem völlig passiven, objekthaften Gegenüber, darf in der Analyse nicht vergessen werden, daß mein Gegenüber ein lebendiger Mensch bleibt, auch wenn ich versuche, ihn zu meinem Spiegelbild zu machen. Das Bild, das ich mir von der/vom anderen mache, ist aber nichts Statisches. Es verändert sich auch mit dem Verhalten der/des anderen. Ich kann ein Bild nur dann ausschließlich mit meinem Inhalt füllen, wenn wirklich nichts da ist. Stehe ich aber einer konkreten Person gegenüber, dann kann die Gestaltung des Bildes nicht nur von mir abhängen. Auch mein Gegenüber wirft etwas zurück, es besteht ein wechselseitiges Verhältnis, durch welches das Bild in ständiger Bewegung bleibt. Das sich verändernde Bild ist geprägt durch die von Miles (1989) beschriebene selektive Auswahl von Merkmalen, die zu Bedeutungsträgern werden. Dies bedeutet, daß entsprechend den historischen Bedingungen immer wieder neue Merkmale als Bedeutungsträger verwendet werden.[19]

III. Ideologien des Frauseins haben ebensoviel mit Rasse und Klasse zu tun wie mit dem Geschlecht! Unterdrückung läßt sich nicht addieren

Frauen werden nicht zuerst aufgrund ihres Geschlechts und dann erst aufgrund ihrer ethnischen Zugehörigkeit, ihrer Klassenzugehörigkeit usw. unterdrückt. Unterdrückung läßt sich nicht addieren, oder wie es Dagmar Schultz[20] ausdrückt: „Eine Person [...] ist nicht zunächst einmal Frau, dann auch noch schwarz oder weiß, jüdisch, heterosexuell oder lesbisch. Sie ist z. B. eine lesbische schwarze oder weiße Frau, und sexistische Institutionen und Bilder betreffen eine weiße oder eine schwarze Frau, ob heterosexuell oder lesbisch, in unterschiedlicher Weise. [...] Die Unterdrückung, die *women of color* erleben ist also nicht eine *zusätzliche* Unterdrückung, sondern eine *andere.*" Das Verhältnis von weißen Mittel- und Oberschichtsfrauen, von Frauen aus der ArbeiterInnenklasse sowie von *women of color* zu privilegierten weißen Männern ist sehr unterschiedlich. Aida Hurtado[21] betont die familiäre Nähe weißer heterosexueller Frauen zu weißen Männern, im Unterschied zu den Beziehungen von *women of color* zu diesen, die in der Regel durch Staatsinstitutionen vermittelt sind.

„Frau" wird „frau" nicht nur aufgrund ihres Geschlechts; Ideologien des Frauseins haben ebensoviel mit Rasse und Klasse zu tun wie mit dem Geschlecht.[22] Zum Beispiel „hatten während der Periode der amerikanischen Sklaverei die Konstruktionen weißen Frauentums als keusch, häuslich und moralisch rein alles mit den entsprechenden Konstruktionen von schwarzen Sklavinnen als promiskuitäre, verfügbare Plantagenarbeiterinnen zu tun. Es sind die Überschneidungen verschiedener systemischer Netzwerke von Rasse, Klasse, (Hetero-)Sexualität und Nation, die uns also als ‚Frauen' zuordnen."[23]

IV. Rassismus ist ein Problem der „Weißen", da er von diesen verursacht und perpetuiert wird[24]

Rassismus wird oft als ein Problem der „Schwarzen" gesehen, woraus häufig der Versuch resultiert, ihnen zu „helfen". Aber die rassische Zuordnung, sprich das „Weiß-Sein" prägt die Identität, die Erfahrungen und die Auswahlmöglichkeiten im Leben der Weißen und gibt diesen einen privilegierten Status. Zu den Privilegien des „Weiß-Seins" gehört es auch, Rassismus nicht als Angelegenheit der „Weißen" zu betrachten.[25]

Rassismus betrifft alle weißen Frauen und Männer. Als „Weiße" sind wir aber nicht nur TäterInnen, sondern auch Opfer des rassistischem Systems: Die Unterdrückung findet nicht von vornherein freiwillig statt. Sie ist eine Folge gesellschaftlicher Konditionierung – über 500 Jahre rassistischen Denkens und Handelns hinterlassen ihre Spuren. Das entschuldigt aber nichts. Weiße Frauen und Männer sind zwar Opfer, gleichzeitig aber absolut verantwortlich. Van den Broek[26], von der diese Aussagen stammen, betont hier neben der gesellschaftlich-politischen die individuelle Ebene. Weiße Frauen und Männer müssen sich demnach ihres Rassismus bewußt werden um zu erkennen, welche Stereotypen über andere auch bei ihnen vorhanden sind.

So negiert auch die „weiße" Frauenbewegung häufig die Besonderheit von Unterdrückung, ihre unterschiedliche Ausprägung je nach Rassen-, Klassenzugehörigkeit usw. der Frauen. Oft werden Aussagen gemacht, die scheinbar für alle Frauen gelten (zum Beispiel über ihr Sprachverhalten, über Mittäterschaft usw.). Es bleibt unberücksichtigt, daß es sich dabei meist um Aussagen über bestimmte Frauen, also über eine Minderheit, handelt. Als Norm gilt die weiße Mittelschichtsfrau; Aussagen über andere Frauen werden höchstens hinzugefügt und bedürfen einer ausdrücklichen Erwähnung. „In der deutschen [aber auch in der österreichischen] feministischen Diskussion sind schwarze Frauen ohnehin kein Thema. Wenn von ‚allgemeinen' Frauenthemen die Rede ist, wird höchstens mal ein mitleidig-herablassender Absatz türkischen Frauen gewidmet, mit verschämtem Hinweis auf die ‚Ausländerfeindlichkeit' und die fürchterliche Knute des Islam."[27] Als Beispiel bringt Sheila Mysorekar Christina Thürmer-Rohrs „Vagabundinnen-Essaysammlung", in der diese – ohne das ausdrücklich zu erwähnen – von der Situation deutscher Mittelschichtsfrauen ausgeht. Diese steht aber den Erfahrungen Schwarzer Frauen diametral entgegen: Schon im Bild des „Vagabundierens", dem „Schritt aus dem ‚Innenraum' heraus in die ‚Heimatlosigkeit' der Straße" zeigt sich dieser Unteschied. „Ein Leben im ‚Innenraum' ist nicht Frauenschicksal schlechthin. Die meisten schwarzen Frauen haben keine andere Wahl, als sich mit der Außenwelt auseinanderzusetzen. Ihnen fehlt oft das finanzielle Polster, um im goldenen Käfig eingesperrt zu sein – und die Außenwelt bedeutet immer Konfrontation, Kampf, Stellungnahme. Außerdem sind schwarze Frauen optisch exponiert und ständig in Frage gestellt. Sie müssen ihre Grundrechte fortwährend verteidigen, und zwar die simpelsten Rechte wie das Aufenthaltsrecht."[28]

Die Wahrnehmung Schwarzer Frauen durch weiße Frauen und Männer schwankt zwischen Ignoranz und extremer Wahrnehmung. Schwarze Frauen werden oft scheinbar nicht gesehen, wie folgendes Beispiel zeigt: „Jemand schaut in ein Zimmer in dem sich eine (schwarze) Frau befindet, blickt sich um und fragt: ‚Ist denn niemand hier?' Wir sind Nichts, Niemand – als ernstzunehmende Person nicht existent."[29]

Andererseits stehen sie immer im Zentrum der Aufmerksamkeit: „Kein Cafe, kein Geschäft, das wir betreten, ohne daß wir bemerkt werden: begafft, abtaxiert, mißtrauisch beäugt. Oder genüßlich betrachtet mit einem rassistisch gefärbten Voyeurismus: Guck mal, hat die lange Haare! Ist die nicht schön braun? Jedes Betreten eines Zimmers mit unbekannten Weißen ein Auftritt."[30] Mysorekar, als Schwarze Frau in Deutschland, empfindet das von Thürmer-Rohr kritisierte Leben im „Innenraum" als einen für sie selbst „unerreichbaren Luxus". Das Leben in der Außenwelt, der „Fremde" ist für Mysorekar nicht verbunden mit dem Reiz des Unbekannten, sondern „zermürbender Dauerzustand"[31].

Auch eine scheinbar wohlwollende Form von Rassismus, „der kleine Rassismus im täglichen Leben", ist diskriminierend: „Er zeigt sich zum Beispiel in der Erwartung der Weißen, daß wir unsere Existenz wieder und wieder rechtfertigen sollen. Wo wir herkommen, wann wir wieder zurück ‚in die Heimat' gehen. Erwartungen weißer Frauen werden enttäuscht: Nein, wir sind keine Flüchtlinge, nicht hilfsbedürftig. Wir fühlen uns auch nicht geehrt, wenn wir als ‚bunter Farbkleks' auf irgendwelchen Feten entfernter Bekannter eingeladen werden [...]."[32]

Rassistisches Verhalten beschränkt sich also nicht nur darauf, negative Urteile zu vertreten. Es geht um die Summe aller Verhaltensweisen und Urteile über Menschen aufgrund ihrer ethnischen Zugehörigkeit. „[...] auch die sogenannten positiven Urteile werden den einzelnen Menschen nicht gerecht, wenn sie pauschal gefällt werden. Eine Idealisierung ist genauso fatal wie eine Abwertung, weil in beiden Fällen die Person nicht in ihrer Eigenständigkeit gesehen wird. Allzuoft werden Menschen auf vermeintliche positive kollektive Eigenschaften der Gruppe reduziert."[33] May Opitz stellt die angesprochene Problematik in ihren Gedichten immer wieder auf eindrucksvolle Weise dar. Ausschnitte aus ihrem Gedicht „Afro – Deutsch"[34] sollen dies zum Abschluß illustrieren.

„... hm, ich verstehe.
Kannst ja froh sein, daß de keine Türkin bist, wa?
[...]
Na ja, aber *die* Probleme habe ich auch.
Ich finde, man kann nicht alles auf die Hautfarbe schieben,
[...]
Ich finde überhaupt,
    daß die Schwarzen sich so'ne natürliche
    Lebenseinstellung bewahrt haben.
Während hier: ist doch alles ziemlich kaputt.
Ich glaube, ich wäre froh, wenn ich Du wäre.
[...]
    und so schwarz bist Du ja auch gar nicht."

Anmerkungen

1 LORDE 1983b: 109.
2 LORDE 1983a: 97.
3 EINZINGER 1988: 13.
4 MONTAGU 1974.
5 WICHTERICH 1990: 12.
6 Vgl. MILES 1989: 355.
7 MILES 1989: 159.

8   Vgl. BALIBAR 1990: 29f.
9   A.a.O.: 34.
10 ÇINAR 1990: 10.
11 Vgl. dazu BRAUDEL 1986; WALLERSTEIN 1979; WERLHOF 1985; dies. 1991.
12 ÇINAR 1990: 4.
13 KRAFT 1990: 25.
14 ÇINAR 1990: 4.
15 MILES 1989: 359.
16 A.a.O.: 359.
17 BECKER-SCHMIDT 1989: 218.
18 A.a.O.: 219.
19 MILES 1989: 359.
20 SCHULTZ 1990: 52f.
21 Vgl. MOHANTY 1991: 11f.
22 A.a.O.: 12f.
23 A.a.O.: 13. Übersetzung der Verf.
24 Vgl. RUSSO 1991: 299f.
25 A.a.O.: 299f.
26 Vgl. VAN DEN BROEK 1988.
27 MYSOREKAR 1990: 21.
28 Ebda.
29 A.a.O.: 22.
30 Ebda.
31 Ebda.
32 A.a.O.: 23.
33 VAN DEN BROEK 1988: 33.
34 OPITZ 1986: 139.

Literatur

BALIBAR, Etienne: Gibt es einen „Neo-Rassismus"? In: Ders./Wallerstein, Immanuel (Hg.): Rasse Klasse Nation. Ambivalente Identitäten. Hamburg/Berlin 1990: 23-38.
BECKER-SCHMIDT, Regina: Frauen und Deklassierung. Geschlecht und Klasse. In: Beer, Ursula (Hg.): Klasse Geschlecht. Feministische Gesellschaftsanalyse und Wissenschaftskritik. Bielefeld 1989: 213-266.
BRAUDEL, Fernand: Sozialgeschichte des 15.-18. Jahrhunderts. München 1986.
ÇINAR, Dilek: Rassismus und Sexismus im modernen Weltsystem. Vortrag an der VHS Ottakring. Wien 1990. Unveröff. Ms.
EINZINGER, Kurt: Die Exotik. Von der Anziehungskraft des Fremden. In: International, Nr. 1. 1988: 4-13.
KRAFT, Marion: Frauen afrikanischer Herkunft: Feministische Kultur und Ethnizität in Amerika und Europa. In: beiträge zur feministischen theorie und praxis, Bd. 27: Geteilter Feminismus. Rassismus Antisemitismus Fremdenhaß. Köln 1990: 25-44

LORDE, Audre: Vom Nutzen unseres Ärgers. In: Schultz, Dagmar (Hg.): Macht und Sinnlichkeit. Ausgewählte Texte von Adrienne Rich und Audre Lorde. Berlin 1983a: 97-108.

DIES.: Macht. In: Schultz, Dagmar (Hg.): Macht und Sinnlichkeit. Ausgewählte Texte von Adrienne Rich und Audre Lorde. Berlin 1983b: 109.

MILES, Robert: Bedeutungskonstitution und der Begriff des Rassismus. In: Argument 175, 1989: 353-367.

MONTAGU, Ashley: Man's Dangerous Myth. London 1974.

MOHANTY, Chandra Talpade: Introduction. Cartographies of Struggle: Third World Women and the Politics of Feminism. In: Mohanty, Chandra Talpade/Russo, Ann/Lourdes, Torres (Hg.): Third World Women and the Politics of Feminism. Bloomington/Indianapolis 1991: 1-47.

MYSOREKAR, Sheila: Vagabundinnen mit Transitvisum. In: beiträge zur feministischen theorie und praxis, Bd. 27: Geteilter Feminismus. Rassismus Antisemitismus Fremdenhaß. Köln 1990: 21-24.

OPITZ, May: Afro-Deutsch. In: Oguntoye, Katharina/Opitz, May/Schultz, Dagmar (Hg.): Farbe bekennen. Afro-deutsche Frauen auf den Spuren ihrer Geschichte. Berlin 1986: 139.

RUSSO, Ann: „We Cannot Live without Our Lives": White Women, Antiracism, and Feminism. In: Mohanty, Chandra Talpade et.al. (Hg.): Third World Women and the Politics of Feminism. Bloomington and Indianapolis 1991: 297-313.

SCHULTZ, Dagmar: Rassismus, Sexismus und vorkoloniales Afrikabild in Deutschland. In: Oguntoye, Katharina et.al. (Hg.): Farbe bekennen. Afro-deutsche Frauen auf den Spuren ihrer Geschichte. Berlin 1986: 139.

DIES.: Unterschiede zwischen Frauen – ein kritischer Blick auf den Umgang mit „den Anderen" in der feministischen Forschung weißer Frauen. In: beiträge zur feministischen theorie und praxis, Bd. 27: Geteilter Feminismus. Rassismus Antisemitismus Fremdenhaß. Köln 1990: 45-57.

VAN DEN BROEK, Lida: Am Ende der Weißheit. Vorurteile überwinden. Berlin 1988.

WALLERSTEIN, Immanuel: The capitalist World-Economy. Cambridge u. a. 1979.

WERLHOF, Claudia von: Wenn die Bauern wiederkommen – Frauenarbeit und Agrobusiness in Venezuela. Bremen 1985.

DIES.: Was haben die Hühner mit dem Dollar zu tun? Frauen und Ökonomie. München 1991.

WICHTERICH, Christa: Ganz nah und ganz fern. Bilder – Begegnungen – Bedenkzeit. In: beiträge zur feministischen theorie und praxis, Bd. 27: Geteilter Feminismus. Rassismus Antisemitismus Fremdenhaß. Köln 1990: 9-20.

Patricia Zuckerhut
Irkçılık ve Feminizm

Bu makalede, ırkçılık olarak adlandırılan toplumsal olayın, çeşitli görünüşleri incelendi. Irkçılığın tarihsel-ekonomik bileşenlerinin ve bir dereceye kadar yapay boyutlarının (sosyal yapı olarak ırk) yanısıra, herşeyden önce, ırkçılıkla, cinsiyetçilik fenomenlerinin arasındaki bağlantılara dikkat çekildi. Benzerliklerle, farklılıklar incelendi. Irkçılıkla-cinsiyetçiliğin birbirine eklenmeyen bağlantısı, „siyahi-zenci" kadınların durumunda önemli rol oynar. Makalenin son kısmı, beyaz-orta sınıf kadınlarınca oluşturulmuş Kadın Hareketinin, kadınların çoğunluğunun özel durumunu görmezlikten geldiğini söyleyerek eleştiren „siyahi-zenci" kadınların kınamaları üzerinde durur. Orta sınıf-beyaz kadınların durumu, sanki evrensel, tüm kadınlar için aynı şekilde geçerliymiş gibi sunulur. Avusturya Kadın Hareketi de ırkçılıktan arınmış değildir.

Çeviri: Aslıhan Karabiber-Ertuğrul

Ruth Kronsteiner

Fremdheit konstruiert per Gesetz
Gedanken zur „AusländerInnen"gesetzgebung in Österreich[1]

Das kapitalistische „moderne Weltsystem"[2] basiert auf den differenzierten Macht- und Ausbeutungsverhältnissen zwischen Nord und Süd. Die Nutzbarmachung von Billigstarbeitskräften und die kontrollierte Einwanderung eines Bruchteils derselben sind Grundlagen dieses Systems. Die Eingewanderten sollen sich aber nur als Gäste betrachten und nicht als neue Mitglieder der Aufnahmegesellschaft.[3] Verbrauchte oder sich zur Wehr setzende Arbeitskräfte müssen exportierbar, nach Belieben austauschbar sein. Sie sind ein Teil unserer Gesellschaft – allerdings ohne politische und soziale Rechte.

Der Zusammenschluß der westeuropäischen Länder zum EWR ist vollzogen, die multinationalen Truppen Europas (WEU) werden an den Grenzen postiert, das europäische Sicherheitssystem (ursprünglich SIS, d. h. *Schengen Information System*)[4] ist installiert. All diese Maßnahmen dienen der Aufrechterhaltung des modernen Weltsystems, in dem auch die EU eine wichtige Funktion erfüllt. Der Ausbau der „Festung Europa" hilft, das Ausbeutungsverhältnis zwischen Nord und Süd wirtschaftlich, politisch und militärisch aufrechtzuerhalten und den immer ärmer werdenden Süden völlig abzuschotten. Die Ostmärkte sind nun wesentlich interessanter geworden als die Südmärkte. Der Gesetzgeber beabsichtigt eine kontrollierte Einwanderung aus dem Osten, die Remigration der Arbeitskräfte in ihre Herkunftsländer, und gleichzeitig neue Zuwanderung aus dem Süden zu unterbinden. Die Gesetze, die „Fremde" betreffen, regeln das Öffnen und Schließen der Tore der Festung.

Der österreichische Gesetzgeber novellierte in den Jahren 1990 bis 1992 mehrmals diverse AusländerInnengesetze und schuf auch neue. Der Anlaß dafür war das Beitrittsgesuch Österreichs zur EU. Die Gesetze mußten EU-konform[5] gestaltet werden. Beispielsweise heißt es im Vorblatt des Entwurfs zum Aufenthaltsgesetz, daß Österreich aufgrund der massiven Ost-West-Wanderung und der auf Österreich zukommenden Süd-Nord-Wanderung Gesetze schaffen muß, die diese Wanderung steuern, d.h. exakt regelbar machen. Weitere Stützpfeiler des österreichischen Beitrags zur „europäischen Festung" sind das Ausländerbeschäftigungsgesetz (AuslBg), zum letzten Mal novelliert 1992, das Asylgesetz (früher Asylrecht), neu geschaffen 1991, in Kraft getreten am 1.6.1992, geändert im Dezember 1992, das Bundesbetreuungsgesetz, neu geschaffen 1991, und das Fremdengesetz (früher Paß-, Grenzkontroll- und Fremdenpolizeigesetz, zuletzt novelliert 1990), neu geschaffen 1992, in Kraft seit 1.1.1993.

Das Aufenthaltsgesetz und die Fremdheit

Das Aufenthaltsgesetz hat eine langwierige Geschichte. Ursprünglich war geplant, der realen Entwicklung der Einwanderung Rechnung zu tragen und ein Einwanderungsgesetz zu schaffen. Plötzlich wurde vom Bundesministerium für Inneres ein Entwurf zu einem Niederlassungsgesetz an die Öffentlichkeit gebracht. Der Gesetzesentwurf war derartig diskriminierend, daß er vehemente Kritik in der Öffentlichkeit hervorrief. Einer der bedenklichen Inhalte des Entwurfs betraf die Voraussetzungen zur Niederlassung. Die Niederlassungswilligen mußten ihre „Integrationsfähigkeit und -willigkeit"[6] unter Beweis stellen. Diese sollten über Jahre geprüft werden und bei Nichterfüllung zum Entzug der Bewilligung führen. Eine Definition von Integrationsfähigkeit und -willigkeit fehlte, wohlbedacht, denn ohne offensichtlich chauvinistisches Vokabular und ethnozentristisches Gedankengut wäre dies auch schwer möglich gewesen. Nun, nachdem die Kritik massiv geworden war, strich man diesen Passus, fügte stattdessen einen neuen hinzu: „Dieses Bundesgesetz verbietet nicht nur die rassische Diskriminierung, sondern legt das Recht von Ausländern auf Gleichheit vor dem Gesetz fest."[7] Ebenso gestrichen wurde die detaillierte Beschreibung der ortsüblichen Unterkunft. Demnach hätte jede Wohnung über Bad oder Dusche, Heizung, getrennte Schlafzimmer von Eltern und Kindern ab dem fünften Lebensjahr verfügen müssen. So manche ÖsterreicherIn hätte ihre Wohnung dem Gesetzgeber gerne zum Tausch gegen eine ortsübliche Unterkunft dargeboten.

Letztendlich wurde ein Entwurf zu einem Aufenthaltsgestz im Parlament – ohne neue Begutachtungsphase – eingebracht, der mit der ursprünglichen Intention, nämlich Einwanderung möglich zu machen bzw. Österreich als Einwanderungsland zu deklarieren, nichts mehr zu tun hat. Das Gesetz wurde beschlossen und trat am 1.7.93 in Kraft. Einen Monat später waren die ersten „Härtefälle" bekannt, und es stellte sich heraus, daß so mancher Parlamentarier Gesetze beschließt, ohne sie vorher gelesen zu haben.[8]

In diesem Gesetz werden qualitative und quantitative Kriterien für den Aufenthalt von „Fremden"[9] in Österreich sowie die objektiven und subjektiven Voraussetzungen für die Erteilung einer Bewilligung zum Aufenthalt festgelegt.[10]

Weiters soll mit Hilfe des Aufenthaltsgesetzes eine „Strukturbereinigung des Gastarbeiterproblems"[11] vorgenommen werden. Was das heißt, wird im Gesetz nicht erklärt. Die Praxis zeigt jedoch, daß es Schikanen gegen alteingesessene ArbeitsmigrantInnen und Bedrohung derselben bedeutet. Alle, die nur das kleinste soziale Problem haben könnten, sollen in ihre Ursprungsländer exportiert werden. Wie kann nun diese „Strukturbereinigung" bei Menschen vorgenommen werden? Bereits in Österreich lebende Fremde können vier Wochen vor Ablauf des Visums einen Antrag auf Aufenthaltsbewilligung stellen. Für sie gelten die Bestimmungen für die Verlängerung einer Bewilligung, d. h. sie müssen für die Antragstellung, wenn sie fristgerecht vorgenommen und von der BeamtIn innerhalb von sechs Wochen bearbeitet wurde, nicht das Land verlassen. Bei Fristversäumnis, egal von welcher Seite, haben die Fremden das Land zu verlassen.

Die Geltungsdauer einer Verlängerung hängt von der Länge des bisherigen Aufenthalts ab. Wenn aber eine „ortsübliche Unterkunft"[12] für die beantragte Dauer des Aufenthalts oder der Nachweis des Lebensunterhaltes nicht gesichert ist, kann die/der Fremde sofort ausgewiesen werden.

In Wien beispielsweise ist der Erwerb einer unbefristeten Hauptmietwohnung für Nicht-ÖsterreicherInnen derzeit kaum möglich. Die Untermietverträge wurden bis vor kurzer Zeit auf sechs Monate oder auf ein Jahr abgeschlossen. Seitdem das Mietrechtsgesetz dies verbietet, beträgt die Mindestdauer drei Jahre, jedoch werden illegale Ablösen nun auch schon bei Untermietwohnungen verlangt. Ob eine Fremde/ein Fremder über eine ortsübliche Unterkunft verfügt und ausreichend verdient, ist reine Ermessenssache.

Fremde, die in Österreich arbeiten und leben wollen, müssen den Antrag für eine Aufenthaltsbewilligung grundsätzlich „vom Ausland aus" (Formulierung des Gesetzgebers!) stellen. Die Bewilligung kann erteilt werden, wenn die AntragstellerIn nicht unerwünscht ist, eine Arbeit und eine Wohnung gefunden hat, jung und gesund ist, eine Qualifikation mitbringt, die in Österreich gebraucht wird und wenn nicht der Verdacht vorliegt, daß die Person die öffentliche Ruhe, Ordnung und Sicherheit sowie die Volksgesundheit gefährden wird.[13] Dies sind die subjektiven Voraussetzungen für den Erhalt einer Bewilligung.

Die objektiven Voraussetzungen stellen die Lage am Arbeits- und Wohnungsmarkt, die Kapazitäten im Schul- und Gesundheitsbereich dar, die vor der Erteilung der Bewilligung geprüft werden müssen. Jährlich wird eine Quote der möglichen Bewilligungen festgelegt. In die Quote ist die Anzahl der im Vorjahr anerkannten Asylanträge, die in Österreich geborenen Kinder von MigrantInnen, ausländische StudentInnen und die Anträge auf Familienzusammenführung einzurechnen.

Familienzusammenführung ist dann möglich, wenn ein Familienmitglied bereits zwei Jahre in Österreich lebt. Bei EhegattInnen muß die Ehe bereits ein Jahr vor Antragstellung bestanden haben. Unterkunft und Unterhalt der Familie müssen nachweislich gesichert sein. Diese Bestimmungen zielen eindeutig auf eine staatlich sanktionierte, heterosexuelle Paarbeziehung ab.[14] Ohne Trauschein gibt es nach diesem Gesetz keine Familie und somit auch keine Zusammenführung. In sozial-humanitären Härtefällen sind Ausnahmen möglich. Es stellt sich allerdings die Frage, welcher Fall unter diesen Bedingungen kein Härtefall ist.

Ausgenommen von den Bestimmungen des Aufenthaltsgesetzes sind alle BürgerInnen des EWR und ihre Angehörigen. Diese „Fremden" sind uns also per Gesetz weniger fremd als jene, die nicht aus westlichen Industriestaaten kommen. Ganz besonders fremd dürften uns AsylwerberInnen sein, deren

Asylanträge abgelehnt wurden, denn diese sind sofort abzuschieben. Sie dürfen im Ausland einen Antrag auf Aufenthalt stellen.

Zur Zeit (1995) ist ein Entwurf zur Novellierung des Aufenthaltsgesetzes in der Begutachtungsphase. Unter anderem sollen die Antragsfristen, die Quotenregelung und die Berufungsmöglichkeiten geändert werden.

Das Fremdengesetz und die Fremdheit

Zunächst gehe ich auf das Fremdengesetz ein, das genau festlegt, wer uns fremd ist. Es ist in enger Verbindung mit dem Aufenthaltsgesetz, aber auch mit dem AuslBg und dem Asylgesetz zu sehen. Prinzipiell regelt das Fremdengesetz (Frg) die Einreise, die Ausreise sowie in Verbindung mit dem Aufenthaltsgesetz den Aufenthalt von Fremden in Österreich. Für Fremde besteht prinzipiell Sichtvermerkspflicht – nicht aber für EWR-BürgerInnen und BürgerInnen anderer Vertragsstaaten. Ein Sichtvermerk ist vom Ausland zu beantragen. Zu unterscheiden sind der Touristensichtvermerk und der gewöhnliche Sichtvermerk (= Aufenthaltsbewilligung) für Fremde. Ein Touristensichtvermerk ist in Österreich nicht verlängerbar, und im Anschluß daran kann kein Antrag auf eine Aufenthaltsbewilligung innerhalb der Landesgrenzen, sondern nur im Ausland gestellt werden. Sichtvermerke sind befristet, außer es wird ein unbefristeter erteilt. Bei der Erteilung eines Sichtvermerkes ist auf die Länge des bisherigen Aufenthalts, auf das Einkommen und auf die Bindungen zu Österreich oder zu ÖsterreicherInnen Bedacht zu nehmen. Kindern und GattInnen von ÖsterreicherInnen oder von Fremden mit unbefristetem Visum kann ein unbefristeter Sichtvermerk erteilt werden, wenn diese im gemeinsamen Haushalt leben. Hier stellt sich wieder die Frage der Überprüfbarkeit von Bindungen, d.h. von Emotionalität, ähnlich wie bei der Überprüfung von Integrationswilligkeit. Die erforderlichen Voraussetzungen gründen zum größten Teil auf der Institution Ehe und auf dem Leben in einem gemeinsamen Haushalt.[15] Auch hier wieder das christliche Idealbild einer moralisch vertretbaren Beziehungsform. In getrennten Haushalten zu leben gefährdet den unbefristeten Sichtvermerk der Zusammengeführten. Im Falle einer Scheidung kann das unbefristete Visum befristet werden.

Eine Sichtvermerksversagung tritt dann in Kraft, wenn die Fremden mit einem Aufenthaltsverbot belegt sind, wenn keine ausreichenden Mittel vorhanden sind, wenn die Fremden keine alle Risken abdeckende Krankenversicherung vorweisen können, wenn sie die öffentliche Ruhe, Ordnung und Sicherheit oder die Beziehungen zu einem anderen Staat (wie z.B. im Fall der KurdInnen aus der Türkei) gefährden könnten, wenn der Sichtvermerk an einen Touristensichtvermerk anschließt. Bis auf die Versagungsgründe Touristensichtvermerk und Aufenthaltsverbot sind alle Fälle Ermessenssache. Es gibt keinen Rechtsanspruch auf einen Sichtvermerk.

Die folgende Regelung weist nicht nur auf Willkür sondern auch auf Rassismus hin. Fremde sind lt. § 16 Frg verpflichtet, auf Aufforderung ihre Dokumente bezüglich ihres Aufenthalts vorzuweisen und sich allenfalls mit einem Beamten an jenen Ort zu begeben, wo die Dokumente aufbewahrt werden. Sie müssen Auskunft geben über den Zweck und die Dauer des Aufenthalts in Österreich und über ihre finanziellen Mittel. Somit kann jeder Polizist, der z.B. dunkle Hautfarbe, Kopftuch, Goldschmuck oder Schnurbart für Merkmale von Fremden hält, diese Menschen wie oben beschrieben behandeln. Weiters wird die Möglichkeit des Eingriffs in das Recht auf Achtung der Wohnung gesetzlich festgelegt. Wenn in Räumlichkeiten mehr als fünf Fremde wohnen und der Verdacht besteht, daß sich darunter Fremde befinden, die sich nicht rechtmäßig im Bundesgebiet aufhalten, können sich die Sicherheitsorgane erforderlichenfalls mit Gewalt Zutritt verschaffen und die Wohnung betreten. Hiermit wurde der Denunzierung von Fremden und von ÖsterreicherInnen, die Fremde beherbergenden, Vorschub geleistet.

Fremde werden zunehmend kriminalisiert. Beispielsweise gilt als Grund für Ausweisung oder für das Erlassen eines Aufenthaltsverbots, wenn Fremde von Beamten der Arbeitsmarktverwaltung bei der Schwarzarbeit angetroffen werden. Diese Vorgangsweise ist nicht als Strafe zu bewerten, denn bestraft werden lt. AuslBg nur die ArbeitgeberInnen und nicht die ArbeitnehmerInnen. Fremde können zurückgewiesen, zurückgeschoben, ausgewiesen, abgeschoben und mit Aufenthaltsverbot belegt werden. Zur Sicherung dieser Maßnahmen werden sie in Schubhaft genommen. Die Schubhaft wurde in diesem Gesetz der Haft gemäß der Strafprozeßordnung für gewöhnliche StraftäterInnen angeglichen. Das Schubhaftverbot für Kinder wurde aufgehoben. Weiters wurde die privilegierte Position von EWR-BürgerInnen und ihrer Angehörigen festgeschrieben. Sie können aufgrund sozialer und wirtschatlicher Probleme Österreichs nicht des Landes verwiesen werden wie die Fremden. Sie bekommen einen speziellen Lichtbildausweis, der ihr Privileg dokumentiert.

Jeder Mensch, der Fremden bei der illegalen Einreise behilflich ist, macht sich wegen Schlepperei strafbar.

Die Paragraphen 73 und 74 Frg legalisieren das Anlegen einer zentralen Informationssammlung von Daten, die im Rahmen des internationalen Datenverkehrs zwischen den Vertragsstaaten ausgetauscht werden. Diese Bestimmungen stehen im Einklang mit dem „Schengener Abkommen"[16] wonach ein europäisches Sicherheits- und Datensystem eingerichtet wird. Das hat zur Folge, daß zum Beispiel AsylwerberInnen nur mehr in *einem* Land Europas Antrag auf Asyl stellen können. Wenn dieser dort abgelehnt wird, gilt dies für die gesamte EU.

Das Asylgesetz und die Fremdheit

Das Asylgesetz, das bis zum 1.6.1992 noch Asylrecht hieß, bestimmt, wer ein „Flüchtling" ist, was eine Person tun muß, um als solcher anerkannt zu werden, und was passiert, wenn dies nicht der Fall ist. Die folgende Definition von „Flüchtling" wurde von der Genfer Flüchtlingskonvention des Jahres 1951 gleichbleibend übernommen: „[...] Flüchtling [ist], wer aus wohlbegründeter Furcht, aus Gründen der Rasse, Religion, Nationalität, aufgrund der Zugehörigkeit zu einer bestimmten sozialen Gruppe oder der politischen Gesinnung verfolgt zu werden, sich außerhalb seines Heimatlandes befindet und nicht in der Lage oder im Hinblick auf diese Furcht nicht gewillt ist, sich des Schutzes dieses Landes zu bedienen [...]"[17]

Trotz Empfehlungen des Europarates, zahlreicher Flüchtlingsorganisationen und auch des österreichischen Frauenministeriums wurde der Fluchtgrund Geschlecht, d.h. Verfolgung aufgrund des Geschlechts und der sexuellen Neigung, nicht in das Asylgesetz aufgenommen. Homosexuelle und Lesben werden aufgrund ihrer sexuellen Neigung verfolgt – auch in Österreich ist die rechtliche Lage diesbezüglich ungeklärt. Somit kann diese Personengruppe in Österreich keinen Schutz vor Verfolgung finden.

Es gibt zahlreiche Dokumentationen, die die spezielle Betroffenheit von Frauen durch Verfolgung deutlich machen. Frauen werden mit besonderen Foltermethoden bedacht, Vergewaltigung ist eine Kriegsstrategie, Frauen werden aber auch aufgrund nicht normgerechten Verhaltens von der eigenen Gruppe mit dem Tode bedroht und ermordet. Die Tatsache, daß Menschenrechte auch Frauenrechte sind, hat in die österreichische Gesetzgebung keinen Eingang gefunden.

Weiters wird kein Asyl gewährt, wenn die WerberInnen ihre Identität nicht nachweisen können, wenn bereits ein Antrag in einem die Genfer Konvention beachtenden Land abgewiesen wurde oder wenn die WerberIn auf ihrer Flucht durch ein sicheres Land gereist ist. Diese Bestimmungen entsprechen wieder dem Schengener Abkommen, wonach ein Asylantrag nur noch im Ersteinreisestaat des Schengener Territoriums behandelt wird. Eine Ablehnung des Antrags gilt für alle Vertragsstaaten.

Das Bundesbetreuungsgesetz, das als Ergänzungsgesetz zum Asylgesetz zu sehen ist, regelt den Zugang von Flüchtlingen zur für sie lebensnotwendigen Bundesbetreuung, die Essen, Kleidung und ein Dach über dem Kopf während der Antragsbearbeitung bedeutet. Auf Bundesbetreuung besteht kein Recht, spezielle Voraussetzungen wie z.B. das Vorweisen eines Reisedokumentes müssen erfüllt werden.

Das Ausländerbeschäftigungsgesetz und die Fremdheit

Nun zum letzten großen Stützpfeiler der Festung – zum Ausländerbeschäftigungsgesetz (AuslBg). Das AuslBg regelt den Zugang von AusländerInnen (hier wird nicht der Begriff „Fremde" verwendet) zum Arbeitsmarkt. Das Gesetz wird immer wieder von Erlässen, die eine Rangordnung innerhalb der AusländerInnen festlegen, ergänzt. Prinzipiell herrscht für AusländerInnen ein Arbeitsverbot, außer die Arbeitsaufnahme wird mittels einer Beschäftigungsbewilligung (BB) erlaubt. Eine BB wird den ArbeitgeberInnen (nicht den ArbeitnehmerInnen) erteilt, wenn Lage und Entwicklung des Arbeitsmarktes die Beschäftigung der AusländerInnen zulassen und wichtige öffentliche und gesamtwirtschaftliche Interessen nicht dagegensprechen und wenn eine Aufenthaltsbewilligung vorliegt.

Lage und Entwicklung des Arbeitsmarktes lassen die Beschäftigung von AusländerInnen dann zu, wenn die Beschäftigung der InländerInnen nicht gefährdet ist und wenn Umstrukturierungen des Arbeitsmarktes nicht behindert werden. Diese Bestimmung dient der Spaltung von inländischen und ausländichen ArbeitnehmerInnen. Den ÖsterreicherInnen soll glaubhaft gemacht werden, daß ArbeitsmigrantInnen eine Bedrohung darstellen, vor der sie beschützt werden müssen. Die Arbeitslosenzahlen zeigen jedoch eindeutig, daß ausländische Arbeitskräfte nur ausländische Arbeitskräfte vom Arbeitsmarkt verdrängen.

Gesamtwirtschaftliche Interessen stehen dann gegen AusländerInnen, wenn die Entwicklung von Niedriglohnbranchen oder eine Abhängigkeit der Wirtschaft bzw. einer Branche von einer „bedenklich hohen Zahl von Ausländern"[18] abzusehen ist.

Öffentliche Interessen stehen gegen AusländerInnen, wenn „eine reibungslose Eingliederung der Ausländer in die inländische Umwelt"[19] aufgrund unzureichender Wohnverhältnisse oder aufgrund einer „Massierung von Ausländern"[20] in bestimmten räumlichen Bereichen nicht möglich ist, wenn durch fehlende Infrastruktur die Versorgung der AusländerInnen nicht gewährleistet ist oder wenn Anlaß zur Annahme besteht, daß die AusländerInnen in Österreich nur eine Beschäftigung aufnehmen, um die Einrichtungen der sozialen Sicherheit und der Familienfürsorge auszunutzen. Der Gesetzgeber nimmt hier eindeutig Vorurteile als Grundlage für legistische Maßnahmen, denn auf reale Zahlen können diese Bestimmungen nicht zurückgeführt werden. ArbeitsmigrantInnen zahlen wesentlich mehr in die sozialen Töpfe Österreichs ein, als sie daraus erhalten. Die Überschußzahlungen der ArbeitsmigrantInnen allein in die Arbeitslosenversicherung betrugen 1992 eine Milliarde Schillinge.[21] Für die Mängel am Wohnungsmarkt, im Schul- und Gesundheitswesen werden nicht die Verantwortlichen diverser Politikbereiche bestraft, sondern die sogenannten Fremden.

Diese Gesetze dienen laut Gesetzestext dem Schutz der ÖsterreicherInnen vor den Fremden. Ich denke, daß sie dem Schutz der Reichen und Mächtigen vor den Werktätigen, den Arbeitslosen, den Armen dienen.

Das AuslBg schreibt weiters eine Hierarchie unter den AusländerInnen fest. An der Spitze stehen die EWR-BürgerInnen, die nicht als Fremde zu behandeln sind, dann deren Angehörige, gefolgt von anerkannten AsylantInnen, BefreiungsscheininhaberInnen und deren Angehörigen, ArbeitsmigrantInnen mit Arbeitserlaubnis und zuletzt denjenigen, für die die ArbeitgeberInnen eine Beschäftigungsbewilligung bekommen haben.

Nachgereiste EhegattInnen unterliegen derzeit einem mindestens dreijährigen Arbeitsverbot. Sie können sich in dieser Zeit nicht scheiden lassen, da sie damit eine Ausweisung riskieren. Für eine BB ist ein Lungenröntgen erforderlich. Schwangere Frauen müssen sich diesem unterziehen oder die Schwangerschaft bekanntgeben. Die Frauen verlieren ihre Arbeit und werden verdächtigt, das soziale Netz (Karenz, Geburtenbeihilfe etc.) auszunützen und riskieren somit, den Aufenthalt nicht mehr bewilligt zu bekommen.

Die „AusländerInnen"gesetze und die Konstruktion von Fremdheit

Somit sind wir bei einer grundsätzlichen Tendenz der „AusländerInnen"gesetze angelangt, der Tendenz zum Sexismus und Rassismus. Arbeitsmigrantinnen werden am Herd und in Abhängigkeit der Männer gehalten – vorerst (falls sie nicht berufstätig sind) für zwei Jahre am Herd im Ursprungsland, denn erst dann dürfen sie den Ehegatten nachreisen, und dann mindestens drei Jahre lang am österreichischen Herd. Dies bedeutet, daß der MigrantInnenhaushalt als „halbproletarischer" Haushalt geführt werden muß. Die Frauen haben die „nicht-produktive" Hausarbeit (= Reproduktionsarbeit) zu leisten, während die Männer die sogenannte produktive Lohnarbeit erbringen. Für die Familien bedeutet dies ein minimales Einkommen und extreme Ausbeutbarkeit.[22] Um diese Vorgangsweise zu untermauern, wird gerne auf die „kulturelle Determiniertheit" von Frauen aus der sogenannten „dritten Welt" verwiesen (viele Kinder, Sozialisation etc.). Somit kommen wir zur Gemeinsamkeit von Sexismus und Rassismus. Diese liegt in der Annahme, daß Eigenschaften biologisch determiniert und somit unveränderbar seien. Physiologische und biologische Gegebenheiten sind somit vornehmlich ausschlaggebend für die Zuordnung zu einer bestimmten Gruppe. In den vorgestellten Gesetzen ist immer wieder die Rede von den Fremden. Sicherheitsorgane wurden durch das Fremdengesetz ermächtigt, Fremde anzuhalten, wenn sie ihnen fremd erscheinen. Die Privatsphäre von Fremden darf gewaltsam gestört werden. Aufgrund der Physiognomie und der „biologischen" Gegebenheiten werden sowohl „Fremde" als auch Frauen diskriminiert und mit Gewalt konfrontiert.

Die „AusländerInnen"gesetze sollen uns Menschen, die bereits seit 30 Jahren in diesem Land leben und arbeiten, „fremder" machen als neu hinzuziehende EWR-BürgerInnen. Diese Gesetze schüren Rassismus und Sexismus, um die bestehenden Machtverhältnisse zu stabilisieren. Jegliche Solidarisierung zwischen in- und ausländischen ArbeitnehmerInnen, zwischen österreichischen und migrierten Frauen soll durch Einbindung in das Prinzip „Teile und Herrsche"[23] verhindert werden. Deshalb werden verschiedene Abstufungen von „Fremdheit" konstruiert. EWR-BürgerInnen sind uns näher als Leute aus den ehemaligen sozialistischen Ländern, diese weniger fremd als „TürkInnen", und am untersten Ende dieser „Fremdheitsskala" sind die „SchwarzafrikanerInnen" angesiedelt – die Reichen dieser Gruppen natürlich ausgenommen.

Bis vor einigen Jahren war die Kultur der ArbeitsmigrantInnen kein Gegenstand der Diskussion über Arbeitsmigration, weder in der Politik noch in der Wirtschaft noch in der Wissenschaft. Erst die Entdeckung, daß „Gast"arbeiterInnen längst keine Gäste mehr sind, wie im Entwurf zum Aufenthaltsgesetz beschrieben wird, hat die Diskussion über die unterschiedliche kulturelle Identität bzw. über die Fremdheit ins Rollen gebracht. Die Gäste sind längst EinwanderInnen geworden, dies drohte unökonomisch zu werden. Die unverbrauchten Arbeitskräfte aus dem benachbarten Osten lockten. Schnell ein einsichtiger Grund für den Austausch erfunden – „sie sind uns kulturell näher", d.h. passen sich besser und schneller an. Vor 30 Jahren, als Menschen aus dem damaligen Jugoslawien und aus der Türkei zur Arbeitsaufnahme nach Österreich geholt wurden, war die Anpassungsfähigkeit und -willigkeit kein Auswahlkriterium. Diese Gesetze dienen der Ausgrenzung aller nicht-europäischen, nicht-US-amerikanischen MigrantInnen aus Österreich und aus Europa. Sie legen fest, wer uns fremd zu sein hat und wer nicht. Dahinter stehen ökonomische und politische Interessen. Das restriktive Vorgehen gegen AsylwerberInnen und MigrantInnen aus dem Süden wird nicht mit ökonomischen und politischen, sondern mit rassistischen, sexistischen und armutsdiskriminierenden Argumenten gerechtfertigt, das diesbezüglich reichlich vorhandene Ideologiepotential in der Bevölkerung geschürt. In Deutschland wurden Anschläge wie in Möln und Solingen nach der Verschärfung der „Ausländerinnen"gesetze verübt. Auch die Briefbombenattentate in Österreich setzten nach den Gesetzesverschärfungen ein. Wurden diese Gewalttaten erst dadurch möglich?

Die bereits in Europa lebenden „Fremden" werden verfolgt – sowohl von Teilen der „einheimischen" Bevölkerung als auch vom Staat. Der in die EU eingebundene Staat verabschiedet Gesetze, die nicht zuletzt mit Hilfe des vernetzten Daten- und Sicherheitssystems und der mit der NATO kooperierenden EU-Truppen vollstreckt werden sollen.[24]

Wieder werden wir angehalten, Menschen zu denunzieren und zuzusehen, wie Polizisten Wohnungen stürmen und NachbarInnen wegbringen. Werden wir widerspruchslos diese Vorgänge beobachten?

Anmerkungen:

1 Dieser Artikel beruht auf einem Vortrag mit dem Titel *Die Konstruktion von Fremdheit per Gesetz*, den ich im Rahmen der Kampagne *Gewalt gegen Frauen gegen Gewalt* der Frauenministerin Johanna Dohnal 1993 in Wiener Neustadt gehalten habe und der in der gleichnamigen Dokumentation 1994 veröffentlicht wurde.
2 Vgl. BALIBAR/WALLERSTEIN 1990.
3 Vgl. ÇINAR 1990.
4 Vgl. BUSCH 1991. 1985 unterzeichneten in der luxemburgischen Stadt Schengen die Vertragsstaaten Frankreich, Deutschland und die Beneluxstaaten ein Abkommen über den Abbau der Grenzen zwischen diesen Ländern, die Errichtung des SIS, die gemein-

5   Die EU-Konformität wird in allen Gesetzen hervorgehoben.
6   ENTWURF ZUM NIEDERLASSUNGSGESETZ § 7 Abs. 1, 1991.
7   ENTWURF ZUM AUFENTHALTSGESETZ, Erl. 1992.
8   Bereits im August 1993 wurden die ersten Fälle, die der Sechswochenfrist zum Opfer fielen und Österreich verlassen mußten, mit Hilfe der Grünen an die Öffentlichkeit gebracht. Die Grünen im Parlament forderten eine sofortige Gesetzesänderung. Ein Parlamentarier der ÖVP schloß sich der Forderung an. Auf die Frage, warum er kurz zuvor für dieses Gesetz gestimmt habe, antwortete er, daß er keine Zeit gehabt habe, das Gesetz vor der Abstimmung zu lesen.
9   Der Begriff „Fremde" wird im Aufenthalts- und im Fremdengesetz verwendet. Da hier diese Gesetze im Zentrum stehen, übernehme ich ihn, ohne in der Folge Anführungszeichen zu setzen.
10 Vgl. AUFENTHALTSGESETZ 1992.
11 ENTWURF ZUM AUFENTHALTSGESETZ, Erl. 1992.
12 AUFENTHALTSGESETZ § 5 Abs. 1, 1992.
13 A.a.O.
14 Vgl. ÇINAR/STRASSER 1993.
15 FRG § 8 Abs. 2-4, 1992.
16 Vgl. BUSCH 1991.
17 ASYLGESETZ § 1, 1991.
18 AUSLÄNDERBESCHÄFTIGUNGSGESETZ § 4 Abs. 1, 1990.
19 Ebda.
20 Ebda.
21 ÖSTERREICHISCHER KULTURSERVICE (Hg.) 1993: 13.
22 Vgl. ÇINAR 1990.
23 KRONSTEINER 1990: 9.
24 Vgl. BUSCH 1991.

Literatur:

BALIBAR, Etienne/WALLERSTEIN, Immanuel: Rasse Klasse Nation. Ambivalente Identitäten. Hamburg/Berlin 1990.
BUNDESGESETZBLATT 8: Asylgesetz 1991. Wien 1992.
BUNDESGESETZBLATT 405: Bundesbetreuungsgesetz. Wien 1991.
BUNDESGESETZBLATT 450: Ausländerbeschäftigungsgesetz. Wien 1990.
BUNDESGESETZBLATT 466: Regelung des Aufenthalts von Fremden in Österreich (Aufenthaltsgesetz). Wien 1992.
BUNDESGESETZBLATT 475: Bundesgesetz, mit dem das Ausländerbeschäftigungsgesetz geändert wird. Wien 1992.
BUNDESGESETZBLATT 838: Erlassung des Fremdengesetzes und Änderung des Asylgesetzes 1991 sowie des Aufenthaltsgesetzes (Fremdengesetz). Wien 1992.

BUSCH, Nicholas: Das Abkommen in Schengen (Teil 2). Metternich hätte seine Freude daran. In: Juridikum. Zeitschrift im Rechtsstaat, Nr. 1. Wien 1991: 9-10.

ÇINAR, Dilek: Rassismus und Sexismus im modernen Weltsystem. Vortrag, Wien 1990. Unveröff. Ms.

DIES./STRASSER, Sabine: Grenzziehungen in Österreich. In: WIDEE (Hg.): Nahe Fremde, Fremde Nähe. Frauen forschen zu Ethnos, Kultur, Geschlecht.(= Reihe Frauenforschung, Bd. 24) Wien 1993: 257-272.

ENTWURF ZUM AUFENTHALTSGESETZ. Wien 1992. Unveröff. Ms.

ENTWURF ZUM NIEDERLASSUNGSGESETZ. Wien 1991. Unveröff. Ms.

KRONSTEINER, Ruth: Teile und Herrsche. Haupt- und Nebenwidersprüche in der AusländerInnenfrage. In: Frauensolidarität, Nr. 32. Wien 1990: 9-11.

DIES.: Die Konstruktion von Fremdheit per Gesetz. In: Dohnal, Johanna (Hg.): Gewalt gegen Frauen gegen Gewalt. Tagungsdokumentation, Bd. 2. Wien 1994: 211-220.

DIES.: Migrantinnen und Gesundheit – ein unüberbrückbarer Gegensatz? Entwurf eines möglichen Vermittlungssystems zwischen Migrantinnen aus der Türkei und dem Gesundheitswesen. In: SCHRATZ, Michael/FUCHS, Gabriele (Hg.): Interkulturelles Zusammenleben – aber wie? Innsbruck 1994: 99-115.

ÖSTERREICHISCHER KULTURSERVICE (Hg.): Kulturell. Magazin für Schule, Kunst und Gesellschaft, Nr. 16. Wien 1993.

Ruth Kronsteiner
Yasaca Oluşturulan Yabancılık
Avusturya'da Yabancılar Yasası Koyumuyla İlgili Düşünceler

Yaklaşık 30 yıldır, Türkiyeli ve eski Yugoslavyalı göçmen işçiler, Avusturyalılarla kapı kapıya yaşamaktadır. Göçmenler Avusturya toplumunun önemli bir parçasıdır. Son yıllarda, göçmenlere yönelik yasalar ağırlaştırıldı ve yeni yasalar yapıldı. Bu yasalar, güya, Avusturya halkını, yabancılardan korumaya yöneliktir.

Bu makale, bu yasaların, Avrupa kalesinin yapımına, „zengin kuzeyli"nin „fakir güneyli"ye karşı blokajına hizmet ettiğini göstermektedir. Avusturya'nın Avrupa Topluluğu'na katılımı için başvurusu ile Avusturya'daki Yabancılar Kanunu'nun ağırlaştırılması arasında nedensel ilişki vardır. Bu yasaların yardımıyla, Avusturyalılar Avrupa Topluluğu vatandaşlığına yaklaşırlarken, yıllardır Avusturya'da yaşıyan göçmenler ise „Yabancı" yapılmışlardır.

Bu makalede yazar, yasa metinleriyle, yabancılığın yapay oluşumunu çözümlemektedir.

Çeviri: Aslıhan Karabiber-Ertuğrul

2.

Zielgruppenorientierte Bildungsarbeit

Cora Hiebinger, Aurelia Weikert

Deutschkurse mit Migrantinnen aus der Türkei – Erfahrungen und Konzepte

Einleitung

Der Verein *Miteinander Lernen* bietet seit nunmehr zehn Jahren Deutschkurse an. Unser derzeitiges Kursangebot richtet sich ausschließlich an Frauen aus der Türkei. Die Kurse finden üblicherweise zweimal pro Woche (jeweils zwei Unterrichtseinheiten)[1] in den Räumlichkeiten des Vereins statt, die in unmittelbarer Nähe der Wohngegend unserer Klientel liegen und (in der Regel) nur für Frauen und deren Kinder zugänglich sind. Die Kursteilnahme ist, bis auf einen geringen Regiebeitrag, kostenlos. Während der Kurse bietet der Verein Kinderbetreuung an. Um den Bedürfnissen der Kursteilnehmerinnen gerecht zu werden, finden die Kurse vormittags bzw. abends statt. Gemeinsam mit den anderen Angeboten (z. B. Sozialberatung, Therapie, Gesprächsrunde etc.) bilden die Kurse einen Teil des ganzheitlichen Betreuungskonzeptes unseres Vereins.

In diesem Artikel möchten wir die Entwicklung unseres inhaltlichen Ansatzes und unserer Unterrichtsmethoden für das jetzige Kursangebot aufzeigen sowie auf die Notwendigkeit dieser Kurse und ihrer Rahmenbedingungen hinweisen.

Anhand von Interviews mit (ehemaligen) Kursleiterinnen[2] werden wir zu folgenden Fragen Stellung genommen:
- Welche Gründe sind ausschlaggebend dafür, das Kursangebot bezüglich Geschlecht und Herkunft der Klientel einzuschränken? Welche Vor- und Nachteile ergeben sich aus dieser Einschränkung? Welche Frauen besuchen unsere Kurse?
- Mit welchen Materialien und Methoden wird gearbeitet? Wie wird auf unterschiedliche Voraussetzungen, wie Schulbildung, Aufenthaltsdauer, Lebenssituation und Motivation, eingegangen?
- Welchen persönlichen Anspruch, welche Zielvorstellungen haben die Kursleiterinnen?

„Es ist nicht so leicht, in einer fremden Sprache zu sprechen, dies bedarf einigen Mutes"

Warum Deutschkurse ausschließlich für Frauen?

Für die Kursleiterinnen waren feministisches Selbstverständnis, der Wunsch, mit Frauen für Frauen zu arbeiten, und ein persönlicher Zugang zur Türkei mit ein Grund, warum sie bei *Miteinander Lernen* zu arbeiten begannen. Die Gründe, Deutschkurse ausschließlich für Frauen anzubieten, sind vielfältig.

Die Arbeits- und Lernbedingungen im Verein ermöglichen Frauen, in einem geschützten Rahmen lernen und probieren zu können, denn „es ist nicht so leicht, in einer fremden Sprache zu sprechen, dies bedarf einigen Mutes" (Andeßner).

Durch die Migration ändert sich die Lebenssituation der Frauen: Wohnungsprobleme, restriktive Gesetze sowie Sprachbarrieren sind wichtige Einflußfaktoren. Das neue Leben in Österreich bedeutet für sie (anders als für Männer) zusätzlich eine Konfrontation mit einem anderen Rollenverständnis. Oft verlieren Frauen ihre Funktion innerhalb der Familie und geraten in Isolation.

Ein Kurs, in dem nur Frauen anwesend sind, schafft sowohl für die Kursleiterinnen als auch für die Teilnehmerinnen eine andere, entspanntere Atmosphäre. Es entsteht ein Gefühl von Geborgenheit und Selbstverständlichkeit. An einem Ort, wo Männer keinen Zutritt haben, entwickeln sich Vertrauen und Offenheit schneller, und Konkurrenzdenken wird zu einem Großteil ausgeschaltet.

Dieser Raum für Frauen ist wichtig. Das offene Reden über Themen wie Gesundheit, Sexualität, Verhütung, Abtreibung etc., die Frauen ein Anliegen sind, ist einer der Grundpfeiler der Deutschkurse.

Die Erfahrung zeigt, daß Männer kaum Schwierigkeiten haben, sich in einem gemischtgeschlechtlichen Kurs zu artikulieren. Sie räumen der eigenen Person sofort mehr Platz ein und melden sich auch öfter zu Wort. Auf diese Weise werden die Themen in den Kursen aber vor allem von der männlichen Erfahrungswelt bestimmt. Frauen lernen daher im Beisein von Männern anders, oft weniger leicht oder gut. „Es gibt nur wenige Frauen, die sich gerne vor Männern produzieren" (Karabiber-Ertuğrul).

Nicht zuletzt zählt als Argument für frauenspezifische Kurse die Tatsache, daß viele Frauen – z. B. seitens ihrer Männer – den Kurs nur deshalb besuchen dürfen, weil dort nur Frauen sind.

Außerdem ist „das Frauenumfeld" (Kronsteiner) für Frauen aus der Türkei gewohnter Bestandteil ihres Lebens, der ihnen in Österreich fehlt. Die Kurse bieten ihnen die Möglichkeit, dieses neu zu schaffen.

Experimente anderer Institutionen mit gemischtgeschlechtlichen und -sprachlichen Kursen, an denen vorwiegend Paare teilnahmen, waren nicht sehr erfolgreich: Die Männer konnten sich behaupten und lernten auch gut Deutsch, während die Frauen auf der Strecke blieben. Ein Faktum, das übrigens keineswegs kulturspezifisch ist. „Frauen trauen sich in gemischtgeschlechtlichen Kursen nicht zu sagen, was sie meinen, die Atmosphäre von Offenheit fehlt" (Stoiber). Bei einem anderen Kurs, der aufgrund der Forderung einer Kursleiterin nicht als reiner Männerkurs, sondern gemischtgeschlechtlich gehalten wurde, blieben die Frauen (Ehefrauen der ursprünglich angemeldeten Männer), die die Sprache z. T. rascher aufnahmen und verstanden, schon bald dem Unterricht fern. Dies mag verschiedene Ursachen gehabt haben, ein möglicher Grund ist allerdings der, daß die Ehemänner um ihre Autorität fürchteten.

Als Mangel wurden frauenspezifische Kurse von Kursteilnehmerinnen bislang noch nie empfunden, als möglicher (jedoch relativ unwichtiger) Nachteil wurde von Uschi Oran-Daniel genannt, daß die Frauen dabei wahrscheinlich nie lernen werden, zwanglos mit Männern zu kommunizieren.

Das Kursangebot des Vereins wurde jedoch nicht von vornherein „nur für Frauen aus der Türkei" konzipiert. Zur Zeit der Entstehung des Vereines *Miteinander Lernen* gab es in Wien keine Angebote für ausländische Frauen. Bei verschiedenen Veranstaltungen des Vereins nahmen vor allem Frauen aus der Türkei teil, die Deutschkurse wurden auf ihren Wunsch eingerichtet. Die Möglichkeit der Teilnahme an einem Kurs ausschließlich für Frauen hatte sich jedoch rasch herumgesprochen, und bald nahmen auch zahlreiche Frauen aus Ägypten, dem Iran, dem Jemen etc. teil.

Dies wurde von den Frauen durchaus als Bereicherung empfunden, waren sie doch so gezwungen, untereinander deutsch zu sprechen. In den Lernpausen kam es zu einer „lustvollen Kommunikation ohne Streß, Zwang und Erfolgsdruck" (Oran-Daniel) sowie zu einem intensiven Kontakt der Kursfrauen auch außerhalb der Kurszeiten.

Es führte aber auch zu Konflikten, die zur Folge hatten, daß Frauen aus der Türkei „an die Wand gedrängt und von den anderen Frauen herabgesetzt" (Hanser) wurden und früher oder später den Kursen fernblieben.

Verantwortlich dafür waren vermutlich die unterschiedlichen Bildungsniveaus und Schichtzugehörigkeiten der Kursteilnehmerinnen. Die Kursteilnehmerinnen aus oben erwähnten Ländern „entstammten zumeist der Mittel- oder Oberschicht und hatten meist eine bessere Schulbildung als Frauen aus der Türkei" (Stangl-Mähner), z. T. hatten sie ein abgeschlossenes Universitätsstudium, sprachen bereits mehrere Fremdsprachen und hatten überdies mehr Zeit, um auch zu Hause zu lernen.

Ein Besinnen auf die eigenen Ressourcen (Türkischkenntnisse einiger Kursleiterinnen, Kenntnis der soziokulturellen Hintergründe) und Möglichkeiten (wieviele Kurse können wir anbieten, Kursräumlichkeiten in einem Bezirk mit großem türkischen Bevölkerungsanteil) und der Anspruch, Kurse für Frauen aus sozial schwachen Gruppen anzubieten, am „untersten Ende der sozialen Kette" (Strasser), führte schließlich zu einer Einschränkung des Kursangebotes. Somit fand eine „Rückbesinnung auf die ursprüngliche Zielgruppe des ‚Türkinnenprojekts Ottakring'" (Kronsteiner) statt.[3]

Über die soziokulturellen Hintergründe, die sozialen, ökonomischen, kulturellen und historischen Bedingungen eines Landes Bescheid zu wissen, ist eine wesentliche Voraussetzung, die Situation der Kursteilnehmerinnen zu verstehen, ihren Bedürfnissen und Wünschen möglichst umfassend gerecht zu werden und das Lernmaterial entsprechend aufbereiten zu können.

„Der Status ‚Ausländerin' wirkt verbindend, zumindest an der Oberfläche"

Vor- und Nachteile der Einschränkung bezüglich Herkunft der Kursteilnehmerinnen

Die Vorteile von Deutschkursen nur für Frauen sind für uns unbestritten. Kurse für Frauen ausschließlich aus der Türkei anzubieten, kann neben den erwähnten Vorteilen allerdings auch Nachteile haben; nicht zuletzt wurde diese Praxis „von öffentlichen Einrichtungen" auch schon sehr kritisch als „ausgrenzend" (Strasser) verurteilt. Besuchen Frauen aus verschiedenen Ländern, die verschiedene Sprachen sprechen, gemeinsam einen Kurs, so ist die Kurssprache zwangsläufig die zu erlernende (deutsche) Sprache.

Abgesehen von der „lustvollen" Kommunikation, die sicher zur Festigung des im Kurs erarbeiteten Sprachschatzes dient, führt das Nationalitätengemisch auch zu politischen Diskussionen, die neue Kursinhalte anregen und zu einer „belebenden Vielfalt" sowie zur „Vermittlung verschiedener Kulturen" (Oran-Daniel) beitragen. „Wie groß ist die Welt? Lebt eine Frau in den Bergen von Sinai genauso wie eine in den jemenitischen Hochländern? Es war für die Frauen oft überraschend, wie ‚Auch-Musliminnen' doch anders denken können" (Strasser).

Durch die Kontakte zu Frauen anderer Länder können auch vorhandene Vorurteile abgebaut werden. „Rassistinnen sind wir alle" (Stoiber). „Der Status ‚Ausländerin' wirkt verbindend, zumindest an der Oberfläche" (Kronsteiner).

Die Erfahrungen mit früheren Kursen und dem bislang einzigen DLU-Kurs, den *Miteinander Lernen* abgehalten hat, zeigten, daß Unterschiede bezüglich Herkunft, Sprache, sozialer Klasse oder Bildung zu Konflikten führen können. Am DLU-Kurs nahmen damals Frauen aus sieben Ländern teil, und die Anforderungen waren sehr hoch: Mit der Zielvorgabe seitens des Arbeitsamtes, nach einem dreimonatigen Deutschkurs eine Berufsperspektive zu finden und wenn möglich auch einen Arbeitsplatz, waren viele Frauen zweifellos überfordert. Jeden Vormittag fünf Stunden Kurs und nachmittags intensiv lernen; vielleicht hätte eine gemeinsame Muttersprache Erleichterung gebracht.

Trotz alldem wurde versucht, die auftretenden Konflikte in das Kursgeschehen einzubinden. Kennenlernspiele sowie Informationen über historische Gegebenheiten und geographische Daten der verschiedenen Länder sollten vorhandenen Vorurteilen und Rassismen entgegenwirken, Rassismen, die da oft lauten: „Je heller die Hautfarbe, desto höher der Status" (Andeßner).

Viel Wissen fehlte, und der Anspruch, über den soziokulturellen Hintergrund aller Teilnehmerinnen Bescheid zu wissen bzw. zu informieren, konnte bei der Vielfalt der Herkunftsländer nicht eingelöst werden.

Die Einstellung der Kursleiterinnen hinsichtlich der einschränkenden Kursbedingung die Herkunft der Teilnehmerinnen betreffend ist ambivalent. Dennoch wird diese Regelung – wenn auch mit Bedauern – aufgrund der Vereinssituation als unumgänglich akzeptiert, da nur auf diese Weise die Kommunikation und die intensive Beziehung zwischen allen Beteiligten aufrechterhalten werden kann. Beides ist machbar – Kurse mit Frauen einheitlicher oder unterschiedlicher Herkunft –, „aber mit unterschiedlichem Zugang und unterschiedlichen Methoden; auch die Ergebnisse werden andere sein" (Hanser).

Armenierinnen, Assyrerinnen, Kurdinnen, Türkinnen ...

Welche Frauen nehmen an den Kursen teil?

In den Kursen, an denen ausschließlich Frauen aus der Türkei teilnehmen, sitzen Armenierinnen, Kurdinnen, Türkinnen, und Assyrerinnen (diese eher selten, wohl deshalb, weil es eine sehr gut organisierte assyrische Gemeinschaft in Wien gibt – Anmerkung Hanser); schließlich leben „allein in der Türkei ca. 23 Minderheiten" (Kronsteiner).

Somit besuchen Frauen verschiedener Ethnien und Kulturen unsere Kurse. Sie kommen teils aus der Stadt, teils vom Land, gehören verschiedenen Altersgruppen an und bringen unterschiedliche Aus- und Schulbildung mit. Manche leben bereits sehr lange in Österreich, andere sind erst seit kurzem im Land. Man kann kurz und bündig sagen, die Zusammensetzung der Kurse ist „ganz gemischt" (Karabiber-Ertuğrul). Jene, die in Österreich berufstätig sind, sprechen, meist unabhängig von ihrer Aufenthaltsdauer, besser Deutsch als Frauen, die keiner Erwerbstätigkeit nachgehen. „In Österreich berufstätige Frauen haben ein größeres Selbstvertrauen im Umgang mit der deutschen Sprache" (Stangl-Mähner).

Die Erwartungen der Frauen an den Kurs und ihre Motivation, die Sprache zu erlernen, sind sehr unterschiedlich. Für viele ist der Kurs vor allem ein soziales Ereignis. Sie genießen das Gemeinschaftsgefühl, fühlen sich sicher und können ihr Selbstwertgefühl steigern. Oder „die beste Freundin geht auch in den Kurs, und das ist eine Möglichkeit, sich ohne die Männer zu treffen" (Hanser). Für diese Gruppe bedeutet der Kurs vor allem die Chance, durch das gemeinsame Lernen ihre Isolation zu durchbrechen und Anerkennung inner- und außerhalb des Kurses zu bekommen. Trotz der von vielen Kursteilnehmerinnen oft getätigten Aussagen: „kafama girmiyor" („das geht nicht in meinen Kopf") oder „kafam çalışmıyor" („mein Kopf arbeitet nicht") erfahren sie hier, daß sie lernen können.

Eine zweite Gruppe ist ehrgeizig, für sie ist der Spracherwerb vorrangig. Sei es, weil sie ihren Kindern sonst bei der Aufgabe nicht helfen können (und fürchten müssen, ihre Autorität als Erziehungsperson zu verlieren), sei es, daß Familienangehörige oder sie selbst sich in ständiger ärztlicher Betreuung befinden und deshalb die Sprache beherrschen müssen, sei es, weil sie eine Arbeit suchen und ihnen klar ist, daß sie dafür wenigstens Grundkenntnisse der deutschen Sprache benötigen.

Ein Teil dieser Gruppe, vor allem Frauen, die eine gute Schulbildung mitbringen, politisch engagiert und finanziell abgesichert sind, benutzt unsere Kurse als Sprungbrett. Diese Frauen wechseln nach Erlangen von Basiswissen in Kurse mit TeilnehmerInnen verschiedenen Geschlechts und verschiedener Herkunftsländer, die von anderen Organisationen angeboten werden und einzig und alleine der raschen Sprachvermittlung dienen.

Die Altersstruktur der Teilnehmerinnen unserer Kurse reicht von ganz jungen, noch unverheirateten Frauen (die relativ viel Zeit haben, sich nach dem Kurs mit dem Gelernten zu beschäftigen) bis zu Großmüttern, die nach dem Besuch eines Alphabetisierungskurses im Verein beschlossen haben, auch noch Deutsch zu lernen. Ein Großteil unserer Kursteilnehmerinnen ist nicht berufstätig und hat eine geringe Schulbildung (fünf Klassen Volksschule) und damit auch nur wenig Erfahrung im Lernen. Das Bildungsniveau der Teilnehmerinnen umfaßt jedoch alle Stufen, vom „gerade" Lesen-und-Schreiben-Können bis zum Universitätsniveau.

All diese Faktoren sowie die verschieden lange Aufenthaltsdauer (und das damit verbundene unterschiedliche passive Wissen über die Sprache, das oft nur aktiviert werden muß), die unterschiedliche Auffassungsgabe der Frauen und die verschiedenen Möglichkeiten, außerhalb der Kurszeiten lernen zu können, bewirken, daß sich selbst bei sorgfältiger Einstufung in einen Kurs sehr rasch ganz unterschiedliche Niveaus der Sprachbeherrschung herauskristallisieren. Ein Problem, mit dem Kursteilnehmerinnen und -leiterinnen ständig konfrontiert werden und das immer wieder leicht zu Unzufriedenheit auf beiden Seiten führen kann. Es gibt „bei sieben Frauen sieben Niveaus" (Strasser).

Religiöse, politische und soziale Unterschiede können sich auf verschiedenste Weise auswirken. Warum tragen manche Frauen kein Kopftuch? Eine Frage, die Konflikte oder auch nur Diskussionen hervorruft. Die Frauen zeigen oft großes Interesse an verschiedenen Religionen; die Auseinandersetzung mit politischen Ereignissen in der Türkei erhitzt die Gemüter schon eher. Zum Beispiel stellen Kurdinnen die Information türkischer Zeitungen in Frage und wollen ihre eigene Sichtweise darstellen. Bildungsunterschiede werden dann konflikträchtig, wenn sie auf politische Verhältnisse zurückgeführt werden: Kurdinnen haben oft weniger Möglichkeiten, eine von ihnen gewünschte Schulbildung in Anspruch zu nehmen.

„Ein Seiltanzakt"

Der Umgang mit den unterschiedlichen Voraussetzungen der Frauen im Kursgeschehen

Heterogenität als „Hürde" (Andeßner) oder Erleichterung? Im ersten Fall „fühlen sich Frauen unter- oder überfordert" (Stoiber), im anderen zieht eine sprachlich versiertere Frau ihre Kurskolleginnen mit. Es ist „ein Seiltanzakt, die unterschiedlichen Erwartungen und Voraussetzungen der Kursteilnehmerinnen auszubalancieren" (Stangl-Mähner). Probleme, die aus Unterschieden entstehen, abzufangen, ist also schwierig. Einerseits soll versucht werden, den individuellen Anforderungen der einzelnen Frauen nachzukommen, andererseits wird dem wissensdurstigen „Nachfragen von einzelnen Frauen manchmal Einhalt geboten, mit dem Hinweis, dies würde später gelernt. Schließlich langweilen sich sonst die anderen" (Stangl-Mähner). Alle sollen sich auf die momentane Lernsituation konzentrieren.

Kursleiterinnen haben verschiedene Strategien entwickelt, um mit dem Problem der unterschiedlichen Voraussetzungen der Frauen, bedingt durch Schulbildung, Aufenthaltsdauer, Bedürfnisse und Erwartungen, umzugehen. Rollenspiele, das Arbeiten in Gruppen und die Vermittlung des Lehrstoffes über audiovisuelle Medien ermöglichen den Frauen, sich gemäß ihrem Wissensstand einzubringen.

Verschiedene Spiele (z. B. Memory, Zahlenbingo), bei denen es nicht so sehr auf grammatikalisches Wissen ankommt, können jenen Frauen in der Gruppe Anerkennung verschaffen, die vielleicht die Abwandlung der Verben im Präsens „noch immer nicht" können, sich bei Memory aber die deutschen Begriffe sehr gut merken oder die Zahlen perfekt beherrschen. Auch zusätzliche Übungsblätter und Hausübungen auf freiwilliger Basis geben den Ehrgeizigen die Chance, ihren Lerneifer zu befriedigen.

In jedem Fall aber ist es wichtig, die Probleme anzusprechen und zu diskutieren, um das gegenseitige Verständnis zu fördern. „Die, die so rasend laufen, bremsen sich ein, die ‚Igel' kommen zum Schnaufen" (Hanser). Wenn man „an die Vernunft der ‚Besseren' appelliert" (Strasser), können „die ‚Besseren' Tutorinnen für die anderen" (Hanser) werden.

Vielen Kursleiterinnen ist gemeinsam, daß sie mit zunehmender Kurserfahrung „die Samthandschuhe" (Strasser) im Umgang mit den Frauen abgelegt haben. Sie revidieren die Meinung, für alles Verständnis haben zu müssen und den Frauen gewisse Dinge nicht zumuten zu können, da sie sowieso „leiden" und es ihnen „schlecht geht" (Hanser). Inzwischen werden Pünktlichkeit, Aufmerksamkeit und die Begründung für Nichterscheinen eingefordert, und es wird darauf hingewiesen, daß „auch die beste Lehrerin nicht die Sprache für die Teilnehmerin lernen kann" (Strasser).

Darüber hinaus werden in regelmäßigen Abständen Tests angeboten, um den Kursteilnehmerinnen die Möglichkeit zu bieten, ohne Leistungsdruck das eigene Wissen zu überprüfen und sich der eigenen Fortschritte bewußt zu werden.

Bekanntes mit Neuem verbinden

Methoden und Materialien der Sprachvermittlung

Nachdem der Erwerb einer Sprache immer von den Lebens- und Arbeitsbedingungen abhängt, wird es „nie *die* Methode schlechthin geben" (Stoiber). Sprache ist ein Grundelement in der Erfahrung von neuen Werten und Normen, sie ist ein wesentliches Hilfsmittel im Prozeß der Neuorientierung, „solange die Sprache nicht beherrscht wird, fühlen sich die Frauen unzureichend" (Kronsteiner). Wesentlich beim Lernen ist, Bekanntes mit Neuem zu verbinden. Auf diese Weise wird auf Vorwissen und vorhandene Ressourcen zurückgegriffen, und das Neue verliert seine Bedrohlichkeit.

Um dem Anspruch gerecht zu werden, auf die Bedürfnisse und Wünsche der Klientel einzugehen, müssen die Kursleiterinnen herausfinden, „was die Frauen wollen" (Kronsteiner). In den Kursen von *Miteinander Lernen* ist themenspezifisches Arbeiten und Unterrichten ein wesentlicher Bestandteil. Es soll dadurch jene Sprachfertigkeit vermittelt werden, „die die Frauen im täglichen Leben brauchen" (Oran-Daniel). Kinder, Schule, Arbeitsplatz, Gesundheit, Schwangerschaft, Geburt etc. sind Bestandteile des Lebens von Frauen, die (auch sprachlich) bewältigt werden (müssen).

Hilfestellungen bieten im Kurs Rollenspiele, in denen (Alltags-)Situationen nachgestellt werden, sowohl zu deren Bewältigung als auch zur besseren Umgangsweise damit in der Zukunft. Sie vermitteln nicht nur sprachliche und persönliche Selbstsicherheit, sondern ermöglichen den Frauen auch, sich in die Lage des Gegenübers hineinzuversetzen.

Spiele als verbale und non-verbale Kommunikations- und Lehrmittel ermöglichen den Frauen, ihre vielfältigen Fähigkeiten anzuwenden, und nicht selten sind sie darin besser als ihre Kursleiterinnen.

Welche Methode auch immer angewandt wird, den Frauen muß das Vorgehen im Kurs erklärt werden, und sie müssen die Möglichkeit haben, auch über ihre persönlichen Eindrücke und Empfindungen zu sprechen. „Sind die Lehrmethoden den Kursteilnehmerinnen vertraut, ist nur mehr die Sprache fremd" (Stoiber).

Jahrelange Erfahrung hat die Kursleiterinnen dazu bewogen, immer größeres Augenmerk auf Verstehen und Hören zu legen – durch „Wiederholung und Einüben von wichtigen Ausdrucksweisen" (Strasser) –, nicht zuletzt waren dafür auch persönliche Erfahrungen beim Besuch von Kursen ausschlaggebend. Die Erklärung der Struktur hat sicherlich ihren Platz im Unterrichtsgeschehen, da die Frauen „wissen wollen, warum etwas so ist" (Karabiber-Ertuğrul).

Die schematische Übung von Grammatik hat jedoch für die Praxis wenig gebracht; die Frauen lernen zwar schnell, sich bei Übungsblättern an ein gewisses Schema zu halten, aber „die Konzentration auf die *richtige* Anwendung der Grammatik hemmt die Frauen beim Sprechen" (Stangl-Mähner). Nachdem bereits seit langem „linguistisch belegt ist, daß die Sprache ihren vollkommensten Ausdruck beim Sprechen findet"[4], steht neben Hören und Verstehen das Sprechen im Vordergrund. „Nicht nur der Wortschatz, auch die Stimme und Gestik spielen eine Rolle" (Stangl-Mähner). So ist es uns ein „Anliegen, den Frauen die Sprache zu geben, die Möglichkeit, ... sich auszudrücken in der Sprache, die notwendig ist". Denn „die Sprache des Landes, in dem man lebt, nicht zu beherrschen, macht sprachlos und unfähig" (Oran-Daniel).

Voraussetzung für richtiges Sprechen ist richtiges Hören, was wiederum für richtiges Schreiben nötig ist. Österreicherinnen und Österreicher, die mit ausländischen Mitbürgerinnen und Mitbürgern in einer Sprache sprechen, die neben einer eigentümlichen Satzstellung offenbar nur den Infinitiv als alleinige Verbform sowie die zweite Person Einzahl als einziges Personalpronomen kennt („du nicht gehen"), sind als Vorbilder für richtiges Hören wahrlich die Schlechtesten.

Bei der Methode des sogenannten Fremdsprachenwachstums arbeiten sich die Kursteilnehmerinnen anhand eines authentischen Hörtextes (keine künstlich einfach gehaltenen Texte) immer weiter vor. Basierend auf dem ungefähren Verstehen des Inhaltes wird versucht, die einzelnen Worte und ihre Struktur zu erkennen. Frauen arbeiten in Gruppen, unterstützen einander und überprüfen ihre Ergebnisse selbst durch wiederholtes Anhören des Textes. Lesen und Schreiben sind bei dieser Methode sekundär.

Da ein Kurs „auch immer ein Selbsterfahrungsprozeß" (Kronsteiner) ist, bietet die Methode der Psychodramatischen Linguistik[5] eine gute Möglichkeit zur Aufarbeitung migrationsspezifischer Probleme. Der Vorteil dieser Art der Sprachvermittlung ist, daß Frauen mit unterschiedlichen Deutschkenntnissen daran teilnehmen können, auch die Schulbildung spielt keine Rolle. Die Herkunft und das damit verbundene kulturelle Umfeld der Frauen können besonders berücksichtigt werden, eine „Voraussetzung für die Bewegungsfreiheit in der neuen Gesellschaft" (Kronsteiner).

Bei *Miteinander Lernen* wurde dieses Verfahren in jeweils zwei Phasen angewandt: „In der Anfangsphase wird ausschließlich ‚gedoppelt und gespiegelt' (ein Monat auf dem Boden), dann wird versucht, das Geschriebene und Gelesene zu erfassen (drei Wochen), danach wird, wieder auf dem Boden, das Sprechen mit mehreren Diskutantinnen geübt (Gesamtdauer fünf Monate)" (Kronsteiner).

Die Kursleiterinnen (eigentlich sollten eine Kursleiterin und ein Kursleiter für die Triade Mutter-Vater-Kind vorhanden sein) müssen die Muttersprache der Kursteilnehmerinnen beherrschen, um Erklärungen bezüglich des Kursgeschehens und der Übungen geben bzw. um die Grammatik erklären zu können. Nachdem es hier besonders wichtig ist, über den soziokulturellen Hintergrund der Klientel Bescheid zu wissen, sollten alle Kursteilnehmerinnen aus demselben Land kommen.

Das Beherrschen oder Nicht-Beherrschen der Sprache der Kursteilnehmerinnen seitens der Lehrerin kann von zwei Seiten beleuchtet werden.

Nur in der zu unterrichtenden Sprache zu sprechen hat den Vorteil, daß auch die Kursteilnehmerinnen nur diese hören und zwangsläufig auch sprechen, um sich mit der Lehrerin zu verständigen. Wobei es für Kursleiterinnen, die die Muttersprache der Teilnehmerinnen zwar beherrschen, aber sie im Kurs nicht anwenden wollen, kaum möglich ist, konsequent bei diesem Vorsatz zu bleiben, da die Frauen natürlich wissen, daß sie in ihrer Muttersprache verstanden werden.

Die Praxis zeigt, daß es auch in Anfängerinnenkursen möglich ist, „ohne türkische Sprache" (Stangl-Mähner) einen Deutschkurs zu leiten. Und auch zweisprachige Kursleiterinnen, die zu Beginn der Ansicht waren, Türkisch zu können sei für den Unterricht unbedingt notwendig, haben ihre Meinung mittlerweile geändert. Die Methoden müssen dem Nicht-Verwenden von Türkisch natürlich Rechnung tragen, und gegebenenfalls kann eine Kursteilnehmerin bei absoluten Verständigungsschwierigkeiten helfen. Andererseits geht im Falle von Diskussionen und Konfliktsituationen die Gelegenheit zur Kommunikation für die Kursleiterin verloren.

Die verwendete Sprache spielt bei solchen Diskussionen natürlich eine Rolle: Sich in Gesprächen und Diskussionen während des Kursgeschehens spontan und emotional in der Muttersprache äußern zu können ist legitim und notwendig, eine Möglichkeit, die allen Kursteilnehmerinnen geboten werden sollte. Insofern ist in unseren Kursen das Beherrschen von Türkisch seitens der Kursleiterinnen wichtig, da sonst Diskussionen abgebrochen werden müssen.

Die gleiche Sprache zu sprechen kann letztendlich auch etwas mit Vertrauen zu tun haben; Herrschaftsverhältnisse (Inländerin – Ausländerin; Lehrerin – Schülerin) können gemildert werden. Durch das Bemühen der Kursleiterin, die Sprache der Kursteilnehmerinnen zu erlernen (erlernt zu haben), wird der Prozeß des Erlernens einer neuen, fremden Sprache nachvollzogen, eine Erfahrung, die für die Sprachvermittlung wesentlich ist. Die Positionen von Schülerin und Lehrerin werden dadurch austauschbar: Die Lehrerin lernt, die Schülerin lehrt.

Abgesehen davon, daß in einem Verein wie *Miteinander Lernen* alle Mitarbeiterinnen Deutsch und Türkisch beherrschen sollten, ist es „ein ungeschriebenes Gesetz, daß im Kurs auch Türkisch verwendet wird" (Hanser).

Die politische Situation in Österreich wirkt sich auf die Frauen und auf die Themen, die im Kurs behandelt werden, aus. Sind dieselben Anschläge wie in Deutschland auch in Österreich möglich? Welche Erfahrungen machen Frauen hier? Der Inhalt von Gesetzen – als Texte im Unterricht verwendet – kommt ebenfalls, neben persönlichen Problemen, immer wieder zur Sprache. Was macht eine Frau, die seit einem Jahr eine Wohnung sucht? Wohin kann sie sich wenden? Wie reagiert die Hausverwaltung im Übungstext auf den Anruf einer türkischen Frau? Wie ist das in Wirklichkeit? Meist beteiligen sich alle Frauen an diesen Diskussionen, alle bemühen sich um eine Lösung. „Die Frauen sind ja teilweise Spezialistinnen bei der Wohnungssuche" (Kronsteiner). Wenn das Gespräch im Kurs nicht ausreicht, besteht danach immer die Gelegenheit, ein Beratungsgespräch in Anspruch zu nehmen.

Der Deutschkurs hat damit noch eine andere Aufgabe übernommen und ist neben der Möglichkeit des Spracherwerbs auch ein „Forum, in dem man zu bestimmten Themen in der Muttersprache etwas beitragen kann" (Hanser).

„... desto mehr bin ich"

Persönliche Ansprüche und Ziele für den Kurs

Den Frauen Selbstsicherheit und die Fähigkeit, sich in Alltagssituationen behaupten und wehren zu können, zu vermitteln – diese Ansprüche stehen bei allen Kursleiterinnen im Vordergrund. Je besser die Sprachbeherrschung, desto sicherer fühlt sich die Frau, „desto mehr bin ich" (Stoiber). „Die Frauen sollen ausdrücken können, was sie wirklich meinen" (Stoiber), sie sollen „schnell reagieren können, gehört und verstanden werden" (Oran-Daniel).

Die Sprache handhaben, damit umgehen, sie anwenden – diese Fertigkeit ist wesentlich. Die Frauen sollen sich nach dem Kurs besser orientieren können, damit sie selbständig weitere Schritte setzen können, z. B. sich zuzutrauen, einen weiterführenden Deutschkurs zu besuchen, und sie sollen die Scheu vor dem Sprechen ablegen.

Der Kurs soll den Frauen Spaß machen, der Unterricht darf „nicht langweilig sein" (Oran-Daniel). Alle Beteiligten sollen „auch über sich selbst lachen können" (Oran-Daniel). Wenn „die Zeit wie im Flug vergeht und alle Beteiligten ‚dabei' waren, ... dann war es gut" (Hanser). „Es geht darum, zu lernen und das Lernen zu erlernen" (Strasser).

Sprache ist ein Teil der Integration. Die Frauen, die unsere Deutschkurse besuchen, tragen ihren Teil zu dieser Integration bei, sie bringen mitgebrachte und neu erfahrene Anteile für deren Verwirklichung ein. Aber die größten Bemühungen und Erfolge nützen nichts, wenn Gesetze und reale Bedingungen im Land den Frauen die Umsetzung des Erlernten erheblich erschweren, wenn nicht sogar unmöglich machen, und es nur darum geht, „funktiontüchtige Unterschichten" (Strasser) bereitzuhalten.

Danksagung

Wir bedanken uns bei den Kursleiterinnen Elisabeth Andeßner, Judith Hanser, Aslıhan Karabiber-Ertuğrul, Ruth Kronsteiner, Uschi Oran-Daniel, Karin Stangl-Mähner, Gülgün Stoiber und Sabine Strasser für die Interviews.

Literatur / Weiterführende Literatur

BORELLI, Michele/HOFF, Gerd (Hg.): Interkulturelle Pädagogik im internationalen Vergleich. (= Interkulturelle Erziehung in Praxis und Theorie, Bd. 6) Baltmannsweiler 1988.

BORELLI, Michele (Hg.): Interkulturelle Pädagogik. Positionen – Kontroversen – Perspektiven. (= Interkulturelle Erziehung in Praxis und Theorie, Bd. 4) Baltmannsweiler 1986.

BARKOWSKI, Hans/HARNISCH, Ulrike/KUMM, Sigrid: Handbuch für den Deutschunterricht mit Arbeitsmigranten. Mainz 1986.

LADO, Robert: Moderner Sprachunterricht. München 1971.

Anmerkungen

1 Andere Kursangebote sind z. B.: Intensivkurs (viermal pro Woche je zwei Stunden); Deutschkurs mit Deckung des Lebensunterhaltes durch das Arbeitsamt (DLU-Kurs; fünfmal pro Woche je fünf Stunden über drei Monate).
2 Folgende Kursleiterinnen wurden interviewt: Elisabeth Andeßner, Judith Hanser, Aslıhan Karabiber-Ertuğrul, Ruth Kronsteiner, Uschi Oran-Daniel, Karin Stangl-Mähner, Gülgün Stoiber und Sabine Strasser; ihre Namen werden jeweils bei wörtlichen Zitaten in Klammer angeführt.
3 „Türkinnenprojekt Ottakring" war der urspüngliche Name, *Miteinander Lernen – Birlikte Öğrenelim* hieß der Verein erst ab 1986.
4 LADO, 1971: 77.
5 Mit Hilfe der Techniken „Doppeln" und „Spiegeln" aus dem Psychodrama und dem Herstellen der Triade Mutter-Vater-Kind wird den Teilnehmerinnen ermöglicht, die Sprache wie ein Kind zu erlernen. Dabei unterstützt die Kursleiterin die Ich-Funktionen der Kursteilnehmerin. Jede Kursteilnehmerin findet somit ihren ganz persönlichen Zugang zur Fremdsprache. Voraussetzung dafür ist eine Therapieausbildung bzw. ein gutes Einfühlungsvermögen der Kursleiterinnen.

Cora Hiebinger, Aurelia Weikert
Türkiyeli Göçmen Kadınlarla Yapılan Almanca Kursları
Deneyimler ve Görüşler

Birlikte Öğrenelim – Miteinander Lernen Derneği, on yıldan beri kadınlar için Almanca Kursları sunmaktadır. Bu makale, eski ve yeni kurs öğretmenleriyle yapılan röportajlar yoluyla; kursa katılanlara uygulanan, cinsiyet ve gelinen ülke sınırlanmasının nedenlerini ve bunun olumlu ve olumsuz yönlerini göstermektedir. Ders araç-gereçleri ve uygulanan metotların yanında, kurs öğretmenlerinin kişisel istek ve amaçları da sergilenmiştir.

Kadınlara yönelik kursların nedenlerinden biri, kurs öğretmenlerinin feminizm anlayışları, diğeri ise göçmen olarak kadınların özellikle zor olan koşullarına bir olanak sunmaktır. Kadın kurslarında, kadınlara özgü konuların (sağlık, cinsellik) işlenebilmesi için gerekli olan samimi ve güven dolu atmosferi oluşturmak, daha kolaydır. Ülke sınırlamasının gerekliliği de deneyim yoluyla onaylanmıştır. Kursa katılanlar, aynı ülkeden gelmelerine karşın, oldukça karışık bir grup oluştururlar. Bu nedenle kurs içinde, büyük bir esneklik – değişebilirlik gereklidir; ders araç gereçleri ve yöntemler, her yeni kursta yeniden gözden geçirilmeli ve kadınların isteklerine göre uyarlanmalıdır.

Kadınların geldikleri sosyo-kültürel yapının tanınması-bilinmesi, kursta konu edilen güncel yaşam koşullarının anlaşılmasını ını kolaylaştırır. Doğrudan dil öğretiminin yanında, kursa katılan kadınların farklı motivas-yonlarını da göz önüne almak, saygı duymak önemlidir.

Çeviri: Aslıhan Karabiber-Ertuğrul

Aslıhan Karabiber-Ertuğrul

„Wenn du mich nur einen Buchstaben lehrst, werde ich vierzig Jahre lang deine Sklavin sein"[1]

Alphabetisierung von Frauen aus der Türkei

Einleitung

In diesem Beitrag versuche ich, aus zwei Blickwinkeln das Schreiben- und Lesenlernen von Frauen zu betrachten. Einerseits möchte ich auf die objektiven Gegebenheiten eines Alphabetisierungskurses eingehen und auf die objektiven Zugänge und Ziele der Teilnehmerinnen. Andererseits werde ich im Anschluß daran die subjektiven Voraussetzungen und Entwicklungen der lernenden und lehrenden Frauen im Kurs darstellen. Beide Zugänge sind eng miteinander verknüpft und beinhalten theoretische und praktische Gesichtspunkte.

Die allgemeine Problematik

Die Anzahl der AnalphabetInnen unter den ArbeitsmigrantInnen in Österreich war bei den Frauen immer höher als bei den Männern. Ursprünglich wurde durch das Anwerbeverfahren eine Auswahl getroffen, die AnalphabetInnen überwiegend aus der Anwerbung ausschloß.

Seit dem Anwerbestop (1976) hat sich die Situation geändert. Durch den Zuzug des Ehepartners, besonders der Ehepartnerin aus ländlichen Gebieten der Herkunftsländer, ist der Anteil der Analphabetinnen unter den Arbeitsmigrantinnen erheblich gestiegen und beträgt ca. 10 %.

In dieser Schätzung sind nur jene Analphabetinnen berücksichtigt, die nie eine Schule besucht haben (*Primäranalphabetinnen*). Nicht einbezogen sind diejenigen Frauen, die zwar Lesen und Schreiben gelernt, diese Fähigkeiten jedoch wieder verloren haben (*Sekundäranalphabetinnen*).

Alle diese Frauen sind von „funktionalem Analphabetismus" betroffen, das bedeutet, daß ihre Schreib- und Lesefähigkeiten den „Mindestanforderungen der Gesellschaft" nicht genügen. Aufgrund der Tatsache, daß 80 % dieser Frauen in ländlichen Gebieten aufgewachsen sind und einerseits die komplizierten strukturellen Systeme der Industriegesellschaft kaum kennen, andererseits die Sprache des „Gast"landes nicht beherrschen, ist der Unterschied zum primären Analphabetismus kaum relevant.

In einigen Projekten wird deshalb überwiegend an der Alphabetisierung der Muttersprache gearbeitet. Für die Alphabetisierung in der Muttersprache spricht, daß die Vermittlung des Lesens und Schreibens an eine sichere mündliche Sprachbeherrschung anknüpfen kann und daß die kulturelle Identität der Lernenden damit ernst genommen wird. An die Alphabetisierungskurse schließen meist Deutschkurse an, damit die neu erlernte Lese- und Schreibfähigkeit nicht wieder vergessen wird und die Frauen nicht Gefahr laufen, in den funktionalen Analphabetismus zurückzufallen.

Die Probleme der Analphabetinnen – Ausgeschlossensein von Informationen, Orientierungsprobleme in der Stadt, bei Behörden, in Krankenhäusern (z. B. Probleme der Interessenswahrnehmung), Diskriminierung sowie der Verlust der Sozialisationsfunktion als Erzieherinnen ihrer Kinder, die österreichische Schulen besuchen – schaffen weitaus größere Abhängigkeit von ihren Ehemännern bzw. Kindern (als DolmetscherInnen), als sie dies von ihren Heimatländern her gewohnt sind.

Die Lebens- und Arbeitsbedingungen im Aufnahmeland, die mitgebrachten bäuerlichen Kulturwerte und die Sozialisation beeinflussen die Gestaltung und erfolgreiche Durchführung der Kursveranstaltungen. Ohne Berücksichtigung der soziokulturellen Hintergründe der Teilnehmerinnen kann kaum ein Kurs erfolgreich durchgeführt werden.

Kursziel

Das Kursziel ist, daß die Teilnehmerinnen selbständig Lesen und Schreiben können. Dies bedeutet:
– das korrekte Schreiben des Gehörten;
– das richtige und flüssige Lesen (auch des eigenen Geschriebenen);
– das Verstehen des Gelesenen.

Am Ende des Kurses sollen die Frauen in der Lage sein:
– Zeitungen, Zeitschriften, Kurzgeschichten etc. zu lesen;
– Briefe und Kurztexte zu einem bestimmten Thema zu verfassen;
– Vorschriften, Formulare, Anträge, Merkblätter zu verstehen;
– Formulare auszufüllen;
– Anträge und Ansuchen selbst zu formulieren.

Dies entspricht den Zielen der Teilnehmerinnen. Ihre Motivation zum Erlernen von Lesen und Schreiben ist im Bedürfnis begründet, die „Alltagsdefizite" überwinden zu können, und in dem Wunsch nach Unabhängigkeit von Familienangehörigen oder Bekannten. Sie wollen in ihrer Lebensgestaltung nicht länger auf andere Personen angewiesen sein und nicht mehr „zur Last fallen".

Sie wollen den unmittelbaren Briefkontakt zur Heimat pflegen, Zeitungen, Zeitschriften in ihrer Muttersprache lesen, einen Deutschkurs besuchen etc.

Teilnehmerinnen

Die Zielgruppe der Kurse bilden in erster Linie primäre und sekundäre Analphabetinnen. Die Gruppenzusammensetzung sieht demnach folgendermaßen aus:
- Frauen, die nie lesen und schreiben gelernt haben;
- Frauen, die teilweise lesen und schreiben können; sie haben dies entweder selbst gelernt oder ein bis zwei Jahre die Volksschule besucht und abgebrochen;
- Frauen, die schon lesen und schreiben können und diese Fähigkeit erweitern wollen (die z. B. selbständig Berichte oder Aufsätze schreiben wollen).

Die sich aus der Verschiedenheit der Klientel ergebenden Niveauunterschiede müssen wir in Kauf nehmen, wenn wir allen Frauen, die darum ansuchen, eine Teilnahme am Kurs ermöglichen wollen.

Erfolg

Zu Beginn ist festzuhalten, daß das angestrebte Ziel mit den derzeit verwendeten Kurskonzepten (zweimal zwei Stunden pro Woche, 40 Wochen lang) in einem Kursjahr nicht zu erreichen ist. Die Frauen besuchen den Kurs in der Regel drei bis vier Semester. Erst dann kann man von einem Abschluß sprechen.

Folgende Tendenzen wurden nach einem sogenannten Kursabschluß in verschiedenen Kursen beobachtet:
- Teilnahme an weiterführenden Bildungsmaßnahmen, insbesondere Deutschkursen;
- Arbeitssuche bzw. Arbeitsaufnahme, was möglicherweise auf ein gestärktes Selbstbewußtsein durch die neue Sprachbeherrschung zurückzuführen ist;
- Externistenprüfung zum Volksschuldiplom in der türkischen Botschaft in Wien (wobei eine Frau diese Prüfung sogar mit „sehr gut" abgelegt hat).

Diese Möglichkeiten stoßen bei den Kursteilnehmerinnen auf große Begeisterung und motivieren die Frauen, die Kurse auch weiterhin regelmäßig zu besuchen.

Methoden

Es gibt drei verschiedene Vorgangsweisen, die die Frauen beim Lernen von Lesen und Schreiben unterstützen sollen:
1. *Synthetische Silbenmethode* (vom Buchstaben zum Wort).
2. *Analytische Methode* (vom Wort oder Satz zum Buchstaben).
3. *Alphabetisierungsmethode* nach *Paolo Freire* (von zielgruppenorientierten Inhalten zu Schlüsselwörtern, von diesen zum Buchstaben).

In der Folge möchte ich die Silbenmethode, mit der ich selbst jahrelang in Alphabetisierungskursen gearbeitet habe, näher beschreiben.

Die Silbenmethode:

In der Türkei wurde für die Alphabetisierung in den Volksschulen und in der Erwachsenenbildung die (analytische) Ganzheitsmethode verwendet.

In den letzten Jahren wurde darüber diskutiert, ob die Ganzheitsmethode besser als die Silbenmethode bei der Alphabetisierung in türkischer Sprache anwendbar ist. Manche Fachleute sind Verfechter der Silbenmethode. Auch aufgrund meiner Erfahrung mit der Ganzheitsmethode, die ich in einem Alphabetisierungskurs für türkische Frauen in Österreich erprobt habe, begann ich die Silbenmethode zu praktizieren. Bei der Ganzheitsmethode geht es um die globale Wahrnehmung des Satzes. Es bereitet den Frauen allerdings weniger Mühe, die einzelnen Buchstaben zu erlernen, da sie durch ihre schulpflichtigen Kinder Hilfestellungen bekommen. Da aber die Frauen schon die einzelnen Buchstaben kennen, können sie das Wort oder den Satz als Ganzes nicht mehr erfassen, und sie beginnen, den Satz in einzelne Buchstaben zu zerlegen. Zum Beispiel „Ali gel" zuerst kommt A, dann le, als letztes i, Alei. So wird das Lesen stockend und schwer verständlich. Ich habe die Silbenmethode fünf Jahre lang verwendet und bin der Meinung, daß sie mehr Erfolg bringt als die Ganzheitsmethode.

Übersicht der einzelnen Lernschritte

1. Beim ersten Schritt der Alphabetisierung beginnen die Frauen mit Strichübungen, um sich langsam an die kleinen Schreibbewegungen zu gewöhnen.
2. Dann werden die kleinen und großen Buchstaben, ohne auf ihre Benennung zu bestehen, geübt. In dieser Phase sollen die Frauen nur das Schreiben üben.
Zum Beispiel: A a, B b, C c, D d ...
3. Die acht Vokale werden als Laut und Form durch Schreiben ins Heft und an die Tafel sowie durch lautes Sprechen trainiert.
Zum Beispiel: a, e, ı, i, o, ö, u, ü.
4. Den Frauen werden Bilder gezeigt, die sie benennen sollen. Die so vermittelten Wörter sind zu Anfang sehr einfach und beginnen mit einem Vokal.
Zum Beispiel: ana, at, ev, ekmek, ışık, ırmak, oda , odun örgü, önlük ...
5. Danach werden Konsonanten gelehrt. Jeder Konsonant wird zusammen mit einem Vokal gelesen.
Zum Beispiel: ba, be, bı, bi, bo, bö, bu, bü.
Jede Frau bekommt dazu eine Silbentabelle, die Silben werden laufend wiederholt und so lange geübt, bis sie die Frauen gut lesen und schreiben können.
6. Dann werden Tabellen, die zweisilbige, sinnvolle Wörter systematisch darstellen, an die Frauen ausgeteilt.
Zum Beispiel: baba, baca, bacı, bale, balo, bana, bazı, bela, beni ...

Zu jedem Buchstaben des Alphabets werden mehrere Wörter vermittelt. Durch Lese- und Schreibübungen werden die zweisilbigen Wörter geübt und die Frauen dazu angehalten, eigenständig neue Wörter zu finden.

7. Bei diesem Schritt wird zu jedem Vokal ein Konsonant gesetzt, sodaß sich Silben ergeben. Diese Silben haben alle eine bestimmte Bedeutung. Sie werden in Tabellen zusammengefaßt, gelesen und wiederholt.
   Zum Beispiel: aç, ad, ah, ak, al, aş, ay, at, az.
8. Nun wird zu den Silben (beispielsweise: ba, be, bı, bi, bo, bö, bu, bü) ein weiterer Konsonant gefügt, sodaß sich sinnvolle einsilbige Wörter mit drei Buchstaben ergeben.
   Zum Beispiel: bağ, bal, ban, bas, baş, bar, bay, bat, bel, ben, beş ...
   Diese Übung wird mit allen Konsonanten durchgespielt: geschrieben, gelesen und gesungen.
9. Einsilbige Wörter mit vier Buchstaben, die in der türkischen Sprache selten vorkommen, werden erlernt.
   Es wird bei allen Schritten darauf geachtet, daß die Frauen die Wörter gut aussprechen und deren verschiedene Bedeutungen kennenlernen.
10. Mit Hilfe der Silben, bestehend aus zwei, drei und vier Buchstaben, werden Wörter mit drei, vier und fünf Silben zusammengesetzt.
    Zum Beispiel: ba, da, na-badana, merdiven, karınca, tabanca ...
11. Die Frauen üben die neuen Wörter mit Hilfe von Lückentests, die sie ergänzen sollen.
12. Mit einfachen Wörtern werden einfache Sätze gebildet.
    Zum Beispiel: Baba bana top al. Ayşe yazı yaz.
    Die Sätze werden in Form von Lückensätzen wiederholt.
13. Die Frauen lesen kurze und einfache Geschichten und schreiben sie ab. Sie verfassen auch Alltagsgeschichten aus ihrem eigenen Leben. Ebenso werden Diktate gehalten.
14. Durch die Schreibübungen werden die Frauen gleichzeitig mit der türkischen Rechtschreibung vertraut gemacht.
15. Die Frauen schreiben kurze Aufsätze, lesen Zeitungsartikel, formulieren Briefe, Anträge und füllen Formulare aus.
16. Komplizierte Texte aus dem Alltag, das Arbeitsleben, die Wohnung, Gesundheit, Freizeit etc. betreffend, werden erzählt und geschrieben.
17. Zuletzt werden den Frauen die Zahlen und einfache Rechenübungen beigebracht.

Neben der Vermittlungsmethode ist jedoch die Motivation der Frauen, wirklich Schreiben und Lesen lernen zu wollen, das wichtigste, und sie muß alle diese Schritte begleiten.

Die Frauen haben während des ganzen Kurses mit Nachbarn, Kindern und Ehemännern, die sie auslachen, die den Sinn eines Alphabetisierungskurses nicht sehen, zu kämpfen.

Die Freude am Kurs, das Vertrauen zur Kursleiterin und das Erfolgserlebnis sind die Voraussetzungen für ihr regelmäßiges Kommen. Durch die Silbenmethode machen die Frauen innerhalb kurzer Zeit große Fortschritte, was die Freude am Weiterlernen beträchtlich fördert.

Meine persönlichen Erfahrungen

Wenn ich mir über den Sinn und die Problematik der Alphabetisierungskurse Gedanken mache, so lande ich immer bei meinem ersten Kurs im Jahre 1984 in Wien.

Als Türkin, die gerade ihr Studium der Pädagogik absolviert hatte, war ich genauso aufgeregt wie „meine" Frauen. Für mich war es der erste sinnvolle Aufgabenbereich, den ich mir hier in Wien aufbauen konnte (zu meiner Existenzsicherung mußte ich damals vier Tage in der Woche putzen, am Wochenende unterrichtete ich dagegen sehr gerne).

Für meine Frauen war es das erste Mal, daß sie für sich etwas tun konnten. Nach dem Einkaufen, Kochen und Putzen besuchten sie den Kurs. Die Gruppenzusammensetzung war dabei sehr unterschiedlich. Das Alter der Frauen lag zwischen 16 und 55 Jahren, und sie kamen aus fast allen Regionen der Türkei.

Zu Anfang war es für viele nicht so leicht, sich für einen Alphabetisierungskurs anzumelden, viel lieber hätten sie sofort einen Deutschkurs besucht. „In Europa" nicht einmal Lesen und Schreiben zu können, war sehr peinlich für sie, und sie schämten sich. Doch hier entdeckten sie, daß sie nicht die einzigen mit diesen Problemen waren.

Unterschreiben zu können, kleine Notizen für ihre Kinder, Briefe an ihre Verwandten, an ihre Freundinnen schreiben zu können, Zeitungen zu lesen, einen Deutschkurs zu besuchen, einen Führerschein machen zu können usw., das waren ihre Ziele.

Die älteren Frauen waren den jüngeren immer ein Vorbild. Sie zeigten großen Mut und Ehrgeiz: „Es ist doch noch nicht zu spät." Ich erinnere mich an viele Frauen, die ich wegen ihrer Willenskraft bewundert habe.

Ich phantasierte oft: „Wenn sie die Möglichkeit zu einer guten umfassenden Ausbildung gehabt hätten ..."

Sie hatten sich im Laufe der Zeit eine Menge Tricks angeeignet, um den Alltag bewältigen zu können, damit niemand bemerken sollte, daß sie Analphabetinnen waren. Ihren Namen und ihre Adressen hatten sie auswendig schreiben gelernt. Für die Orientierung auf der Straße, beim U-Bahnfahren etc. hatten sie markante Stellen gesucht, um sich nicht zu verirren. Und sie haßten ihre Väter, die ihnen nie erlaubt hatten, in die Schule zu gehen, und ihre Mütter, die nicht dafür gekämpft hatten.

Sie selbst aber lernten aus den Fehlern ihrer Eltern und setzten sich für ihre Töchter ein. Sie sollten einen Beruf erlernen oder studieren, um nicht abhängig zu sein.

Im Kurs waren alle in derselben Situation, sie hatten hier die Möglichkeit, untereinander zu kommunizieren, Erfahrungen auszutauschen, Unterschiede zu finden, Ähnlichkeiten zu entdecken, und, was besonders wichtig war, keine mußte sich schämen.

Sie brachten für einander solche Solidarität auf, wie ich das in keinem anderen Kurs je erlebt hatte. Sie hatten großes Verständnis und viel Geduld, und es machte nur wenig aus, daß einige nicht so schnell begriffen oder einige nur an einem Tag in der Woche den Kurs besuchen konnten, weil der Arbeitgeber nicht öfter freigeben wollte.

Alle halfen und motivierten einander.

Die meisten Frauen hatten ein Stück Kindheit, das ihnen gestohlen worden war, endlich erleben können. Sie kamen regelmäßig in den Kurs, waren ehrgeizig und machten ihre Hausaufgaben sehr gerne und gewissenhaft. Sie freuten sich über jeden Fortschritt und waren stolz darauf, was sie bereits alles gelernt hatten.

Angeregt durch unsere Texte, die vom Alltag und den Problemen in Österreich, vom Leben im Ausland, von den Kindern und vielem anderen handelten, entwickelten sich im Unterricht und auch noch während der Pausen (in denen wir gerne Tee tranken und selbstgebackene Kuchen aßen) oft rege Diskussionen. Unsere Kurse waren nie ausschließlich Lese- und Schreibübungen, sondern bedeuteten immer wieder „Selbstbewußtsein und Selbstwertgefühl entwickeln" sowie „eigene Kräfte entdecken". Ich war für alle Lehrerin, für einige Tochter, für einige Schwester, für einige Tante. Ich lernte vieles von ihnen, wie sie von mir vieles lernten. Viele von ihnen zeigten mir durch ihre Willenskraft, ihre Hartnäckigkeit, ihren Mut, daß man im Leben vieles erreichen und schaffen kann.

Anmerkungen

1 Türkisches Sprichwort.
  Teile dieses Artikels erschienen unter dem Titel *Alphabetisierung türkischer Frauen in ihrer Muttersprache* in: Sie können lesen? Analphabetismus: Fortschritt – Rückschritt. Schulheft 59. Wien/München 1990: 70-76.

Aslıhan Karabiber-Ertuğrul

„Bana bir harf öğretenin kırk yıl kölesi olurum"

Türkiye'li kadınlarla okuma-yazma Öğretimi

I. Giriş

Bu makalede, kadınlarla yapılan okuma-yazma öğretimini iki bakış açısından ele almak istiyorum. Birinci bölümde, okuma-yazma öğretimiyle ilgili nesnel bilgilere yer verirken, ikinci bölümde öğreten kadın olarak kendi öznel yaşadıklarımla, öğrenen kadınlarla ilgili izlenimlerimi aktarmak istiyorum.

II. Nesnel Bilgiler

a) Genel Sorun

Avusturya'daki, göçmen işçiler arasındaki okuma-yazma bilmiyenlerin sayısı, kadınlarda, erkeklere oranla daha yüksektir. Bu sayı özellikle, kırsal alandan gelen kadınların, eşlerini takiben Avusturya'ya gelmeleri nedeniyle daha da artmıştır. Bu sayı hiç okula gitmemişlerin dikkate alınmasıyla ortaya çıkmıştır. Ayrıca Okuma-yazmayı öğrendiği halde, zaman içinde, bu yeteneğini kaybedenlerin sayısı da az değildir.

Kadınların % 80nin kırsal bölgeden gelmeleri ve endüstri toplumlarının karmaşık yapısını tanımamaları, daha da önemlisi, göç ettikleri ülkenin dil'ini bilmemeleri, bu iki grup kadın arasındaki farkı önemsizleştirir. Bu nedenle, birçok kadın projesinde, ana dilde okuma yazma öğretimi yapılmaktadır. Okuma-yazma kurslarını genellikle Almanca kursları izlemektedir.

Okuma-yazma bilmeyen kadınların sorunları arasında, çeşitli bilgilerden uzak kalmak, şehir içinde yolunu bulamamak, mahalli kuruluş ve hastahanelerde çaresiz kalmak, dışlanmak, eğitici olarak çocuklarına karşı yetersiz olmak, başkalarına bağımlılık ... vb. sayılabilir.

Kurslarda, kadınların geldikleri sosyo-kültürel yapıyı, değer yargılarını, bu ülkedeki yaşama ve çalışma koşullarını dikkate almak gerekir.

b) Kursun Amacı

Kursa katılanların, tek başlarına okuma ve yazma becerisini kazanmaları amaçlanır. Bu da
- Duyulanın doğru yazılışı,
- Doğru ve akıcı okuma (kendi yazdıklarını da),
- Okunanın anlaşılması, anlamına gelir.

Kursun sonunda kadınlardan,
- Gazete, dergi, kısa öykü ... vb. okumaları,
- Mektup, kısa kompozisyonlar yazmaları,
- Formlar, dilekçe ve benzeri belgeleri anlamaları,
- Form doldurabilmeleri,
- Dilekçe, başvuru yazmaları, beklenir.

Bu, kadınların da isteklerine uygundur. Amaç, günlük yaşamdaki zorlukların üstesinden gelmektir. Vatan ile mektup yoluyla ilişkiyi sürdürmek, ana dilde gazete, dergi okumak, Almanca kursuna katılmak, bağımsız olup, başkalarına yük olmamak, okuma-yazma öğretimi için duyulan motivasyonlardan birkaçıdır.

c) Kursa Katılanlar
Kursa,
- hiç okuma-yazma bilmeyen,
- biraz okuyup yazabilen (ya kendi kendine okuma-yazma öğrenmiş, yada 1-2 sene okula gitmiş),
- okuma-yazma bilip, bu yeteneğini geliştirmek isteyen (daha akıcı okumak ve yazmak isteyen),

kadınlar katılabilir.

d) Başarı
Ana dildeki okuma-yazma kursları, haftada iki gün – iki saat, 40 hafta süreyle yapıldığından, bir kurs yılında planlanan amaca erişmek olası değildir. Genel de kadınlar, 3 – 4 sömestr boyunca kursa katılırlar. Kurs bitiminde Almanca kurslarına katılım yüksektir. İş arama yada işe girme isteğinin artması da kendine güvenin bir sembolüdür. Dışardan ilkokul diploması alma olanağı da vardır. Tüm bu olanaklar, kadınların istek ve motivasyonlarını arttırır.

e) Yöntemler
Türkçe okuma-yazma öğretiminde temel olarak üç teknik vardır:
1. *Hece Metodu* (Tüme varış, harflerden cümleye geçilen)
2. *Cümle Metodu* (Tümden geliş, cümleden harflere geçilen)
3. *Paolo Freire'nin yetişkinler için Türkçe'ye uygulanmış okuma-yazma metodu* (Belli içeriği olan anahtar kelimelerden, harflere geçiş).

Bu metotlardan biri olan ve benim uzun yıllar kullandığım hece metodu hakkında kısa bir bilgi vermek istiyorum.

Hece Yöntemi:

Türkiye'deki ilkokullarda ve Yetişkinler Eğitiminde, okuma-yazma öğrenimi, Cümle Metodu'nun uygulanmasıyla yapılmaktadır. Ancak son yıllarda, bu yöntem mi, yoksa hece metodu mu daha uygun diye tartışmalar vardır. Bazı uzmanlar hece metodunu savunmaktadırlar. Ben de kadınlarla yaptığım kurslarda, beş yıl, bu metodu kullandım ve hece metodunun öğretime daha yatkın olduğuna inanıyorum. Cümle metodunda, başlangıçta, kişiden yazılan cümlenin global olarak, tümden algılanması istenir, harfler önemli değildir. Ancak, ya okul çağındaki çocuklarından, ya da kendi çabalarıyla tek tek bazı harfleri tanıyan kadınların, cümleyi tümden algılamaları olası değildir. Cümleyi değil, tek tek harfleri tanırlar ki, bu da okuma öğrenimine sekte vurur. Örneğin: „Ali gel" cümlesini tümden ses ve şekil olarak ezbere öğrenmek yerine, tek tek harflerle okumaya çalışırlar. Orta ya „A-le-i ge-e-le" çıkar ki bu okumayı yavaşlatır ve anlamsızlaştırır.

Öğretimde ilk adım, çizgi alıştırmalarıdır ki, bunda amaç; küçük-motorik el hareketlerini kazandırmak, kalem, kağıtla tanışıp, rahatlamayı sağlamaktır. Tüm harflerin büyük ve küçük yazımından sonra, „sesli harfler" ses ve biçim olarak öğretilir. Resimli örneklerle sesli harfler çalışılır. Daha sonra hece tablosu dağıtılıp, yazılı ve sesli olarak defalarca tekrar edilir. Tablonun yardımıyla dört harfli, iki heceli, anlamlı kelimeler üretilir, tekrar tekrar yazılır ve okunur. Sesli harflerle başlıyan, iki harfli anlamlı kelimelerden sonra, üç harfli kelimelere geçilir. Sürekli yazma ve okuma işlemi yapılır. Sırasıyla dört harfli kelimelerden, iki, üç, dört heceli yeni kelimelere geçilip, hep birlikte benzerleri üretilir. Bu aşamaların yeterince yinelenmesinden sonra, basit cümlelere başlanır. Kısa ve kolay öyküler – fıkralar yazılır, okunur. Özellikle günlük yaşamla ilgili makaleler, öyküler, şiirler, tekerlemeler en sevilen okuma ve yazma parçaları arasında yer alır. Gazete okumak mektup, kart, dilekçe yazmak, zevkle yapılan alıştırmalar arasındadır. En son olarakta kursta, sayılar ve basit matematik işlemleri öğretilir.

Tüm okuma-yazma öğrenimi boyunca, kurslarda en dikkat edilecek, önemli nokta, kadınların, öğrenme şevk ve azmini, motivasyonunu desteklemek, onlara güç vermektir. Kadınların çoğu, okuma-yazma öğreniminin amaç ve değerini anlayamıyan, kendileriyle alay eden, gülen, „Bu yaştan sonra mühendis mi olacaksın" diyen kocaları, komşuları, çocuklarına karşı mücadele vermek zorundadır.

Kursa katılmanın zevki, kurs öğretmenine duyulan güven ve başarıyorum duygusu, kadınların, düzenli olarak kursa gelmelerini sağlar. Hece metoduyla, adım adım kazanılan başarı, öğrenim motivasyonunu artırır.

III. Subjektiv-Öznel Yaşantılar

Ne zaman, okuma-yazma öğrenimi hakkında düşünsem, aklıma hemen, ilk kez 1984 yılında, Viyana'da yaptığım Türkiyeli kadınlar için okuma-yazma kursu gelir. Pedagoji eğitimini henüz bitirdiğim için, en az kursa katılan kadınlar kadar ben de heyecanlıydım. Viyana'da, beni yüreklendiren, bana umut veren, ilk değerli, anlamlı „iş"imdi. (Yaşamımı sürdürebilmek için haftada dört gün temizlik yapıyordum ama, hafta sonları zevkle ders veriyordum.)

Kursa katılan „benim kadınlarım" ise ilk kez, sadece kendileri için birşey yapıyordular. Alış-verişten, yemek pişirdikten, temizlikten sonra, kursa koştular. 16 – 55 yaşları arasında, Türkiye'nin her bölgesinden gelen, farklı amaçları olan kadınlardı. Tabii ki, başlangıçta, kendini bir okuma-yazma kursuna kaydettirmek hiç te kolay değildi. Yüreklerinde yatan Almanca Kursuydu. „Avrupanın ortasında", okuma-yazma bilmemek üzücüydü, utanç vericiydi. Ama yalnız olmadıklarını çok çabuk farkettiler.

İmza atabilmek, çocuklarına küçük notlar bırakabilmek akraba ve arkadaşlarına mektup yazabilmek, gazete okuyabilmek, Almanca kurslarına katılabilmek, ehliyet alabilmek ... vb. kadınların amaçları arasındaydı.

Özellikle, cesaretleri ve motivasyonlarıyla yaşlı kadınlar, gençlere örnek oluyorlardı: „Geç kalmış değiliz."

İstek ve azimlerine hayranlık duyduğum birçok kadını anımsıyorum. „Eğitim, öğrenim olanağı, fırsatı verilseydi bu kadınlar neler başarmazlardı ki" diye hep hayal kurmuşumdur.

Günlük hayatın, okuma-yazma yoksunluğu yüzünden doğan zorluklarını yenmek için birçok taktikleri vardı. İsim ve adreslerini ezbere biliyorlardı. Sayıları tanıyorlardı. Yollarını bulabilmek için, sokaklarda, metro'da kendilerine, yönlerini gösterecek, ipucu verecek işaretleri vardı.

Kendilerini okula göndermeyen babalarına, bunun için çaba göstermeyen annelerine, nefret, hınç, duyuyorlardı. Aynı kadınlar, kendi kızlarının okuması, yüksek okula gitmesi, bir meslek sahibi olup, bağımsız, özgür yaşaması için, gereken her türlü çaba ve savaşımı gösteriyorlardı.

Kursta herkes eşitti, karşılıklı fikir-deneyim alış-verişinde bulunma fırsatları vardı ve farklılıkları, benzerlikleri tanıyıp, kendilerinden utanmamayı öğrendiler.

Okuma-yazma kursundaki kadınlar, başka hiçbir kursta yaşamadığım kadar, birbirleriyle dayanışma içindeydiler. Anlayışlı ve sabırlıydılar. İçlerinden birinin daha ağır öğrenmesi, ya da diğerinin, çalıştığı için haftada bir kez kursa katılabilmesi, sorun olmadı. Birbirlerine yardımcı olup, destek, motivasyon verdiler.

Kendilerinden bir parçası çalınmış çocukluklarını yeniden yaşadılar. Kursa düzenli geldiler, azimli, hırslıydılar ve altı yaşındaki bir çocuk gibi severek ev ödevlerini yaptılar. Öğretimdeki her ilerleyiş onlara zevk verdi. Şimdi yapabildikleri herşeyden gurur duydular.

Günlük hayatla, Avusturya'daki sorunlarla, yabancı ülkedeki yaşamla, çocuklarla ilgili okuma parçaları aracılığıyla, gerek ders sırasında, gerekse, çay içip, çörek yediğimiz ders aralarında, sayısız tartışmalar yaptık. Kadınlar deneyimlerini paylaştılar. Kurslarımız hiç bir zaman, okuma-yazmanın teknik öğretimi şeklinde olmadı, aksine, „Bilinç düzeyini yükselten", „kendi öz güçünü keşfettiren", „öz değeri geliştiren" uzun bir süreçti.

Ben, tüm kadınların öğretmeni, kiminin kızı, kiminin kardeşi, teyzesi oldum. Nasıl onlar benden birşeyler öğrendilerse, ben de onlardan pek çok şey öğrendim. Bir çoğu bana, istek, inat ve cesaret yoluyla, yaşamda pek çok amaca ulaşılabileceğini gösterdi.

Çoğu Almanca kursuna devam etti, pek çoğu iş buldu, biri ehliyetini aldı bile ...

Kaynakça / Weiterführende Literatur:

ÖZKAN, Ziya/AĞLI, Faika/ÇİÇEK, Ahmet: İlkokuma ve Yazma Öğretmen Kılavuzu Milli Eğitim Basımevi. İstanbul 1984.
Yetişkinler için Okuma – Yazma Öğretimi; I ve II Kademe Eğitim Programı. Milli Eğitim Bakanlığı, Yaygın Eğitim Genel Müd. Ankara 1983.
İş ve Hayat için Yetişkinler Alfabesi. Milli Eğitim Basımevi. İstanbul 1984.
İş ve Hayat için Yetişkinler Alfabesi; Öğretmen Kılavuzu. Milli Eğitim Bakanlığı, Yaygın Eğitim Genel Müd. İstanbul 1981.
İlkokuma – Yazma; Alıştırma Kitabı 2. Milli Eğitim Basımevi. İstanbul 1980.
Der Senator für Schulwesen, Berufsbildung und Sport, Berlin (West) Schul II – AA1 (Hg.): Türkçe Dil ve Okuma Kitabı 4-5. Berlin (West) 1985.

Elisabeth Andeßner, Nilüfer Sözer

Analyse des türkischen und des österreichischen Schulsystems

Auswirkungen auf MigrantInnenkinder

„Vor allem in industrialisierten Gesellschaften wird die Schule bzw. das Ausbildungssystem als der wichtigste Sozialisationsfaktor nach (oder sogar neben) der Familie angesehen. Die Schule soll das Kind auf die Übernahme sozialer Rollen in der Gesellschaft vorbereiten. Es soll kulturspezifisches Wissen und spezielle Kenntnisse und Fertigkeiten erlernen, die von ihm als erwachsenes Mitglied der Gesellschaft erwartet werden. In einer immer stärker industrialisierten Gesellschaft, die gut ausgebildete Arbeitskräfte braucht, wird das System der Ausbildung zusehends wichtiger."[1]

Die Berufs- und Zukunftschancen hängen immer stärker von der Qualität und Art der Ausbildung ab, die Schule wird daher zunehmend zur entscheidenden Instanz für den zukünftigen sozialen Rang. In diesem Zusammenhang wollen wir die Unterschiede zwischen türkischem und österreichischem Schulwesen überblicksmäßig darstellen und die Ursachen für schulische Probleme von MigrantInnenkinder aus der Türkei in Österreich skizzieren.

I. Kurzer Rückblick auf die Geschichte des türkischen Schulwesens

Wie alle Schulsysteme ist auch das türkische durch historische, sozioökonomische und politische Faktoren geprägt, und Schwierigkeiten in diesen Bereichen wirken sich in der Folge auch auf das Schulwesen aus. Die Türkei liegt im Schnittpunkt zwischen der europäisch-christlichen und der islamischen Welt. Diese Gespaltenheit läßt sich sehr gut an der Geschichte des türkischen Schulwesens ablesen.

Im 19. Jahrhundert, während des Osmanischen Reichs, begann man neben den *Medresen* (islamische Hochschulen für Theologie, Jurisprudenz und Literatur) ein modernisiertes, frankreichorientiertes Schulsystem aufzubauen. Wegen der beschränkten Kommunikationsmöglichkeiten und Verkehrsverbindungen war es nicht möglich, dieses neue System in der ganzen Türkei zu verbreiten; deswegen existierten beide Systeme nebeneinander. 1924, nach dem Entstehen der türkischen Republik – verbunden mit einem Einparteiensystem –, wurden durch das Gesetz „*Tevhid-i Tedrisat*" (*Schulsystemseinheit*) die Medresen abgeschafft. Parallel dazu wurde der Religionsunterricht aufgrund der laizistischen Politik der neuen Republik von der Schulpflicht ausgenommen.

Nach dem Zweiten Weltkrieg erfolgte eine Demokratisierung der türkischen Politik, und es entstand ein Mehrparteiensystem. Das hatte aber keine Auswirkungen auf das Schulsystem, dieses wurde nach wie vor zentralistisch geführt. In dieser Zeit wurde der Religionsunterricht wieder in die Schulen integriert, und zwar zuerst in die Volksschulen und auf freiwilliger Basis. Mit der Zeit wurde er auch an den Höheren Schulen übernommen. Nach dem Putsch 1980 erfolgte 1982 eine Verfassungsreform, und der Religionsunterricht wurde wieder Pflicht. Auch theologische Gymnasien (*Imam Hatip Lisesi*) erfuhren eine rasche Verbreitung.

Das türkische Schulsystem begann wieder jene Merkmale anzunehmen, die es vor dem *Tevhid-i Tedrisat* 1924 hatte.[2]

II. Mißstände im türkischen Schulwesen

Vergleicht man den Aufbau des türkischen und des österreichischen Schulsystems (siehe graphische Darstellung im Anhang), so ist zu ersehen, daß beide Systeme einander formal ähnlich sind. Aus diesem Grund möchten wir uns nicht allein auf die formale Ebene beschränken, sondern die Probleme in ihren politischen und sozioökonomischen Zusammenhängen darstellen.

Der Bevölkerungszuwachs ist in der Türkei sehr hoch, und es gibt deshalb eine große Anzahl von schulpflichtigen Kindern. Für das Jahr 2000 wird ein Bevölkerungszuwachs von 40 % prognostiziert (Ausgangsbasis 1986). Die erforderliche schulische Infrastruktur ist jedoch nicht vorhanden, und die Qualität der Ausbildung ist meist unzureichend. Die Gründe dafür sind folgende:

1. Die KlassenschülerInnenzahlen liegen bei bis zu achtzig SchülerInnen, selbst in Städten wie Istanbul, Ankara, Izmir, Bursa, Adana, Icel oder Gaziantep. Die Infrastruktur dieser Städte ist zwar besser als jene in den Städten und Dörfern im Osten, reicht aber für eine flächendeckende Versorgung nicht aus, weil sie durch Migration aus dem Osten überlastet wird. Klassen müssen geteilt und zeitlich getrennt unterrichtet werden. Vor allem an Hauptschulen wird diese Praxis gepflegt, um trotz der hohen SchülerInnenzahlen jedem Kind einen Schulplatz zuweisen zu können.

2. Neue schulische Infrastruktur ist kaum vorhanden. Unterrichtsmaterialien sind sehr teuer, müssen aber privat gekauft werden.

3. Obwohl das türkische Schulgesetz festhält, daß Schlagen verboten ist, wird in der Praxis eine Art von Pädagogik angewendet, die Schlagen und Demütigung von Kindern als erzieherische Maßnahme beinhaltet. Kindern geht so die Lust am Lernen verloren.

4. Es herrscht ein Mangel an Lehrkräften, da dieser Beruf aufgrund seiner niederen Gehälter nicht sehr attraktiv ist und qualifiziertes Lehrpersonal an private Schulen abwandert. Andererseits werden kritische, von der herrschenden politischen Richtung abweichende LehrerInnen gekündigt.

5. Der Anteil des Staatsbudgets für das Schulwesen ist äußerst gering bemessen. 1988 war der Anteil für Verkehrswesen, Energie und Landwirtschaft höher als jener für Gesundheits- und Schulwesen, das heißt, daß die beiden letzten Bereiche für den Staat eine geringe Bedeutung haben. Innerhalb der verschiedenen Schultypen ist die Aufteilung der budgetären Mittel unterschiedlich. Folgende Tabelle zeigt, daß Allgemeinbildende Höhere Schulen (AHS) und Berufsschulen (BHS) den niedrigsten Anteil (im Gegensatz zu industrialisierten Staaten) erhalten.[3]

Staat	Jahr	Volksschule	AHS	BHS	Gesamt: BHS, AHS	Hochschule
Türkei	1986	42,6	11,8	10,8	22,1	26,8
Österreich	1986	17,0	27,4	18,0	45,8	18,8

6. Gymnasien vermitteln eine ungenügende Berufsausbildung, die AbsolventInnen sind daher für den Arbeitsmarkt relativ unqualifiziert. Damit die Berufschancen erhöht werden, muß ein Studium an der Universität absolviert werden. Da aber meist nur Privatschulen und öffentliche Gymnasien, die eine Aufnahmeprüfung verlangen, eine gute Ausbildung garantieren, schaffen meist nur die AbgängerInnen dieser Schulen die Zulassungsprüfungen zum Universitätsstudium.

7. Die gesetzliche Schulpflicht beträgt acht Jahre, in der Praxis verlassen viele SchülerInnen aber bereits nach fünf Jahren die Pflichtschule und steigen als HilfsarbeiterInnen in den Arbeitsmarkt ein. Im Schuljahr 1987/88 besuchten 732.000 SchülerInnen nach der Volksschule die Hauptschule, 551.000 brachen nach der Volksschule ab, d. h. etwa 40 % der SchülerInnen beendeten nach fünf Jahren die Schule.[4] Die Gründe dafür sind ökonomischer Druck und die sich nicht entscheidend verbessernde Qualifikation nach Beendigung der achtjährigen Pflichtschule. Am meisten davon betroffen sind Mädchen.

8. Im türkischen Schulgesetz Paragraph vier steht: „Genellik ve eşitlik ilkesine göre, eğitim kurumları dil, ırk, cinsiyet ve din ayrımı gözetmeksizin herkese açıktır. Eğitimde hiçbirkişiye, aileye, zümreye veya sınıfa imtiyaz tanınmaz."[5] Das bedeutet, daß für alle BürgerInnen die gleichen Bildungschancen bestehen. Diesem Prinzip folgend, darf es keinen Unterschied zwischen Ethnie, Geschlecht, Religion und Klasse geben.

Im Paragraph acht heißt es weiter: „Fırsat ve imkan eşitliği ilkesine göre, eğitimde kadın, erkek herkese fırsat ve imkan eşitliği."[6] Das heißt, alle Menschen besitzen dieselben Möglichkeiten, es gibt keinen Unterschied in der Behandlung von Männern und Frauen. Die Praxis jedoch sieht anders aus. Im türkischen Bildungswesen existieren noch immer sehr große ökonomische, regionale und geschlechtsspezifische Unterschiede (siehe Anhang). Bei der Volkszählung 1985 wurden 9,7 Millionen AnalphabethInnen gezählt, das waren 22,6 % der Gesamtbevölkerung. In der Region Marmara waren es 14,1 %, in Südostanatolien 43,8 %. Von den 9,7 Millionen AnalphabetInnen waren 6,7 Millionen Frauen, d.h. 31 % der Frauen sind Analphabetinnen. Auch hier ist eine unterschiedliche regionale Aufteilung zu bemerken, Südostanatolien liegt aber auch hier mit 76 % an der Spitze. Diese Zahlen machen ersichtlich, daß das Schulgesetz nicht in die Praxis übertragen wird. Frauen sind im ganzen Land, aber besonders in Südost- und Ostanatolien, benachteiligt.

9. Es gibt kaum Berufsschulen, d. h. keinen berufsbegleitenden Unterricht. Im Schuljahr 1988/89 konnten nur 579.000 Jugendliche von 12 bis 21 Jahren (das sind 4 % von 11,9 Millionen Jugendlichen) eine Berufsschule besuchen.[7]

Aus den vorangehenden Ausführungen ist zu ersehen, daß vor allem Kinder aus Unterschichtsfamilien durch die Mißstände des türkischen Schulsystems stark benachteiligt werden. Diese Familien besitzen nicht die nötigen ökonomischen Mittel, um sich gute öffentliche Schulen oder Privatschulen, effizientes Unterrichtsmaterial und außerschulische Nachhilfe leisten zu können. Diese „Privilegien" sind Kindern aus der Mittel- bzw. Oberschicht vorbehalten, da der türkische Staat kaum soziale Unterstützung gewährt.

III. „Vorteile" des österreichischen Schulwesens

Wenn wir die Realität des türkischen und des österreichischen Schulwesens unter Berücksichtigung der unterschiedlichen Ausgangsbasis (wirtschaftliche Grundlagen und flächenmäßige Größe) vergleichen, so stellt sich heraus, daß das österreichische Schulsystem „Vorteile" bietet.

Verglichen mit der Türkei, verfügt Österreich über eine gute schulische Infrastruktur, und es bestehen kaum regionale Unterschiede. Diese Tatsache erlaubt es, von einem einigermaßen „egalitären" Zugang zu Bildung zu sprechen.

SchülerInnen besuchen ausnahmslos neun Jahre lang eine Pflichtschule, der primäre Analphabetismus ist zu vernachlässigen. Der Beruf des Lehrers / der Lehrerin ist ein begehrter Job, allerdings scheitern viele, vor allem engagierte, kritische LehrerInnen am Kampf mit der Institution Schule. Für Mädchen und Buben besteht in der Schule relative Chancengleichheit. Familien mit niederem Einkommen erhalten staatliche SchülerInnenbeihilfen, es gibt Gratisschulbücher, Schulfahrtsbeihilfen und andere finanzielle Hilfestellungen. Die finanzielle Belastung ist „gerechter" aufgeteilt, es gibt eine größere soziale Umverteilung. Das ändert aber nichts an der Tatsache, daß v. a. Kinder aus der Unterschicht die

Hauptschule und den Polytechnischen Lehrgang besuchen. Das sind Schulen, die eine niedere berufliche Qualifikation vermitteln, und AbsolventInnen dieser Schulen haben am Arbeitsmarkt sehr geringe Chancen. Das heißt, auch das „egalitäre" österreichische Schulsystem selektiert auf sozioökonomischer Basis.

Die KlassenschülerInnenhöchstzahlen sind im Vergleich zur Türkei niedrig. Dies impliziert jedoch nicht, daß jedes Kind, das vermehrte schulische Förderung brauchen würde, diese auch tatsächlich bekommt. Die Praxis zeigt, daß die Förderung häufig durch außerschulischen Nachhilfeunterricht gewährleistet werden muß. Sowohl in der Türkei als auch in Österreich sind LehrerInnen einer sozialen Kontrolle unterworfen. In der Türkei gibt es ein Sprichwort: „Eti senin kemiği benim", das bedeutet: „Das Fleisch gehört dir (dem/der Lehrenden), die Knochen gehören mir (den Eltern)". Nachdem Fleisch wertvoller als Knochen ist, bedeutet das, daß Lehrende absolute Autorität besitzen. Diese absolute Autorität der Lehrenden existiert in Österreich nicht. An österreichischen Schulen gibt es zahlreiche Versuche, die Institution durch Einrichtungen wie Elternabend, Schülerparlament, Schülerforum etc. zu demokratisieren. Diese Art der sozialen Kontrolle wirkt sich aber in der Realität nicht immer zugunsten der SchülerInnen aus. Auch an österreichischen Schulen werden Kinder gedemütigt und geschlagen.

IV. Können MigrantInnenkinder die Vorteile des österreichischen Schulsystems nützen?

Für uns stellt sich jetzt die Frage, ob MigrantInnenkinder die Vorteile in den Ausbildungsmöglichkeiten in Österreich nützen können.

In den Wiener Allgemeinen Sonderschulen (ASO) betrug der Anteil an MigrantInnenkindern 1992/93 54 %,[8] dies bedeutet, daß mehr als die Hälfte der SonderschülerInnen Kinder mit nichtdeutscher Muttersprache waren, wobei 90 % dieser Kinder die deutsche Sprache (zum Teil sehr gut) beherrschten.

„Das selektive Schulsystem Österreichs führt dazu, daß soziogen benachteiligte Schüler vorwiegend in jenen Schularten vertreten sind, die niedrige Qualifikationen vermitteln: Dies zeigt sich besonders an dem überproportional hohen Anteil von ‚Gastarbeiterkindern' an der ASO, obwohl durch ein aufwendiges Aufnahmeverfahren in die ASO sichergestellt ist, daß mangelnde Kenntnisse der deutschen Sprache eindeutig als Begründung für eine ASO-Aufnahme ausscheiden."[9]

Nachdem mangelnde Kenntnisse der deutschen Sprache als Kriterium für die Aufnahme in eine Allgemeine Sonderschule nicht ausreichen, trotzdem aber 54 % der „lernschwachen und leistungsbehinderten"[10] SonderschülerInnen MigrantInnenkinder sind, muß man sich fragen, warum sie lernschwach und leistungsbehindert sind. Der Übergang von einer Sozialisationsform (Familie) zur anderen (Schule) hat besonders für MigrantInnenkinder Orientierungsprobleme zur Folge. Für MigrantInnenkinder ist der Eintritt in die Schule oft die erste Konfrontation mit einer Institution, in der ausschließlich die „fremde Kultur" vorherrscht. Die unterschiedlichen Erwartungen und Anforderungen in der Familie und in der Schule führen oft zu großen Spannungen, sowohl in der Familie als auch in der Schule. MigrantInnenkinder sind diesen Spannungen unbeschützt ausgesetzt. Die Eltern können oft die VermittlerInnenrolle zwischen der „privaten Kultur" und der „öffentlichen Kultur" nicht übernehmen, auch sie sind überfordert. MigrantInnenkinder haben also zusätzlich zum Sprachproblem eine Reihe weiterer Handicaps zu tragen, was sich natürlich in den schulischen Leistungen niederschlägt. Wurde ein Kind einmal der ASO zugewiesen, gibt es in der Praxis so gut wie keine Chance mehr, in eine andere Schulform zurückzukehren. Das erweist sich als besonders schlimm, da SonderschulabgängerInnen angesichts der jetzigen Wirtschaftslage so gut wie keine Chance haben, einen Lehrplatz zu bekommen. Trotz verschiedenster Fördermaßnahmen (BegleitlehrerInnen, muttersprachlicher Zusatzunterricht, integrative AusländerInnenkinderbetreuung) schaffen die meisten MigrantInnenkinder nicht einmal den Pflichtschulabschluß in der vorgeschriebenen Zeit. Im Schuljahr 1992/93 besuchten 40 % der VolksschulabgängerInnen die Hauptschule, wobei in Wien der Anteil der MigrantInnenkinder in den Hauptschulen 38 % betrug.[11] Schulische Hilfestellungen können also nur dann effektiv sein, wenn die Benachteiligungen im sozialen und legislativen Umfeld der betroffenen Kinder und Jugendlichen aufgehoben werden. Nach Beendigung der Pflichtschule beginnen nur sehr wenige MigrantInnenkinder eine Lehre. Dabei spielen sowohl die mangelhafte Information (v.a. die der Eltern) und die schlechten schulischen Leistungen als auch die ablehnende und rassistische Haltung (die auch staatlich gefördert wird, siehe Fremdengesetz, Aufenthaltsgesetz) vieler Betriebe gegenüber Lehrlingen aus MigrantInnenfamilien eine Rolle. Einer der wichtigsten Faktoren ist aber die aktuelle wirtschaftliche Lage und die Situation am Arbeitsmarkt. Laut Auskunft des Arbeitsamtes Jugendliche[12] haben MigrantInnenkinder dann Zugang zum Lehrstellenmarkt, wenn sie länger als drei Jahre mit ihren Eltern in Österreich leben und voll integriert[13] sind. Die Integration, Eignung und schulische Leistung werden am Arbeitsamt durch die BetreuerInnen überprüft. Erfüllen ausländische Jugendliche die vorgeschriebenen Bedingungen, wird eine Beschäftigungsbewilligung[14] erteilt, es tritt aber die arbeitsmarktpolitische Stellungnahme in Kraft: Es werden nur dorthin MigrantInnenkinder vermittelt, wo Lehrlingsmangel herrscht. MigrantInnenkinder haben also keinen Zugang zu bevorzugten Lehrstellen, sie können nur in Branchen Fuß fassen, die mit schlechter Bezahlung und schlechtem Image verbunden sind (v.a. im Dienstleistungs-, Bau- und Baunebengewerbe).

Die aus sozioökonomischen Gründen nach Österreich migrierten „GastarbeiterInnen" kommen meist aus der türkischen Unterschicht. Auf dem österreichischen Arbeitsmarkt sind sie vorwiegend in Positionen mit schlechten Arbeitsbedingungen und schlechter Bezahlung zu finden, in Berufen, die InländerInnen nicht ausüben wollen. Das wurde zum Teil mit dem niederen Ausbildungsniveau legitimiert, das diese ArbeitnehmerInnen aus ihrer Heimat mitbrachten. Die „zweite Generation" besuchte zum größten Teil österreichische Schulen, wird aber am Arbeitsmarkt in dieselben Positionen abgedrängt wie ihre Eltern. Das bedeutet, daß das Bildungsdefizit der „zweiten Generation" aus dem österreichischen Schulsystem stammt. Wegen ihrer Schichtzugehörigkeit fanden diese Familien in der Türkei keinen Zugang zu guten Ausbildungs- und Arbeitsmöglichkeiten, dasselbe gilt für diese Familien auch in Österreich.

V. Bedeutung des Vereins *Miteinander Lernen* für MigrantInnenkinder aus der Türkei

Die Lernhilfe im Verein *Miteinander Lernen* findet an vier Nachmittagen in der Woche statt. Die Kinder sind in zwei Gruppen aufgeteilt, die zeitlich getrennt betreut werden, wobei die Gruppeneinteilung nach Schulstufen erfolgt. In jeder Gruppe sind maximal 15 Kinder, wobei auf der Warteliste ca. 30 Kinder stehen. Die Anzahl der betreuten Kinder ist deshalb so gering, weil aufgrund unserer finanziellen Probleme die Anstellung zusätzlicher Betreuerinnen unmöglich ist. Seit 1991 nehmen wir bevorzugt Mädchen auf, da diese in den Familien oft weniger Förderung erfahren und ihnen meist sehr viele familiäre Verpflichtungen (Hausarbeit, Beaufsichtigung von Geschwistern usw.) aufgebürdet werden. Die Betreuung erfolgt durch eine Mitarbeiterin mit türkischer und zwei Mitarbeiterinnen mit deutscher Muttersprache.

Die Lernhilfe ist nicht nur beschränkt auf Volks- und HauptschülerInnen, sondern wir haben auch Kinder aus ASO und AHS bzw. BHS. Die Bandbreite ist deshalb so groß, weil wir besonderen Wert auf Betreuungskontinuität legen. Die meisten Kinder lernen bereits seit der Volksschule bei uns und können unsere Lernhilfe auch nach einem Übertritt in eine ASO oder eine höhere Schule weiter besuchen.

Die Kinder bekommen einerseits Aufgabenhilfe, besondere Förderung bei Problemgegenständen, gezielte Vorbereitung für Schularbeiten und Tests und spezielle Sprachförderung für Deutsch, andererseits können sie nach Erledigung des „Lernpensums" spielen (Bastelarbeiten, Puzzlespiele, Brettspiele, Bewegungsspiele). Die Möglichkeit, in der Lernhilfe „betreut" zu spielen, ist für die Kinder besonders wichtig, da sie zu Hause diese Chance kaum besitzen (fehlende Zeit der Eltern; nicht vorhandene pädagogische Spielmaterialien, welche oft auch den Eltern fremd sind).

Als weitere Hilfestellungen bieten wir den Eltern Informationsabende bezüglich Aus- und Weiterbildungsmöglichkeiten für ihre Kinder an (Informationen über verschiedene Schultypen, Beratung nach Beendigung der Hauptschule, rechtliche Situation bei der Lehrlingsausbildung usw.), und wir bemühen uns auch, den Fähigkeiten der Kinder entsprechende Ausbildungsmöglichkeiten zu finden und ihre Eltern darüber zu beraten. Unsere Hauptaufgabe sehen wir jedoch in der Vermittlerinnenrolle zwischen Schule – Kind, Eltern – Kind und Eltern – Schule, um das Aufeinanderprallen der zwei verschiedenen Sozialisationsprozesse (MigrantInnenfamilie – österreichische Schule) für die Kinder etwas zu mildern. Für uns ist es insofern relativ leicht, diese Vermittlerinnenrolle zu erfüllen, als wir bevorzugt Kinder in die Lernhilfegruppen aufnehmen, deren Mütter (bzw. Eltern) in irgendeiner Form mit dem Verein verbunden sind (Kursteilnehmerinnen, Sozial- und FamilienberatungsklientInnen, Gesprächsrundenteilnehmerinnen) und wir mit der Problematik von MigrantInnenfamilien aus der Türkei aufgrund der ganzheitlichen Betreuung vertraut sind. Wegen der ganzheitlichen Betreuung im Verein *Miteinander Lernen* bevorzugen wir außerdem Kinder, die im Verein die Kindertherapie besuchen.

Die gleichberechtigte Zusammenarbeit zwischen Mitarbeiterinnen aus der Türkei und aus Österreich hat auch einen Vorbildcharakter sowohl für die Lernhilfekinder als auch für deren Eltern. Von diesen Mitarbeiterinnen bekommen die Kinder Anerkennung und Lob für schulische Leistungen, was für die Kinder sehr wichtig ist, da ihre Arbeiten meist weder in der Familie noch in der Schule anerkannt werden.

Wie man sieht, sind wir nicht nur Helferinnen bei der Hausaufgabe, sondern wir arbeiten auf vielen verschiedenen Ebenen!

Die meisten unserer Lernhilfekinder sind in Österreich geboren, sind also „zweite Generation". Ungefähr die Hälfte der Kinder hat in Österreich einen Kindergarten besucht und dort auch Deutsch gelernt. Die Kinder, die keinen Kindergarten besuchen konnten, haben meist erst in der Schule Deutsch gelernt. Die Eltern streben für ihre Kinder, egal ob Mädchen oder Buben, einen „guten Beruf" an, d. h. entweder die Beendigung einer Lehre oder die Absolvierung eines Universitätsstudiums. Aus unserer Lernhilfeerfahrung wissen wir, daß die Eltern vorwiegend aus Dörfern in der Westtürkei und der Schwarzmeerregion kommen und ein niedriges Bildungsniveau (vorwiegend HilfsarbeiterInnen) haben. Die meisten Mütter können schlecht Deutsch, die Väter etwas besser (aufgrund der Konfrontation mit der Sprache in der Arbeit). Die fehlende Sprachkompetenz der Mütter macht es ihnen unmöglich, ihren Kindern bei den Hausaufgaben zu helfen, sodaß die meisten Kinder von der Lernhilfe abhängig sind. Weder Kinder noch Eltern haben intensive private Beziehungen zu ÖsterreicherInnen, die Kinder haben aber oft mehr Kontakte zur „fremden österreichischen Außenwelt" als ihre Eltern.

Manche Eltern wünschen, daß ihre Kinder in der Türkei in die Schule gehen, einerseits weil sie die Absicht (oder den Wunsch) haben, bald wieder in die Türkei zurückzukehren, andererseits weil sie ihre Kinder nicht mit zwei unterschiedlichen Kulturen konfrontieren wollen. Die meisten Kinder hingegen können sich nicht vorstellen, in der Türkei die Schule zu besuchen. Viele der Kinder haben das Bild des/der „strengen" türkischen Lehrers/Lehrerin, der/die ihre SchülerInnen schlägt, vor Augen. Vor allem älteren Kindern ist auch bewußt, daß, wenn die Familie in die Türkei zurückkehrt, sie an die Peripherie ziehen wird, wo ihre Eltern aufgewachsen sind, und daß es dort kaum Schulen gibt, wo sie ihre „zweite" Muttersprache (Deutsch) weiterlernen könnten. Andere Kinder könnten sich hingegen vorstellen, in der Türkei die Schule zu besuchen, vor allem deshalb, weil sie dann „ihre" Sprache sprechen könnten und nicht mehr fremd wären. Besonders die Kinder, die ein oder mehrere Jahre in der Türkei zur Schule gegangen sind, äußern sich dazu sehr ambivalent: Einerseits sagen sie, daß sie lieber in Österreich in die Schule gingen, weil hier die LehrerInnen netter seien und es weniger „streng" sei, andererseits vermissen sie die Vertrautheit ihrer „Heimat". Ein 14jähriges Mädchen formulierte das so: „Wenn ich in der Türkei bin, möchte ich in Österreich sein; wenn ich in Österreich bin, wünsche ich mich in die Türkei zurück."

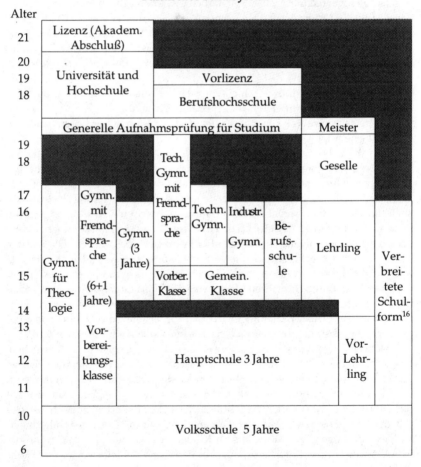

Türkisches Schulsystem[15]

Österreichisches Schulsystem[17]

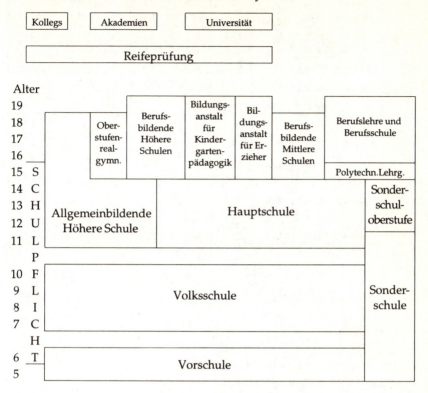

Regionale und geschlechtsspezifische Unterschiede des türkischen Bildungswesens[18]

Region	Ge-schlecht	Bevölke-rung	Anal-phabe-tInnen	VS nicht absolv.	VS absolv.	HS absolv.	AHS absolv.	BHS absolv.	UNI absolv.
Türkei	gesamt	100,0	22,6	18,5	43,4	6,6	4,3	2,1	2,2
	Frauen	100,0	31,8	18,0	39,4	4,5	3,5	1,5	1,1
	Männer	100,0	13,5	18,8	47,6	8,4	5,4	2,7	3,3
Südost	gesamt	100,0	43,8	19,6	27,5	4,1	2,5	1,0	1,1
	Frauen	100,0	60,3	16,8	18,2	1,9	1,3	0,6	0,4
	Männer	100,0	28,0	22,7	36,5	6,1	3,9	1,3	1,7
Marmar	gesamt	100,0	14,1	16,5	48,5	8,5	6,2	2,7	3,2
	Frauen	100,0	20,6	17,0	46,0	6,8	5,5	2,1	1,8
	Männer	100,0	13,1	19,4	49,1	7,8	5,2	2,3	2,8

Region	Ge-schlecht	Bevölke-rung	Anal-phabe-tInnen	VS nicht absolv.	VS absolv.	HS absolv.	AHS absolv.	BHS absolv.	UNI absolv.
Ägäis	gesamt	100,0	18,6	16,9	49,3	6,2	4,1	2,5	2,3
	Frauen	100,0	26,5	16,7	45,5	4,4	3,5	1,8	1,2
	Männer	100,0	10,9	17,0	52,9	7,9	4,7	3,1	3,3
Inner-anatolien	gesamt	100,0	18,3	17,9	45,1	7,4	5,4	2,5	3,0
	Frauen	100,0	26,2	17,8	42,9	5,1	4,3	1,7	1,6
	Männer	100,0	10,4	18,0	47,4	9,6	5,5	3,3	4,4
Ostana-tolien	gesamt	100,0	35,4	20,0	33,6	4,8	3,3	1,3	1,2
	Frauen	100,0	49,4	18,0	26,8	2,6	1,7	0,7	0,4
	Männer	100,0	21,9	21,9	40,1	7,3	4,9	1,8	1,9
Schwarz-meer	gesamt	100,0	24,6	20,8	43,2	5,1	3,0	1,8	1,3
	Frauen	100,0	33,8	20,3	39,1	3,0	2,0	1,1	0,5
	Männer	100,0	14,8	21,3	47,6	7,3	4,0	2,6	2,1

Anmerkungen

1 TERZIOĞLU 1993: 35.
2 Vgl. ANA BRITANNICA 1987: 35 ff.
3 BALOĞLU 1990: 108, Tabelle 80 (in Prozent).
4 BALOĞLU 1990: 116.
5 A.a.O.: 12.
6 Ebda.
7 Vgl. A.a.O.: 139.
8 WEIDINGER/GRÖPEL 1992: 6.
9 Ebda.
10 Vgl. BMUK (Hg.): Bildungswege in Österreich.
11 WEIDINGER/GRÖPEL 1992: 6.
12 Telefonat vom 16.3.1994.
13 BUNDESGESETZBLATT 466; BUNDESGESETZBLATT 838.
14 AUSLÄNDERBESCHÄFTIGUNGSGESETZ § 4.
15 Vgl. BALOĞLU 1990: 198.
16 Damit sind außerschulische Weiterbildungsmöglichkeiten wie Volkshochschulkurse gemeint.
17 Vgl. BMUK: Bildungswege in Österreich.
18 Vgl. BALOĞLU 1990: 37, Tabelle 17.

Literatur / Kaynakça

ANA BRITANNICA: Genel kültür ansiklopedisi. Cilt 8. İstanbul 1987.

BUNDESGESETZBLATT 466: Regelung des Aufenthalts von Fremden in Österreich. Wien 1992.

BUNDESGESETZBLATT 838: Erlassung des Fremdengesetzes und Änderung des Asylgesetzes 1991 sowie des Aufenthaltsgesetztes (Fremdengesetz). Wien 1992.

AUSLÄNDERBESCHÄFTIGUNGSGESETZ – AuslBg in der Fassung BGBL. Nr. 450/1990 ab 1.10.1990.

BALOĞLU, Zekai: Türkiye'de Eğitim – Sorunlar ve Değisime Yapısal Uyum Önerileri. İstanbul 1990.

BUNDESMINISTERIUM FÜR UNTERRICHT UND KUNST (BMUK): Bildungswege in Österreich. 16. Auflage.

BUNDESMINISTERIUM FÜR UNTERRICHT UND KUNST (BMUK): Schulimage – Selbstbild und Öffentlichkeitsbild der Schule im Spannungsfeld von Schülerinnen und Schülern, Eltern und Lehrerinnen und Lehrern. Wien 1990.

BUNDESMINISTERIUM FÜR UNTERRICHT UND KUNST (BMUK)/ÖSTERR. STATISTISCHES ZENTRALAMT (Hg.): Österreichische Schulstatistik 92/93. Heft 42.

A.A.: Jugendbeauftragter des Sozialministeriums Gerstbauer: Qualifikation erhöht Berufsaussichten. In: Report – Zweisprachiges Informationsmagazin für interkulturelle Kommunikation, Nr. 1 (Oktober). Wien 1993: 36-37.

SCHULEN DES BFI/ZENTRALES BILDUNGSREFERAT DER GPA: Dokumentation: Arbeitstagung – Maßnahmen zur Förderung und Integration von SchülerInnen mit nicht-deutscher Muttersprache. 23./24. Februar 1991.

TERZIOĞLU, Tansel: Türkische Jugendliche in Vorarlberg. In: Report – Zweisprachiges Informationsmagazin für interkulturelle Kommunikation, Nr. 1 (Oktober). Wien 1993: 34-35.

WEIDINGER, Walter/GRÖPEL, Wolfgang: Die Wiener Pflichtschulen – Stätte kultureller Begegnung. Schuljahr 1992/1993, Stand: Oktober 1992. Stadtschulrat für Wien.

Elisabeth Andeßner, Nilüfer Sözer

Avusturya ve Türk Eğitim Sistemlerinin İncelenmesi

Bu Eğitim Sistemlerinin Türkiye'li Göçmen Aile Çocukları Üzerindeki Etkileri

„Özellikle sanayi ülkelerinde, eğitim, aile kurumundan sonra (veya onunla birlikte) en önemli toplumsallaşma etmeni olarak görülmektedir. Okul, ilerideki toplumsal rollerini üstlenebilmesi için çocuğu hazırlamalıdır. Çocuğun, toplumun yetişkin üyelerinden beklediği kültürü ve özel bilgileri edinmesi, becerilerini geliştirmesi gerekir. Artan bir ivme ile eğitilmiş iş gücüne sürekli gereksinim duyan endüstrileşmiş toplumlarda, eğitim sisteminin önemi oldukça büyüktür."[1]

Gelecekteki meslek şansı, yapılan eğitimin kalitesine ve türüne sıkı sıkıya bağlıdır. Bu nedenle de okul, kişinin sosyal durumu konusunda belirleyici ‚mercii' lerden biri olmaktadır. Bu bağlamda isteğimiz, Türk ve Avusturya Eğitim sistemleri arasındaki benzerliklere ve farklılıklara göz atmak ve Türkiyeli çocukların Avusturya okullarındaki sorunlarını, bu sorunların nedenlerini ana hatlarıyla ortaya koymaktır.

I. Türk Eğitim Sisteminin Tarihine Kısa Bir Gözatış

Tüm eğitim sistemleri gibi, Türk eğitim sistemi de, tarihsel, siyasal, toplumsal ve ekonomik etmenlerin ürünüdür. Dolayısıyla, bu alanlardaki sorunlar eğitim sistemine de yansımaktadır.

Hristiyan Avrupa ile İslam alemi arasında yer alan Türkiye'nin eğitim sistemi tarihçesine göz atıldığında, bu iki ayrı dünyanın etkilerini – her alanda olduğu gibi –, bu alanda da görmek olasıdır.

19.yy.'da İslam Ortaçağının eğitim kurumu olan medresenin yanısıra, batılı (Fransa eğitim sistemi örnek alınarak) eğitim kurumları da oluşmaya başladı. Ama, Osmanlı Devletinin o dönemdeki haberleşme ve ulaşım olanaklarının kısıtlılığı nedeniyle, bu kurumların tüm imparatorluğa yayılması mümkün olmadı. Dolayısıyla medreselerde yeni düzenlemelere gidilmediğinden iki eğitim sistemi yan yana varlığını sürdürdü.

Tek partili Cumhuriyet yönetiminin, eğitim alanındaki en köklü düzenlemesi, 1924'te çıkarılan Tevhid-i Tedrisat Kanunu'yla medreseleri kapatarak ikili sisteme son vermesi oldu. Buna koşut olarak din öğretimi, eğitim sistemi dışına çıkarıldı ve eğitim sistemi cumhuriyetin laiklik ilkesiyle tutarlı duruma getirildi.

II. Dünya Savaşı sonrasında, Türkiye'nin yeni dış ilişkileri ve çok partili rejim çerçevesinde eğitim sisteminin merkeziyetçi niteliğ değişmedi. Yalnızca din öğretimi yeniden eğitim sistemine girdi. Önce ilköğretim düzeyinde ve isteğe bağlı olarak başlayan din eğitimi, zamanla üst düzeydeki okullara da girdi ve 1982 anayasası ile zorunlu kılındı. Ayrıca, İmam Hatip Okullarının hızla yaygınlaştırılması ve bu okulların mezunlarına din görevleri dışındaki meslek alanlarına ve okullara da girme olanağının tanınmasıyla, Türkiye'de eğitim sistemi ikili bir yapının özelliklerini yeniden göstermeye başladı.2

II. Türk Eğitim Sistemindeki Eksiklikler

Türk ve Avusturya eğitim sistemlerine ait grafikleri incelediğimizde, iki eğitim sisteminin biçim olarak pek de farklı olmadığını görürüz.

Bu nedenle, eğitim sisteminin biçimsel yönüne ağırlık vermektense, uygulamada ortaya çıkan sorunlara, politik ve ekonomik bağlantıları içinde eğilmeyi daha uygun buluyoruz:

1. Endüstrileşmiş ülkelerde nüfus artışı yok denecek kadar azken, Türkiye'de hızlı bir artış söz konusudur. Bu artışın 2000 yılında % 40'a ulaşacağı tahmin edilmektedir (1986 yılı temel alınmıştır). Genç nüfusun çokluğu, eğitimin her bölümünde sayısal patlamaya neden olmuştur. Genç nüfusun artan eğitim talebi karşılanamamaktadır, karşılansa bile arzulanan niteliğe ulaşamamaktadır. Bunun başlıca nedenlerini şöyle sıralayabiliriz:

• Kentlerde okulların % 71'inde, köylerde ise % 17'sinde İkili Öğretim (kabarık sayıdaki öğrencilere, derslerin öğleden önce ve öğleden sonra olmak üzere iki ayrı grup halinde verildiği düzen) uygulanmaktadır. Bu uygulama en çok ortaöğrenimi kapsamaktadır. İkili öğretime rağmen kalabalık sınıflar sorunu önemini korumaktadır (kimi okullarda sınıflardaki öğrenci sayısı 70 – 80'e ulaşmaktadır). Bu sorunun en belirgin olduğu iller İstanbul, Ankara, İzmir, Bursa, Adana, İçel ve Gaziantep'tir. Bu illerin ortak özelliği, köylerden şehirlere göçün ağırlığını taşımalarıdır.

• Okul binaları, araç ve gereçleri çağdaş gereksinime yanıt verecek düzeyde değildir.

• Çocukları aşağılayıcı, çoğu zaman dayağa dayalı bir çocuk eğitimi uygulanmaktadır. Bu nedenle çocukların öğrenme istekleri yokedilmektedir.

• Öğretmen sorunu: Bu sorun da kendi içinde ikiye ayrabiliriz.Birincisi; öğretmen ödentilerinin düşüklüğü nedeniyle bu mesleğin çekici olmaktan çıkması, çalışan öğretmenlerden bir çoğunun da, hükümet politikasına uymadıkları için istifaya zorlanması nedeniyle ortaya çıkan, öğretmen sayısındaki yetersizlik sorunu. İkincisi ise, nitelikli öğretmen sayısının azlığı ve bu az sayıdaki nitelikli öğretmenlerin büyük bir kısmının da kolejler ve özel okullar tarafından kapılması.

2. Devlet bütçesi içinde eğitime ayrılan paylar büyüyeceği yerde küçülmüştür. Örneğin 1988'deki bütçede eğitimin yeri, ulaştırma, enerji ve tarımdan sonra, sağlık ile birlikte en geri plandadır. Başka bir deyişle devlet için eğitim en ucuz ve en geride hizmet olarak görülmüştür.

Kaynakların kullanımında bir dengesizlik vardır. Bir çok ülkede ortaöğretime yükseköğretimden daha büyük pay ayrılırken, Türkiye'de durum tam tersinedir.[3]

Ülke	Yıl	İlkokul	Genel eğt.	Meslek eğt.	Toplam	Yüksek eğt.
Türkiye	1986	42,6	11,8	10,8	22,1	26,8
Avusturya	1986	17,0	27,4	18,0	45,8	18,8

Türkiye'de yükseköğretim öncesi eğitimin yetersizliği ve iş yaşamına hazırlamayışı, yükseköğretimi çekici hatta zorunlu kılan bir etkendir. Gelgelelim üniversite giriş sınavlarını kazananların çoğu da, nispeten iyi eğitim sunan Özel ve Anadolu Liselerinden mezun olmuş gençlerdir. Bu nedenle üniversite kapılarında korkunç bir yığılma oluşmaktadır.

3. Türk eğitim sisteminde 8 yıllık temel eğitim bütünleştirilememiştir. Türkiye'de, yasal olarak, temel eğitimin 5 yıllık ilkokullarla 3 yıllık ortaokullardan oluşması öngörülmüşse de, 1987/88 ders döneminde ilkokuldan sonra 732 bin öğrenci temel eğitimin ikinci kademesine geçerken, 551 bin çocuk bu fırsatı elde edemeyerek çalışmaya başlamak zorunda kalmıştır. Yani öğrencilerin % 40'ı, 5 yıllık eğitimden sonra okula devam etmemiştir. Bunun en önemli nedenleri; ekonomik zorluklar ve 8 yıllık temel eğitimin meslek edinme şansını yükseltmemesidir. Eğitimini yarıda kesen kız çocukların oranı, erkek çocuklara oranla daha fazladır.

4. Milli Eğitim Temel Kanunun 4. maddesi şöyledir: „Genellik ve eşitlik ilkesine göre, eğitim kurum-ları dil, ırk, cinsiyet ve din farkı gözetmeksizin herkese açıktır. Eğitimde hiçbir kişiye veya sınıfa imtiyaz tanınmaz"[4]. Madde 8'de ise şöyle yazmaktadır: „Fırsat ve imkan eşitliği ilkesine göre, eğitimde kadın, erkek herkese fırsat ve imkan eşitliği sağlanır [...]"[5] Fazla yoruma girmeden ilişikteki 1985 genel nüfus sayımında ortaya çıkan, Türkiye ve bölgelerindeki 6 ve daha yukarı yaştaki nüfusun okuryazarlık, bitirilen son öğretim kurumu ve cinsiyete göre dağılım oranlarını gösteren, ekteki tabloya bir göz atmak daha uygun olacaktır.

Tabloda görüldüğü üzere 1985 Genel Nüfus Sayımında 9,7 Milyon kadın-erkek vatandaşımız okuma-yazma bilmediğini bildirmiştir. Okuma yazma bilmeyenlerin oranı ülke genelinde % 22,6 iken bu oran Marmara'da % 14,1, Güney Doğu Anadolu'da % 43,8 dir. Okur yazar olmayan kadın sayısı 6,7 Milyondur. Bu da toplam kadın nüfusunun % 31'idir. Bu oran bölgelere göre de değişiklik göstermektedir, örneğin Güney Doğu'da % 76 lara ulaşmaktadır. Bu sayısal veriler de göstermektedir ki, yukarda sözü edilen kanun maddeleri kağıt üzerinde kalmaktadır. Kadınların okullaşma oranı, Güney Doğu Anadolu ve Doğu Anadolu başta olmak üzere, tüm ülkede erkeklerin gerisindedir.

5. Meslek eğitiminin ön koşulu olan, meslek-eğitim-belge bağlantısı gerçekleştirilemediği ve bu bağlantıyı kuracak sanayi-eğitim işbirliği kurumlaştırılamadığı için meslek eğitimi sanayiden kopuk olarak düzenlenmiş, çeşidi artırılamamış, yaygın meslek eğitimi yetersiz, dağınık ve çok sınırlı kalmıştır. Bu gün örgün eğitim sisteminde seçilen meslek eğitim modeli ile 12 – 21 yaş arası gençler için tüm meslek liselerinde 531 bini ortaöğretim, 48 bini de ara insan gücü düzeyinde olmak üzere yalnızca 579 bin kişilik (1988/1989 Okul dönemindeki 11,9 milyon gençten yalnızca % 4'ü), çok sınırlı meslek eğitimi gerçekleştirilebilmiştir.[6]

Yukarıda sözü edilenlerden anlaşılacağı gibi, alt sınıf aile çocukları, Türk Eğitim Sisteminin sorunlarından en fazla etkilenenlerdir. Alt sınıf aileleri, çocuklarını daha iyi devlet veya özel okullara gönderebilecek, ve onlara daha yeterli eğitim araçları sağlayabilecek, özel öğretmen tutabilecek ekonomik olanaklardan yoksundurlar. Devlet hemen hemen hiç sosyal destek sağlamadığından, bu „ayrıcalıklar", ancak orta sınıf ve üst sınıf ailelerinin çocuklarına „özgü" olarak kalmaktadır.

III. Avusturya Eğitim Sisteminin „Sağladıkları"

Türk ve Avusturya eğitim sistemlerini (Türkiye'nin gelişmekte olan bir ülke, Avusturya'nın ise sanayileşmiş bir ülke olduğunu gözden kaçırmadan) karşılaştırdığımızda, Avusturya eğitim sisteminin uygulamada göreceli „daha iyi" olduğu gerçeği ile karşılaşırız:

Türkiye'ye göre Avusturya eğitim sisteminde „eşitlikçi" bir yaklaşım egemendir. Eğitim alanında yeterli bir alt yapının varlığından söz edilebilir. Türkiye'dekinin tam tersine bölgesel farklılık yok denecek kadar azdır.

Öğrencilerin , ayrıcalıksız hepsi 9 yıllık temel eğitimi bitirmek zorundadır. Okuma yazma bilmeyen yoktur.

Öğretmenlik mesleği arzu edilen bir meslektir. Ama gene de, okul kurumu ile savaşmaktansa mesleklerine son vermeyi yeğleyen öğretmenlere rastlanmaktadır.

Erkek ve kız çocukları, eğitim sisteminde göreceli aynı şansa sahiptirler. Gelir düzeyi düşük ailelere, devlet yardımı yapılmaktadır. Öğrencilerin, kamu ulaşım araçlarından parasız yararlanma hakları vardır. Okul kitapları da, öğrencilere parasız olarak dağıtılmaktadır. Kısacası ailelerin üzerindeki finansal yük azaltılmıştır. Toplumsal anlamda eşit bir dağılımdan söz edilebilir. Ama bu dağılım eşitliği, alt sınıf çocuklarının eğitim düzeyi düşük olan (orta okul ve politeknik meslek dalı gibi) okullara gitmesi gerçeğini değiştirmemektedir. Bu okul mezunlarının, iş piyasasındaki şansları düşüktür. Bundan da anlaşılacağı üzre, "eşitlikçi" Avusturya Eğitim sistemi de sosyo-ekonomik bazda seçici davranmaktadır.

Sınıflardaki öğrenci sayısı, Türkiye'deki ile kıyaslandığında oldukça düşüktür. Ama bu, özel ilgiye gereksinim duyan her çocuğun, gereken ilgiyi bulduğu anlamına gelmez. Uygulamada, öğrencilerin hiç de az olmayan oranda özel ders almaları, bu gerçeği doğrulayan bir noktadır.

Hem Avusturya'da hem de Türkiye'de, öğretmenler, toplumsal bir denetimle karşı karşıyadırlar. "Eti senin, kemiği benim" atasözü, Türkiye'de öğretmenlerin görece bir yetkesinin varlığını vurgularken, Avusturya'da böylesine bir yetkeden pek söz edilemez. Okul içi demokrasi konusunda, Avusturya'daki girişimler daha fazla ve yaygındır (Aile toplantıları, Öğrenci parlamentosu, Öğrenci forumu gibi). Ama bu toplumsal denetim, çoğu zaman çocukların zararına işlemektedir. Ayrıca, Avusturya okullarında da çocuklar aşağılanmakta ve dövülmektedir.

IV. Göçmen Aile Çocukları Avusturya Eğitim Sistemininin Sağladıklarından Yararlanabiliyorlar Mı?

Avusturya ve Türk Eğitim sistemlerine kısa bir göz attıktan sonra, aklımıza hemen şöyle bir soru takılıyor; "Göçmen aile çocukları Avusturya'daki görece ,daha iyi' eğitim olanaklardan acaba yararlanabiliyorlar mı?".

1992/93 okul döneminde Viyana "Özel Okul"larındaki (*Sonderschulen*) göçmen aile çocuklarının oranı % 54 olarak belirlenmiştir [7]. Bu oran, bu okullardaki öğrencilerin yarıdan fazlasını, ana dili almanca olmayan çocukların oluşturduğu gerçeğini dile getirmektedir (bu çocuklarin % 90' ının almanca dili ile hiç bir sorununun olmadığı, hatta bir kısmının oldukça iyi almanca bildiği gerçeğine rağmen).

"Avusturya'daki eleyici eğitim sistemi, toplumsal zarara uğramış öğrencilerin çoğunlukla düşük nitelikli okullara gitmelerine neden olmaktadır: Almanca eksikliğinin, Özel Okullara (*Sonderschulen*) alınmak için bir neden olmamasına rağmen, göçmen aile çocuklarının – yüksek oranda – bu okullarda okuması bu durumun en önemli göstergesidir."[8]

Almanca eksikliğinin, bu okullara alınmak için bir gerekçe olmamasına rağmen % 54 oranındaki "öğrenmesi zayıf ve başarısız"[9] Özel Okul (*Sonderschule*) öğrencilerinin göçmen aile çocuklarından oluşması , bunca göçmen aile çocuğunun, neden "öğrenmesi zayıf ve başarısız olduğu" sorusunu akla getirmekte.

Bir toplumsallaşma biçiminden (*Aile*) diğerine (*Okul*) geçiş – özellikle göçmen aile çocukları için – yönelim sorunları doğurmaktadır. Göçmen aile çocukları için okul, "yabancı kültür" ile yüzyüze geldikleri ilk kurumdur. Ailedeki ve okuldaki farklı istek ve beklentiler, hem okulda hem de evde büyük gerginliklere neden olmaktadır. Çocuklar, korunaksız bir durumda bu gerginliğin içine itilmişlerdir. Aileler de, yeterince sorunlar içinde boğulduklarından, „özel kültür" ve „kamusal kültür" arasındaki aracılık rolünü üstlenemez durumdadırlar. Kısacası çocuklar dil sorununun yanında, bir dolu başka sorunu da yüklenmek zorunda kalmışlardır. Doğal olarak tüm bunlar çocuğun okuldaki başarısını olumsuz yönde etkilemektedir. Bir çocuğun Özel Okul'a (*Sonderschule*) bir kez gönderilmesi demek, uygulamada, daha nitelikli bir okula geçme şansının yok denecek kadar az olması anlamına gelmektedir. Bu okullardan mezun olan çocukların ise, var olan ekonomik konumda herhangi bir meslek eğitimi olanağı yaratabilme şansı sıfırdır.

Birçok farklı özendirme çabalarına (derslere eşlik eden öğretmenlere, anadildeki ek derslere ve bütünleştirici nitelikteki yabancı çocuklar için yardıma) rağmen, birçok göçmen aile çocuğu öngörülen sürede, temel eğitimi bitirememektedir.

Viyana'da 1992/93 okul döneminde tüm ilkokul öğrencilerinin % 40'ı ortaokula devam etmek durumunda kalmıştır. Yine bu dönemde, ortaokullardaki göçmen aile çocuklarının oranı % 38 dolaylarındadır.[10] Okuldaki yardımların yararlı olabilmesinin tek koşulu, çocukları çevreleyen toplumsal ve yasal olumsuzlukların ortadan kaldırılmasıdır.

Temel eğitimi bitirdikten sonra, çok az sayıda göçmen aile çocuğu meslek eğitimine başlayabilmektedir. Bunun başta gelen nedenleri, özellikle ailelerin eğitim ve öğretim olanaklarından haberdar olmaması, başarısız temel eğitim süreci, birçok işletmenin, göçmen ailelerden gelen çırak gençlere – Yabancılar Yasası ve Oturma Yasası gibi yasalarla, devletçe de desteklenen – geri çevirici ve ırkçı yaklaşımlarıdır.

Başka bir etmen de, güncel ekonomik konum ve iş piyasasındaki durumdur. İş ve İşçi Bulma Kurumu'nun Gençlik Bölümü'nden[11] aldığımız bilgiye göre; göçmen aile çocuklarının, bir iş koluna yerleştirilebil-meleri için şu koşulları doldurmaları gerekmektedir: En az 3 yıldır Avusturyada yaşamak ve tam olarak bu toplumla bütünleşmiş olmak.[12] Bütünleşme, uyum ve okul başarı durumu İş ve İşçi Bulma Kurumu'ndaki memurlar tarafından denetlenecektir. Ancak bundan sonra, genç çalışma iznine sahip olabilir.[13] Ama gene de, çırak eksikliğinin çekildiği iş kollarında görev alabilecektir. Göçmen aile çocuklarının, rağbet gören iş kollarında çalışma olanağı hemen hemen yoktur. Ancak – hizmet, inşaat ve bunların yan dalları gibi – kötü ödentili ve kötü izlenimi olan iş alanlarında iş bulabilmektedirler.

Çoğunluğu sosyo-ekonomik nedenlerden dolayı, Avusturya'ya göçmüş birinci kuşak „yabancı işçiler", Türk alt sınıfından gelmektedirler. Bu işçiler, Avusturya'da genellikle kötü çalışma koşullarında ve düşük ödenti ile Avusturyalıların istemedikleri işlerde çalıştırılmaktadır. Bu durum, bu kişilerin ülkelerinde aldıkları düşük eğitim ile yasallaştırılmaktadır. Büyük bir bölümü Avusturya'da okula giden „ikinci kuşak"da, iş piyasasında aileleri ile aynı duruma itilmişlerdir. Bu demektir ki, ailelerinin eğitim eksikliği Türk Eğitim sisteminden kaynaklanırken, „ikinci kuşak"inki Avusturya Eğitim sisteminden kaynaklanmaktadır. Kısacası, sınıfsal konumları nedeniyle, Türkiye'de iyi eğitim olanağı bulamamış ailelerin durumu Avusturya'da da aynıdır.

V. „Birlikte Öğrenelim" Derneğinin Göçmen Aile Çocukları İçin Anlamı

Derneğimizde, haftada dört gün öğleden sonraları, çocuklara ev ödevlerinde yardım edilmektedir. Bu yardım, sınıflara göre ayrılmış her biri en fazla 15'er kişilik iki grup halinde yapılmaktadır. Bunun yanında 30 kadar çocuk bekleme listemizdedir. Hizmet verebildiğimiz çocuk sayısının az oluşunun başlıca nedeni, parasal sıkıntıların yeni elemanlar alınmasını engellemesidir.

1991 yılından beri grubumuza öncelikle kız çocuklarını almaktayız. Kız çocuklarının, ailelerinde eğitime daha az özendirilmeleri ve aile içi görevlerinin çok olması dolayısıyla, evde ders çalışacak uygun ortam ve zaman bulamamaları, bu önceliğin gerekçelerindendir.

Okul sonrası ev ödevlerine yardımlar, biri anadili Türkçe olan ve ikisi de anadili almanca olan, 3 çalışan tarafından yürütülmektedir. Yardımlarımız yalnızca ilk ve ortaokul öğrencilerine değil, lise, meslek lisesi ve Özel Okul (*Sonderschule*) öğrencilerine de yöneliktir. Bu yelpazenin çeşitliliğinin en önemli nedeni, yardımlarımızın sürekliliğine verdiğimiz önemdir. Birçok çocuk, ilkokul çağından beri grubumuzda yer almakta ve Özel Okul veya ortaöğretim sürecine geçmeleri, katılmayı engellememektedir.

Çocuklar günlük ev ödevlerine yardımın yanında, sorunlu derslerinde özel bir destek görmekte ve sınavlar için özenle hazırlanmaktadırlar. Ders sonrası, oyun (el işi, taşlı oyunlar, harekete dayalı oyunlar gibi) oynayabilme olanağına sahiptirler. Çocukların, oyun oynama olanağı bulabilmelerine çok önem vermekteyiz. Çünkü evlerinde böyle bir olanağa – anne ve babanın zamanının olmaması, ailenin de çoğunlukla yabancı olduğu oyun araçlarının eksikliği gibi nedenlerle –, sahip değildirler.

Farklı bir yardım da, ailelere, çocuklarının gelecekteki eğitim olanakları ile ilgili Bilgi-Danışma Günleridir. Bu günlerde, çeşitli okul türleri ve ilgili bilgiler, ortaokulun bitirilmesinden sonraki olanaklar ve meslek eğitimindeki yasalarla ilgili danışmanlık gibi konulara ağırlık verilmektedir. Çocukların, yeteneklerine uygun eğitim olanağını bulmaya çalışıp, bu konuda ailelere destek olmaktayız.

En önemli görevimiz okul-çocuk, aile-çocuk ve okul-aile arasında oluşturduğumuz aracı rolüdür. Bu rolün bizim için önemi, bu iki toplumsallaşma etmeni içindeki gidip gelmeleri, çocuk için az daha yumuşatmaya çalışmaktan gelmektedir. Böyle bir aracı rolünü üstlenmenin, bizim için daha kolay olması da, gruptaki çocukların büyük bir bölümünün anne veya ailesinin herhangi bir nedenle (kurslar, sosyal ve aile danışma , sohbet toplantıları vb. nedenlerle), derneğimizle ilişki içinde olmaları ve Türkiyeli göçmen ailelerinin sorunsalını – her alanda yardım ilkesi çerçevesinde – tanımamızdır. Tam da bu ilke nedeniyle, çocuk terapisine katılan çocuklara grubumuzda yer ayırmaktayız.

Türkiyeli ve Avusturyalı çalışanların uyumlu bir atmosferde, birlikte çalışmaları, aileler ve çocuklar için iyi bir örnek oluşturmaktadır.

Çocuklar en küçük başarılarında bile, çalışanlar tarafından beğeni ve övgüyle ödüllendirilirler. Okulda ve ailede, fazlaca bulamadıkları bu davranışın önemi oldukça büyüktür.

Bizler, yalnızca ev ödevlerinde yanlarında olan yardımcılar değil, onlar için her alanda çalışan insanlarız.

Derneğimizdeki öğleden sonra yardım grubumuza katılan çocukların çoğu Avusturya'da doğmuş, „ikinci kuşak" diye adlandırılan çocuklardan oluşmaktadır. Hemen hemen yarısı yuvaya gitmiş ve orada almanca öğrenmişlerdir. Yuvaya gidememiş çocuklar, almancayı okullarda öğrenmeye başlamışlardır. Aileleri, çocuklarının (kız veya erkek) hepsinin, iyi bir meslek sahibi olabilmeleri için çabalamaktadır. Çoğu çocuklarının meslek okullarına veya üniversitelere gitmelerini arzu etmektedir.

Edindiğimiz bilgelere göre, ailelerin büyük bir çoğunluğu Batı Anadolu'nun ve Karadeniz'in köylerinden gelmektedir ve düşük eğitim düzeyine sahiptir (çoğu temizlik işlerinde çalışmaktadır). Annelerin almancası genellikle yetersizdir. Babalar ise – iş yerlerinde dille karşılaştıklarından – biraz daha iyi almanca bilmektedirler. Annelerin almanca eksikliği, çocuklarının ev ödevlerine yardım etmelerini engellemektedir (çocukların öğleden sonraki yardım çalışmalarımıza bağımlılığı büyük oranda bu nedenledir).

Genellikle, ne aileler ne de çocuklar Avusturyalılarla özel ilişki kurmaktadır. Ama çocukların „yabancı dış dünya Avusturya" ile ilişkileri ailelerine oranla daha fazladır.

Türkiye'ye geri dönüş istek ve niyetinde olduklarından ve de çocuklarını bu iki farklı kültürle karşı karşıya bırakmamak düşüncesi ile, bazı aileler, çocuklarının eğitimlerini Türkiye'de yapmalarını arzulamaktadırlar. Buna karşılık birçok çocuk, kafalarındaki, Türkiye'deki döven „sert" öğretmen imgesinden dolayı, orada okumayı düşünememektedir. Özellikle yetişkin çocuklar, ailelerinin Türkiye'ye dönmek zorunda kalmaları halinde, yine eğitim olanaklarının kısıtlı olduğu bölgelere yerleşeceklerinin bilincindeler. Bazı çocuklar ise „kendi" dillerini konuşabilecekleri ve kendilerini yabancı hissetmeyecekleri bir ortamda olacakları düşüncesiyle, Türkiye'de okula gitmeyi istemektedir. Birkaç yıl Türkiye'de okula gitmiş çocuklar ise, duygusal gidip gelmeler yaşamaktadırlar; bir yandan Avusturya'da okula gitmenin daha iyi olduğunu, çünkü öğretmenlerin daha iyi ve daha az „sert" olduklarını söylerken, bir yandan da „vatan"larındaki güven ortamını özlediklerini belirtmektedirler. 14 yaşındaki bir kız çocuğu duygularını şöyle dile getirmekte: "Türkiye'de iken Avusturya'da, Avusturya'da iken Türkiye'de olmak istiyorum".

Türk Eğitim Sistemi[14]

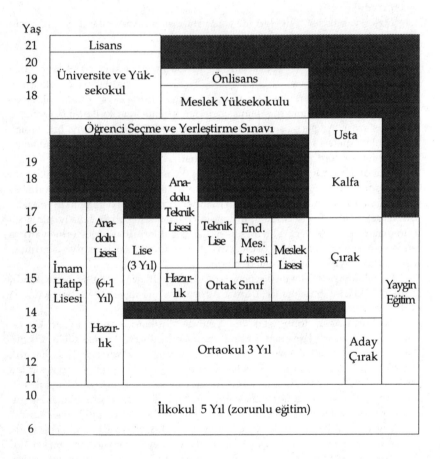

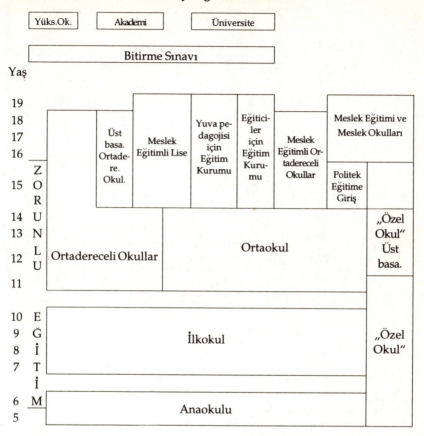

Türk Eğitim Sisteminde Bölgesel ve Cinsiyete Bağlı Farklılıklar[16]

Bölgeler	Cinsiyet	Toplam nüfus	Oku.Yaz. bilmeyen	İlkokul bitirmeyen	İlkokul mezunu	Ortaokul mezunu	Genel Lise mezunu	Meslek Lisesi mezunu	Fakülte Y.okul mezunu
Türkiye	toplam	100,0	22,6	18,5	43,4	6,6	4,3	2,1	2,2
	kadın	100,0	31,8	18,0	39,4	4,5	3,5	1,5	1,1
	erkek	100,0	13,5	18,8	47,6	8,4	5,4	2,7	3,3
Gün. doğu	toplam	100,0	43,8	19,6	27,5	4,1	2,5	1,0	1,1
	kadın	100,0	60,3	16,8	18,2	1,9	1,3	0,6	0,4
	erkek	100,0	28,0	22,7	36,5	6,1	3,9	1,3	1,7

Bölgeler	Cinsiyet	Toplam nüfus	Oku.Yaz. bilmeyen.	İlkokul bitirmeyen	Ilkokul mezunu	Ortaokul mezunu	Genel Lise mezunu	Meslek Lisesi mezunu	Fakülte Y.okul mezunu
Marmara	toplam	100,0	14,1	16,5	48,5	8,5	6,2	2,7	3,2
	kadın	100,0	20,6	17,0	46,0	6,8	5,5	2,1	1,8
	erkek	100,0	13,1	19,4	49,1	7,8	5,2	2,3	2,8
Ege	toplam	100,0	18,6	16,9	49,3	6,2	4,1	2,5	2,3
	kadın	100,0	26,5	16,7	45,5	4,4	3,5	1,8	1,2
	erkek	100,0	10,9	17,0	52,9	7,9	4,7	3,1	3,3
İç Ana.	toplam	100,0	18,3	17,9	45,1	7,4	5,4	2,5	3,0
	kadın	100,0	26,2	17,8	42,9	5,1	4,3	1,7	1,6
	erkek	100,0	10,4	18,0	47,4	9,6	5,5	3,3	4,4
Doğu Ana.	toplam	100,0	35,4	20,0	33,6	4,8	3,3	1,3	1,2
	kadın	100,0	49,4	18,0	26,8	2,6	1,7	0,7	0,4
	erkek	100,0	21,9	21,9	40,1	7,3	4,9	1,8	1,9
Karadeniz	toplam	100,0	24,6	20,8	43,2	5,1	3,0	1,8	1,3
	kadın	100,0	33,8	20,3	39,1	3,0	2,0	1,1	0,5
	erkek	100,0	14,8	21,3	47,6	7,3	4,0	2,6	2,1

Dipnotlar

1 TERZİOĞLU 1993: 35.
2 ANA BRITANNICA 1987: 35ff.
3 BALOĞLU 1990: 108, Tablo 80 (% olarak).
4 A.y.e.: 12.
5 Y.a.e.: 12.
6 A.y.e.: 139.
7 WEIDINGER/GRÖPEL 1992: 6.
8 Y.s.e.
9 BMUK (yayıncı): Bildungswege in Österreich.
10 WEIDINGER/GRÖPEL 1992: 6.
11 16. Mart 1994'de yapılan telefon görüşmesi.
12 Bkz. BUNDESGESETZBLATT 466, BUNDESGESETZBLATT 838.
13 Yabancılar Çalıştırma Yasası parag. 4, 1990.
14 Bkz. BALOĞLU 1990: 198.
15 Bkz. BMUK: Bildungswege in Österreich.
16 Bkz. BALOĞLU 1990: 37, Tablo 17.

3.

Krisenhafte Beziehungen

Judith Hanser

Von der Pflicht, realistisch zu sein, und vom Wunsch, das Unmögliche zu erreichen
„Sozial"arbeit mit Frauen aus der Türkei

Vor über zehn Jahren, als wir mit unserer Projekttätigkeit am Beginn standen, war die Beratung und Betreuung von Frauen aus der Türkei ein Tätigkeitsbereich, der durch hohes emotionales Engagement und sehr eingeschränktes Wissen über das Funktionieren des staatlichen sozialen Netzes in Österreich (öffentlicher Raum) geprägt war. Auf der Seite der Frau/Migrantin[1], die im Projekt einen Kurs besuchte, stand der Wunsch nach einer Person des Vertrauens, mit der frau sich in der Muttersprache unterhalten konnte – „ihr Herz ausschütten konnte" –, und einem Ort, der mit Verständnis, Offenheit und Akzeptanz ausgestattet war. Die Beziehung, die sich daraus zwischen Frau/Migrantin und Frau/Beraterin entwickelte, war gekennzeichnet von vielen Wünschen, Bedürfnissen und Allmachtsphantasien seitens der Frauen/Migrantinnen und von Druck, Überforderung und oft auch Ratlosigkeit seitens der Frauen/Beraterinnen. Der Raum *Miteinander Lernen – Birlikte Öğrenelim*, in dem diese Beziehung stattfand, wurde durch die Bedingungen des äußeren/öffentlichen Raumes beeinflußt.

Der öffentliche Raum, damit ist das Leben mit Ämtern, Behörden, Institutionen gemeint, ist gefüllt mit einer Unzahl von Gesetzen, Regeln und Bestimmungen, deren Kenntnis und Anwendung grundsätzlich schwer verständlich und nachvollziehbar sind. Dazu kommen noch die vielen Regeln und Normen, die speziell für MigrantInnen aufgestellt wurden und die diese Gruppe von Menschen vom Rest der Gesellschaft segregieren (Ausländerbeschäftigungsgesetz, Aufenthaltsgesetz, Asylgesetz, Fremdengesetz ...)[2]. Eine zusätzliche Erschwernis ist die völlig unzureichende Information über obengenannte Gesetze seitens der vollziehenden Organe.

Wie kann sich eine Frau/Migrantin die nötigen Informationen holen, wenn sie der deutschen Sprache nicht mächtig ist, den Schock der Migration noch nicht überwunden hat, sich in eine neue familiäre Konstellation einfügen muß und mit Mißtrauen und Mißachtung seitens des öffentlichen Raumes konfrontiert ist? Diejenigen Frauen/Migrantinnen, die den Weg in unser Projekt gefunden haben, sehen endlich für sich eine Möglichkeit, ihre Stimme zu erheben. Die Frau/Beraterin hat hierbei als Gesprächspartnerin viele Funktionen zu erfüllen:
– Vertraute sein, bei der frau sich ausweinen kann, bei der Sorgen abgeladen und Solidarität und Empathie vorausgesetzt werden können.

- Ratgeberin sein, die auch gleich Lösungen anzubieten hat, Bedürfnisse befriedigt und alles weiß.
- Dolmetscherin/Vermittlerin sein bei der Kontaktaufnahme zum öffentlichen Raum.
- Heilerin sein, die für jeden Schmerz die richtige Medizin kennt.

Aus der Beratung „zwischen Tür und Angel" vor oder nach einem Kurs entwickelte sich sehr rasch ein neuer und strukturierter Arbeitsbereich innerhalb des Projektes und in der Folge im Verein *Miteinander Lernen – Birlikte Öğrenelim*. Fixe Beratungszeiten wurden eingeführt. Die Beraterinnen lernten viel und bildeten sich fort.

In der Folge wurde der Arbeitsbereich Beratung und Betreuung diversifiziert. Ein ganzheitliches Beratungs- und Betreuungskonzept wurde entwickelt. Ziel dieses Konzeptes ist es, aufgrund unserer langjährigen Erfahrung effizienter auf die Wünsche der Frauen/Migratinnen reagieren zu können und die notwendigen Hilfestellungen frauenorientiert und effektiv anzubieten.

Ausgangspunkte dafür sind die Komplexität der Problemstellungen, die sich in der Beratung ergeben, und die Anerkennung der Frau/Migrantin als Entität.

In der konkreten Arbeit bedeutet dies die Berücksichtigung aller das Problemsystem konstituierenden Bestandteile (psychische, soziale, ökonomische, politische Faktoren) und das Bereitstellen von spezifischen und vielfältigen Beratungsangeboten (ärztliche, juristische, arbeitsmarktpolitische, psychotherapeutische Beratung). Um diesem Konzept gerecht zu werden, betreibt der Verein *Miteinander Lernen – Birlikte Öğrenelim* seit 1991 eine Familienberatungsstelle. 1993 wurde das Beratungsangebot durch ein Psychotherapiezentrum für MigrantInnen (in den Muttersprachen Türkisch und Deutsch) erweitert. Aus den Frauen/Beraterinnen von einst sind qualifizierte, spezifisch ausgebildete Beraterinnen geworden, die nun auch als solche vom öffentlichen Raum anerkannt und genützt – oder benutzt – werden.

Jugendämter, Krankenhäuser, Behörden und Schulen nützen zunehmend unsere Beratungseinrichtung, indem sie ihre Inkompetenz bezüglich Sprache, Wissen um soziokulturelle Hintergründe und kulturell geprägtes Rollenverständnis durch Überweisung von Frauen/Migrantinnen an unsere Einrichtung auszugleichen versuchen. Diese Tatsache stürzt uns in ein klassisches Dilemma: Einerseits wollen wir die sozialen, ökonomischen und politischen Lebensbedingungen von MigrantInnen verbessern, und gleichzeitig behindern wir aber gerade durch unsere Arbeit diesen Prozeß der Veränderung. Wir tragen dadurch sozusagen auch zur Aufrechterhaltung des Mangelsystems bezüglich MigrantInnen bei und helfen mit, große Lücken des herrschenden Systems zu füllen.

Ein erster Schritt zur Rücküberweisung der Verpflichtungen an den öffentlichen Raum war die Installierung von Dolmetscherinnen/Kulturvermittlerinnen an einigen Krankenhäusern in Wien.

Dieses Projekt entstand aus einer Initiative des damaligen Dachverbandes der Bildungs- und Beratungseinrichtungen für ausländische Frauen, bei dem wir einer von vier Mitgliedsvereinen waren. Aufgrund unserer Bedarfsanalysen und aufgrund gemeinsamen Drucks gelang es schließlich, über Kooperation des WHO-Büros „Wien – Gesunde Stadt" sechs Dolmetscherinnen/Kulturvermittlerinnen in den Krankenhäusern einzusetzen. In der Folge waren wir auch maßgeblich an der Verwirklichung der ersten Studie über MigrantInnen und Gesundheit in Wien beteiligt.[3]

Durch die vielen gesetzlichen und arbeitsmarktpolitisch bedingten Verschärfungen und Verschlechterungen der Lebensbedingungen von MigrantInnen in Österreich sind erste zaghafte Ansätze in Richtung Integration ernsthaft gefährdet. Die Politik der Ausgrenzung, Segregation und Diskriminierung hat wieder Platz gegriffen. Die dadurch im öffentlichen Raum entstandenen Konflikte beeinflussen auch die Beratungssituation im Verein. Der Druck von außen wird immer größer und belastet zunehmend das Kommunikationssystem Frau/Beraterin – Frau/Migrantin.

Alle oben erwähnten Bedingungen stellen ein sehr hohes Anforderungsprofil an die Beraterinnen:
- ständige Erneuerung des Wissens (z. B. Gesetzesänderungen);
- hohe Flexibilität (adäquates Setting);
- optimale Auslegung und Anwendung von gesetzlichen Bestimmungen für die Klientin;
- ständige Reflexion der eigenen Person in der Auseinandersetzung mit der Gesprächspartnerin (Einbeziehung soziokultureller und frauenspezifischer Hintergründe; Aufarbeitung von Vorurteilen und Erkennen des eigenen Anteils an rassistischem Handeln, Erarbeitung und Nutzung der vorhandenen Ressourcen innerhalb des Problemsystems, aber auch der Beraterin – Partizipation versus Hierarchie);
- Gesprächsführung in der Muttersprache der Klientin;
- Psychologisches Einfühlungsvermögen (Anwendung psychotherapeutischer Methoden);
- Teamfähigkeit (Vernetzungsfähigkeit innerhalb des Arbeitsbereiches Beratung und von Aktivitäten nach außen/zum öffentlichen Raum);
- Berücksichtigung ethischer Prinzipien im konkreten Handeln: Die Beratung bedingt 1. Respekt vor der Autonomie der Frau/Migrantin/Klientin,
  2. hilfreich zu sein,
  3. der Klientin nicht zu schaden,
  4. eine unter Berücksichtigung der Bedingungen des ökologischen und sozialen Umfeldes gerechte Lösung.

Zur Zeit frequentieren täglich circa 100 Frauen/Migrantinnen und Kinder den Verein und nützen die angebotenen Bildungs- und Beratungsaktivitäten.
Die Themen der Beratung kann man in folgende Bereiche gliedern:
- Statusprobleme (Aufenthalt, Beschäftigung, Staatsbürgerschaft);
- Bürokratismus (Formulare, Anträge, Ansuchen, Schriftverkehr);

- Familienprobleme (Familienzusammenführung, Scheidung, Generationskonflikte, Gewalt);
- Gesundheit (physische und psychische Erkrankungen);
- Migrationsbedingte Problemstellungen im allgemeinen (Kulturschock, Isolation, Sprachverlust, Veränderung von interfamilären Beziehungen und Lebensbedingungen).

Zur Veranschaulichung ein Fall aus der Beratung:

Frau S. kommt in den Verein *Miteinander Lernen – Birlikte Öğrenelim* und meldet sich für einen Deutschkurs an.

Nach einer Phase des Kennenlernens knüpft sie ihre ersten informellen Kontakte und nützt schließlich auch die angebotene Beratung. Frau S. ist erst vor wenigen Monaten im Zuge der Familienzusammenführung nach Österreich gekommen. Ihr Mann lebt schon seit vielen Jahren hier.

Das neu zu rekonstruierende Familienleben gestaltet sich schwierig. Es gibt Verständigungsprobleme mit dem Mann. Die mitgebrachten Kinder haben Schwierigkeiten in der Schule. Frau S. fühlt sich durch die Wohnsituation (Kategorie-D-Wohnung, WC am Gang, keine Dusche, kein warmes Wasser) und die mangelnde Unterstützung seitens des Mannes überfordert. Sie fühlt sich krank und unglücklich. Nebenbei stellt sich heraus, daß ihr Antrag auf Aufenthaltsverlängerung bald fällig ist, daß sie noch nicht beim Mann mitversichert ist und daher auch zu keinem Arzt gehen kann. Frau S. fühlt sich außerstande, in der Beratungssituation konkrete Wünsche zu artikulieren. Der Schmerz ist zu groß, und die Fülle von Problemen gleicht einem unbezwingbaren Berg.

Zur unmittelbaren Entlastung von Frau S. werden zunächst die Mitversicherung beim Mann und die Formalitäten zur Verlängerung des Aufenthaltes durch die Beraterin erledigt. Zur Überbrückung besteht die Möglichkeit eines ärztlichen Beratungsgespräches in unserer Familienberatungsstelle. Das Angebot, an einer Frauengesprächsrunde teilzunehmen, wo auch sie betreffende Themen besprochen und aufgearbeitet werden, lehnt Frau S. zunächst ab. Es ist noch zu früh.

Frau S. besucht weiterhin den Deutschkurs, gewinnt zunehmend Sicherheit und Selbstvertrauen. Über die Frauengesprächsrunde, an der sie schließlich doch teilnimmt, schließt sie neue Freundschaften. Ihre Kinder bekommen einen Platz in der Lernhilfe. Erste Kontakte zur Lehrerin der Kinder werden geschlossen.

Nachdem Frau S. über einen längeren Zeitraum den Verein *Miteinander Lernen – Birlikte Öğrenelim* als Ort der Geborgenheit, der Sicherheit, des Lernens und Erfahrungsaustausches nützt, verläßt sie uns, um einen Deutschkurs mit Berufsorientierung, der vom Arbeitsamt organisiert wird, zu besuchen.

Nicht alle Beratungen enden so zufriedenstellend.

Die beschriebenen Beratungs- und Betreuungsangebote sind nicht nur ein unerläßlicher Bestandteil der Aktivitäten des Vereins *Miteinander Lernen – Birlikte Öğrenelim*, sondern auch ein wesentlicher Beitrag zum gesundheitlichen und sozialen Versorgungsnetz in Wien.

Durch die politischen Veränderungen in Europa (EWR) und die Bestrebungen Österreichs, Mitglied in der Europäischen Union zu werden, hat sich die rechtliche, soziale und ökonomische Situation von Frauen/Migrantinnen verschlechtert. Entsprechend schwieriger ist es auch, gemeinsam mit ihnen nach individuellen Lösungsstrategien zu suchen.

Obwohl die „Festung Europa" steht, haben wir unser Ziel nach gesellschaftspolitischer und ökonomischer Verbesserung der Lebenssituation von Frauen/Migrantinnen nicht aus den Augen verloren. In diesem Sinne bleiben wir realistisch und fordern das Unmögliche.

Anmerkungen

1   Die Bezeichnungen Frau/Migrantin, Frau/Beraterin, Frau/Klientin sollen die unterschiedlichen Ebenen verdeutlichen, unter welchen sich Beziehung und Kommunikation entwickeln.
2   Vgl. KRONSTEINER: *Fremdheit konstruiert per Gesetz – Gedanken zur „Ausländerinnen"gesetzgebung in Österreich* in diesem Buch.
3   Vgl. SCHMID, GIORGI , POHORYLES , POHORYLES-DREXLER: 1992.

Literatur

SCHMID, Gabriele/GIORGI L./POHORYLES R./POHORYLES-DREXLER, S.: „Ausländer und Gesundheit"; eine handlungsorientierte Studie zur adäquaten Förderung der Nutzung präventiver und kurativer Gesundheitseinrichtungen durch die in Wien ansässigen ausländischen Populationen. Im Auftrag des WHO-Büros „Wien – Gesunde Stadt" und des Zuwanderer-Fonds der Stadt Wien. Wien 1992. Unveröff. Ms.

Judith Hanser
Gerçekci Olmanın Zorunluluğundan ve Olanaksıza Uladşma Dileğinden ...

Türkiye'li Kadınlarla Sosyal Hizmet

Bu makale, *Birlikte Öğrenelim – Miteinander Lernen* Derneğindeki „Sosyal Hizmet-Danışmanlık" alanının gelişmesi hakkında genel bilgi vermektedir.

Bir yönden, göçmen kadınlarla yapılan danışma sırasındaki çeşitli sorunlar ve ilişki biçimlerine (Danışman/Göçmen) yer verilirken, diğer yönden danışmanın nitelikleri ve buna bağlı olarak danışmandan beklenen özellikler betimlenmiştir. Her alanda yapılması amaçlanan danışmanlık ve eşlik etme işi, bir vaka örneğiyle açıklığa kavuşturulmuştur.

Çalışma alanının değerlendirmesi ise, dernek dışındaki toplumsal-siyasal koşullarla olan ilişkisi içinde ortaya konulmuştur.

Çeviri: Aslıhan Karabiber-Ertuğrul

Judith Hanser, Aslıhan Karabiber-Ertuğrul

„Ich bin wie ein Fisch"

Protokoll und Evaluation einer Selbsterfahrungsgruppe mit Frauen aus der Türkei

Zehn Jahre Erfahrung im Bereich Sozialberatung und -betreuung von Frauen aus der Türkei im Verein *Miteinander Lernen* und unsere Ausbildung zu systemischen Familientherapeutinnen weckten in uns den Wunsch und das Bedürfnis, eine Selbsterfahrungsgruppe für Frauen aus der Türkei aufzubauen.

Ausgangsbasis

Die Ausgangsbasis dafür war einerseits unsere Kenntnis der Anliegen und Probleme, mit welchen die Frauen zur Beratung kamen, und andererseits die Neugier und Lust, eine neue Form der Problembearbeitung auszuprobieren und neue Lösungsstrategien zu entwickeln.

Den Teilnehmerinnen sollte es ermöglicht werden, ihre eigene Identität mit all ihren positiven, aber auch hinderlichen Aspekten zu erfahren und zu erforschen.

Das Erkennen und Schätzen der eigenen Ressourcen zur Lösung von Konflikten, das Experimentieren mit denselben war ein weiterer inhaltlicher Schwerpunkt. Durch den Prozeß der kollektiven Erinnerungsarbeit wollten wir schließlich die einzelne Teilnehmerin in ihrer Persönlichkeit stärken, selbstsicherer machen und sie in ihrer Solidarisierung mit den anderen Frauen unterstützen.

Arbeitsprinzip

Unser Arbeitsprinzip war das der Partizipation: Alle Frauen, einschließlich der beiden Gruppenleiterinnen, nehmen aktiv am Gruppenprozeß teil, jeder Beitrag wird zu einem Steinchen im Mosaik der Erinnerung.

Die Techniken

Die Techniken, die wir in der Gruppe anwendeten, bestanden in Symbolarbeit, Familienrekonstruktion, Erstellen von Genogrammen und dem Bilden von Skulpturen. Diese Techniken sollen später noch näher erklärt werden.

Diese Arbeitsweise sollte den Frauen den Zugang zu ihren eigenen Erfahrungen erleichtern und ihre Kreativität fördern. Ein weiterer Grund war, den Selbsterfahrungsprozeß nicht nur allein über die Abstraktion mittels Sprache laufen zu lassen, sondern auch andere Ausdrucksmittel zuzulassen.

Gruppenprozeßverlauf

Ende März 1993 fand das erste Treffen statt, dem weitere neun folgten. Die Treffen waren immer für Freitag nachmittags vereinbart und dauerten jeweils vier Stunden. Insgesamt nahmen neun Frauen daran teil. Die mitgebrachten Kinder wurden in einem eigenen Raum betreut. Die Gruppensprache war Türkisch. Da nicht alle Frauen pünktlich kommen konnten, gab es zu Beginn immer eine Aufwärmphase mit Kaffee und Kuchen, bis alle Teilnehmerinnen versammelt waren.

Das erste Treffen war dem Kennenlernen und Festlegen der inhaltlichen Schwerpunkte gewidmet. Bis auf eine junge Frau waren alle verheiratet. Ansonsten zeichnete sich die Gruppe durch große Inhomogenität aus: Einige waren schon seit vielen Jahren in Österreich und hatten auch schon Kinder, einige waren frisch verheiratet und erst seit ein paar Monaten in Wien, einige kamen aus großen Städten in der Türkei, einige waren direkt aus dem Dorf ausgewandert. Die Frauen hatten türkische, arabische und kurdische Wurzeln. Gemeinsam war ihnen das Leben in der Fremde und die damit verbundenen Veränderungen, Schwierigkeiten und Neuorientierungen.

Nachdem eine Wunschliste über die zu behandelnden Themen angefertigt worden war, trafen die Frauen gemeinsam folgende Auswahl:
– Migration und Identität,
– Heirat und Partnerschaft,
– Beziehungen in der Kern- und Großfamilie.

Arbeit mit Symbolen

In den darauffolgenden zwei Treffen arbeitete die Gruppe mit Hilfe von Symbolen zum Thema Migration und Identität.

Die Frauen hatten am Ende des ersten Treffens aus einer Schatulle jeweils ein Symbol für sich selbst in Österreich und eines für sich in der Türkei gewählt und mit nach Hause genommen.

In der Schatulle befanden sich bunte Steine, Ohrringe, Figürchen aus Glas und Keramik, Knöpfe, Püppchen, Muscheln und andere kleine Gegenstände. Die Gruppe wurde geteilt, und unter der Anleitung der Therapeutinnen befragten die Frauen einander zu den ausgewählten Symbolen.

Die Ergebnisse waren für alle Beteiligten verblüffend. Zur Veranschaulichung möchten wir hier eine Teilnehmerin zitieren, die für sich einen kleinen Fisch aus Keramik gewählt hatte: *„Zuerst habe ich den Fisch nach Hause mitgenommen und irgendwohin gelegt und total vergessen. Aber jetzt, wo du mich fragst, was der Fisch mit mir zu tun hat, fällt mir eine Geschichte ein. Als ich klein war, fing ich eines Tages einen Fisch. Ich nahm ihn mit nach Hause und gab ihn in ein Glas mit Wasser. Oben drauf gab ich einen Deckel. Am Tag darauf, als ich zu meinem Fisch ging, sah ich, daß er an der Oberfläche* *schwamm. Er hatte zu wenig Sauerstoff bekommen und war gestorben. Ich finde, ein Fisch ist ein Tier in Freiheit, ein Tier, das niemandem Schaden zufügt. Ich fühle mich auch wie ein Fisch: stumm und nachdenklich. Ich finde, das sind positive Eigenschaften. In Gesellschaft bin ich auch oft ganz still und beteilige mich nicht am Gespräch. Wenn mich dann aber jemand fragt, warum ich so stumm dasitze, und sich dann die ganze Aufmerksamkeit auf mich konzentriert, kann ich alles sagen, was mich bewegt, und alle hören mir aufmerksam zu. Das erlebe ich dann sehr positiv. Meine Worte haben dann Gewicht und werden gehört. Ich bin ganz überrascht, was mir spontan zu diesem kleinen Keramikfisch eingefallen ist. Es kommt mir so vor, als ob jemand anderer aus mir spricht. Ich bin auch sehr überrascht, was der Fisch doch alles mit mir zu tun hat."*

In der Folge entstand in der Gruppe ein Gespräch über Sprache und Sprachlosigkeit. Die Frauen erzählten von ihren Erfahrungen mit der fremden Sprache und ihren Ausdrucksschwierigkeiten und den daraus resultierenden Einschränkungen, Reduktionen und Mißverständnissen. Die Tatsache, Schweigen als einen kreativen Akt zu sehen, der es ermöglicht, die Aufmerksamkeit der Umwelt zu erregen und dadurch Platz zur Artikulation zu finden, war für die Frauen in der Gruppe eine spannende Erfahrung.

Eine andere Frau hatte für sich selbst in der Fremde einen Ohrring in Form einer Blüte gewählt und einen Anhänger in Form eines teilbaren Herzens als Symbol für sich in der Heimat. Im Prozeß der Befragung und Reflexion über die beiden Symbole kam die Frau zu folgenden Ergebnissen: Die Blüte hatte zwar schöne Farben, aber keinen Stengel und deshalb auch keine Wurzeln. Bald würde die Blüte verwelkt sein und sterben. Auch mit dem teilbaren Herzen war es nicht einfach. Wie konnte ein Herz, das in der Mitte getrennt wurde, weiterpochen? Im Laufe des Gesprächs stellte die Frau den Bezug zu ihrer momentanen Lebenssituation her: Sie war erst vor kurzem nach Wien zu ihrem Vater gekommen. Ihr Vater lebte schon seit vielen Jahren von ihrer Mutter getrennt. Für sie war aber die Mutter die wichtigste Bezugsperson, die sie nun allein in der Türkei zurückgelassen hatte. Sie wollte hier in Wien eine Arbeit finden, Geld verdienen und schließlich ihre Mutter nachkommen lassen. Die Differenz zwischen den eigenen Bedürfnissen und den Wünschen ihrer Mutter wurde bei einem späteren Treffen noch einmal bearbeitet und führte zu einer für die Frau neuen Bewertung der Beziehung zu ihrer Mutter.

Familienrekonstruktion

In den folgenden zwei Gruppentreffen (Treffen vier und fünf) stand das Thema der Ablösung von der Herkunftsfamilie und die Gründung der eigenen Familie im Vordergrund.

Folgende Fragestellungen wurden auf Wunsch der Teilnehmerinnen im Plenum erörtert:
– Wie haben Sie Ihren Mann kennengelernt?

- Welche Regeln, Normen und Werte werden von der eigenen Familie vertreten?
- In welchem Verhältnis stehen die Familienregeln des Mannes zu den eigenen?
- Wie wurde die Hochzeit erlebt?
- Wie verliefen die Flitterwochen, und wie erlebten Sie Ihren Ehemann?
- Inwieweit veränderte sich danach Ihr Leben?
- Was wurde als Verlust und was als Gewinn durch die Ehe und die folgende Familiengründung empfunden?

In den erwähnten beiden Treffen wurde die kollektive Erinnerungsarbeit von den Frauen sehr lustvoll erlebt. Die Gemeinsamkeiten und Unterschiede in den gewonnenen Erfahrungen wurden transparent, diskutiert und bewertet. Die regionalen, ethnischen und kulturellen Implikationen wurden deutlich. In der Folge stellten die Frauen den Vergleich der eigenen Werte und Normen mit den Werten der fremden Gesellschaft an. Welche Regeln wurden mitgenommen und welche nicht?

Der Erfahrungsaustausch zeichnete sich durch große Offenheit und großen Respekt voreinander aus. Das, was als gemeinsam erlebt wurde, führte zu emotionaler Entlastung. Das, was als unterschiedlich erlebt wurde, bewertete die Gruppe als Bereicherung der eigenen Erfahrungen und als Erweiterung der eigenen Ressourcen.

Nachdem sich die Frauen schrittweise an ihre Familiensysteme angenähert hatten, wollten sie schließlich mit der Bearbeitung von Konfliktsituationen in ihren Herkunftsfamilien oder in ihrem aktuellen Familiensystem beginnen.

Familienskulptur

Die folgenden Treffen (sechs bis acht) waren ausgefüllt mit der Bearbeitung von Konflikten in Familiensystemen. Wir bedienten uns dabei der Technik des Bildens einer Familienskulptur. Dabei werden familiäre Beziehungen in Positionen dargestellt. Die Skulpturenstellerin ordnet die Familienmitglieder so an, daß sich aus ihrer Sicht ein stimmiges Bild der emotionalen Beziehungen der einzelnen Familienmitglieder ergibt. Die Skulptur bietet eine universale Ausdrucksmöglichkeit, mit deren Hilfe psychologische Ereignisse dargestellt werden können. Zur Darstellung der Skulptur ist Sprache nicht erforderlich. Dadurch können auch viele an Sprache gebundene Abwehrphänomene, wie Rationalisierungen und Intellektualisierungen, verhindert werden.

Mit der Ausdrucksform der Skulptur gewinnen wir Zugang zu Prozessen, die auch in der realen Lebenswelt der Familie die Beziehungsdefinitionen bestimmen, ohne daß sie den beteiligten bewußt (und damit über Sprache zu vermitteln) sind: Haltungen, Regulierung von Nähe und Distanz, Autorität und Unterordnung, Gesichtsausdruck, Handhaltungen – wie den drohend erhobenen oder anklagend ausgestreckten Zeigefinger, offene Hände, Fäuste usw. Die Skulptur ist als universale Ausdrucksform repräsentativ für psychologische Ereignisse und emotionale Transaktionen.

Folgende Anleitung bekam die Skulpturenstellerin:
1. Überlege Dir eine Situation in Deiner Familie, die Du als problematisch oder belastend erlebt hast.
2. Wähle die für die Skulptur notwendigen Personen aus der Gruppe aus.
3. Während des ganzen Prozesses des Bauens der Skulptur darfst Du nicht sprechen.
4. Du stellst die Personen und verleihst ihnen Ausdruck (Trauer, Zorn, Schwäche, Kraft). Lasse Dir dabei genug Zeit und arbeite so lange daran, bis Du die gestellte Skulptur als gelungene Wiedergabe Deiner Gefühle erkennst.
5. Wenn Du mit der Skulptur fertig bist, gib ein Zeichen und entferne Dich von ihr.
6. Die Skulptur verharrt eine volle Minute in absoluter Ruhe. Du betrachtest dabei Deine Skulptur.
7. Befrage alle Figuren der Skulptur nach ihrem Befinden und ihren Gefühlen, die im Verlauf des Stellens entstanden sind.

Daran anschließend konnten auch Gruppenteilnehmerinnen die Skulptur befragen. Erst dann gab die Frau eine Erklärung zur Skulptur, indem sie die einzelnen Figuren identifizierte und auch eine Erklärung zur dargestellten Situation gab.

Fast alle Skulpturen bezogen sich auf die Herkunftsfamilie. Nur eine Frau stellte eine Skulptur aus ihrem aktuellen Familiensystem dar. Die gemeinsame Interpretation der Skulptur und die Kommentare der Frauen, die Teil einer Skulptur waren, führten zu überraschenden Ergebnissen. Gefühle der Ohnmacht, des Zorns, der Enttäuschung, der Distanz, der Gewalt, der Liebe, der Nähe und vieles mehr konnten durch den Ausdruck und die Haltung der Figuren erkannt und angesprochen werden.

Die Einschätzung der Figuren nach ihrem Geschlecht, Alter und Status in der Familie war sehr oft „falsch": Männer fühlten sich als Frauen, Kinder waren uralt, Schwache fühlten sich stark und sicher, Mächtige fühlten sich unsicher und einsam.

In einem weiteren Schritt wurde der Skulpturenstellerin die Möglichkeit geboten, die Positionen der Figuren zu verändern. Dabei kam es oft zu einer sehr entscheidenden Veränderung in der Interpretation. Da die Figur nun unter verschiedenen Aspekten betrachtet werden konnte, wurden an ihr neue Qualitäten entdeckt. Die daraus resultierenden neuen Bedeutungszuweisungen animierten die Skulpturenbildnerin, die Konfliktsituation noch einmal zu überdenken und eventuell neue Interpretationen zu finden.

Diese Form des „Reframing" wurde von den Frauen als sehr entlastend und befreiend erlebt.

Zur Veranschaulichung soll hier die Aussage einer Frau wiedergegeben werden: *„Daß die Geste meines Mannes auch anders verstanden werden kann, als ich sie immer für mich verstanden habe, hat mich sehr verwirrt. Daß sein ausgestreckter Arm nicht nur eine fordernde Geste und eine Geste der Unterdrückung sein kann, sondern auch eine Geste, die zur Unterstützung auffordert, eine Geste der Hilflosigkeit, darauf wäre ich nie gekommen. Ich bin nach Hause gegangen und habe meinen Mann beobachtet. Mein Zorn und meine Frustration waren weg. Ich habe mit ihm sogar reden können, ohne sofort wieder Streit zu beginnen. Ich habe gemerkt, wie ich in meinem Herzen wieder positiven Gefühlen meinem Mann gegenüber Platz machen konnte. Das wird nicht immer so sein, aber für den Moment geht es mir in meiner Familie jetzt viel besser, und ich sehe meinen Mann jetzt auch anders als vorher."*

Jene Frau, die als Symbol einen Anhänger in Form eines teilbaren Herzens gewählt hatte, konnte durch die Skulptur, die sie gestellt hatte, ihren Konflikt mit ihrer Mutter bearbeiten. Sie fühlte sich ihrer Mutter gegenüber in hohem Maße verantwortlich. Schließlich lebte diese vom Vater getrennt in der Türkei und führte dort kein leichtes Leben. Sie wollte schnell Geld verdienen und dann die Mutter nach Österreich nachkommen lassen. In der Bearbeitung der Skulptur kristallisierte sich jedoch heraus, daß die Mutter gar nicht den Wunsch hatte, nach Österreich zu kommen. Die Mutter hatte eher den Wunsch, daß die Tochter ihren Weg ohne sie fortsetzen solle und sie selbst dort bleiben könne, wo sie war. So war deutlich geworden, daß sich einander widersprechende Wünsche und Forderungen gegenüberstanden.

Viele Situationen brachten auch schmerzhafte und verletzende Bilder zutage. Dabei waren die gemeinsame Erfahrung in der Gruppe und die Unterstützung durch die Gruppe und die Anleiterinnen eine große Hilfe.

Genogrammarbeit

Das letzte Thema, mit dem sich die Gruppe beschäftigte, betraf die Herkunftsfamilie. Zur Aufarbeitung dieser Problemstellung wurde die Technik des Genogramms herangezogen.

Nicht alle Frauen schafften es, ihre Familienstammbäume fertigzustellen. Zu groß war die Familie, und zu schwierig war es für einige Frauen, die wichtigsten Daten zu eruieren. Trotzdem konnten einige wichtige Fakten und Familienmerkmale aus den vorhandenen Genogrammen herausgefiltert werden.

Das wohl auffallendste war das Merkmal der Migration. In allen Familien war die Wanderung ein wichtiger Teil der Familiengeschichte: Die Wanderung der Großeltern vom Dorf in die Stadt, vom Osten in den Westen, vom Berg ins Tal, vom Landesinneren an die Küste, von der Heimat in die Fremde und von der Fremde in die inzwischen fremde Heimat.

Die Frauen machten die Erfahrung, daß ihre Migration kein einzigartiger Vorfall im Laufe ihrer Familiengeschichte war, sondern daß die damit verbundenen Folgen und Veränderungen schon immer als prägender Faktor in ihren Familien bestand.

Resümee

Im Juli 1993 fand das letzte Gruppentreffen statt. Wir nutzten die Zeit zu einer abschließenden Reflexion. Dabei wurden folgende Schlußfolgerungen gezogen:
1. Das Arbeiten in der Gruppe wurde von allen Frauen als erleichternd und motivierend erlebt.
2. Die Frauen fanden Schutz und Unterstützung in der Gruppe.
3. Der Prozeß der gemeinsamen Erfahrung und das Einbringen der individuellen Erfahrungen war für alle Frauen sehr spannend.
4. Das Ausprobieren von und Arbeiten mit therapeutischen Techniken wurde als lustvoll und hilfreich erlebt.
5. Das Erkennen der eigenen Person durch die Differenzierung von den anderen Gruppenteilnehmerinnen erweiterte das Spektrum der Selbsterfahrung und das Potential der eigenen Lösungsstrategien in schwierigen Situationen, wie in der Partnerschaft, in der Familie und auch in der Umwelt.
6. Aufgrund der kollektiven Erinnerungsarbeit entstand auch ein Prozeß der Solidarisierung.

Für uns Gruppenanleiterinnen waren der Gruppenverlauf und die Schlußfolgerungen, die die Frauen aus der gemeinsamen Arbeit gezogen hatten, ein Ansporn und motivierte uns, diese Arbeit in der Gruppe fortzusetzen und unser Angebot zu erweitern.

Literaturhinweise / Kaynakça:

PIHA, Jorma/SCHMIDT, Florence: Blind And Mute Sculpting Technique In Family Therapy Training. Paper presented at 5th World Family Therapy Congress. Amsterdam 1993.

ROEDEL, Bernd: Praxis der Genogrammarbeit. Die Kunst des banalen Fragens. Dortmund 1992.

SCHLIPPE, Arist von: Familientherapie im Überblick. Basiskonzepte, Formen, Anwendungsmöglichkeiten. Paderborn 1993.

Judith Hanser, Aslıhan Karabiber-Ertuğrul

„Balık Gibiyim"

Türkiye'li Kadınlarla yapılan Bilinç Yükseltme Grubunun Protokolu ve Değerlendirilmesi

Yaklaşık on yıllık sosyal hizmet ve danışmanlığın sonunda, Sistem Aile Terapisi Eğitiminin de etkisiyle, Türkiye'li kadınlarla bir Bilinç-Yükseltme Grubu oluşturma isteği doğdu.

Yola çıkış noktamız, danışmaya gelen kadınların istek ve problemlerini tanıyor olmamızın yanında, probleme bakış açısının yeni biçimi ve yeni çözüm stratejilerini geliştirip denemeye yönelik istek ve merakımızdı. Katılanlara, kendi kişiliklerini tüm olumlu ve engelleyici yönleriyle, araştırma ve tanıma olanağı vermek amaçlandı. Çelişkilerin çözümü için, sahip olunan özgül güç ve yetenekleri tanıma ve değerini bilme, bunu deneysel yolla yaşama, bu çalışmanın en önemli içeriğini oluşturdu.

Toplu anımsama çalışması sürecinde, tek tek katılanların kişiliklerini kuvvetlendirmeyi, güvenlerini artırmayı ve diğer kadınlarla dayanışmayı desteklemek istedik.

Çalışma prensibimiz, grubu yönetenlerin de aktiv olarak grup çalışmasına katılmasıydı. Her katılım, bu süreçteki mozaik taşlarından birini oluşturdu.

Kullanılan Teknikler

Sembollerle çalışma, ailenin yeniden yapılandırılması, Genogram hazırlama, Heykel/Model oluşturma teknikleri idi. Bu teknikler aracılığıyla kadınların yaratıcılıklarını desteklemek, kişisel deneyime giden yolu kolaylaştırmak istedik. Ayrıca, Bilinç Yükseltme Sürecinin, sadece soyut lisan kullanımı üzerinden değil, başka ifade biçimleriyle de gerçekleşmesini amaçladık.

Grup Süreçinin Seyri

Dokuz oturumdan oluşan süreçin ilki 93 Mart'ının sonunda yapıldı. Her oturum, her Cuma öğleden sonra olup, dört saat sürdü. Toplam dokuz kadın katıldı. Birlikte getirilen çocuklara başka bir odada bakıldı. Grup dili Türkçeydi. Oturumun başında, tüm kadınlar gelinceye kadar, kahve, çay, kekle oturuma hazırlanıldı.

İlk oturum, „Tanışma" ve „oturumların içerigi" nin tesbitiyle geçti. Biri hariç tüm kadınlar evliydi. Kadınların bir kısmı, uzun yıllardır Avusturya'dayken, bir kısmı, yeni evli ve birkaç aydan beri Viyana'daydılar. Bir bölümü, Türkiye'nin büyük şehirlerinden, diğer bir bölümü ise doğrudan bir köyden, Avusturya'ya göç etmişti. Türk, Kürt ve Arap kökenli kadınlardı. Birbirleriyle olan ortak noktaları, yabancı ülkedeki yaşam ve bundan dolayı oluşan değişiklikler, zorluklar ve yeniye uyum gerekliliğiydi.
Tüm konu ve isteklerin listelenmesi sonucu aşağıdaki konular seçildi:
- Göç ve Kişilik,
- Evlilik ve Eş,
- Çekirdek Ailedeki İlişkiler ve Geniş Aile.

Sembollerle Çalışma

İlk oturumu takip eden iki buluşmada sembollerin yardımıyla Göç ve Kişilik konusu üzerinde çalışıldı. Kadınlar ilk oturumda, içinde renkli taşlar, küpeler, cam ve porselenden figürler, düğmeler, oyuncak bebekler, deniz kabukları ve bir sürü ufak ıvır-zıvır bulunan bir kutunun içinden, Avusturya ve Türkiye'yi kendilerince temsil eden birer sembol/maskot alıp, evlerine götürmüşlerdi.

Grup ikiye ayrıldı ve kadınlar, seçtikleri sembollerle ilgili olarak, birbirlerine karşılıklı soru sordular.

Sonuçlar tüm kadınlar için çok şaşırtıcıydı. Daha iyi anlaşılması için, seramikten bir balık alıp evine götüren bir kadının sözlerinden alıntı yapmak istiyoruz: *„Önce eve alıp götürdüğüm balığı bir yere koydum ve tamamen unuttum. Ama şimdi, bana balığın benle nasıl bir ilişkisi olabileceği sorulduğunda, aklıma bir anım geldi. Çocukken bir balık bulup eve getirmiştim. Onu su dolu bir bardağın içine koyup, üstünü de kapatmıştım. Ertesi gün balığıma bakmaya gittiğimde, onun bardağın yüzeyinde yüzdüğünü gördüm. Oksijensiz kalıp ölmüştü. Balığın, kimselere zararı olmayan, özgür bir hayvan olduğunu düşünüyorum. Bende kendimi balık gibi hissediyorum; sessiz ve düşünceli. Bunlar bence olumlu özellikler. Toplum içinde ben de sessizimdir ve konuşmalara katılmam. Ama birisi bana niye sessiz kaldığımı sorduğunda, herkesin dikkati benim üzerimde yoğunlaşır, bende görüşlerimi belirtirim, herkes beni dikkatle dinler. Bu benim için çok önemli ve olumlu. Benim sözlerim anlam kazanır ve herkese duyurulmuş olur. Bu küçük seramik balıkla ilgili olarak şu an aklıma gelenlerden dolayı oldukça şaşkınım. Bana öyle geliyor ki, sanki başka biri, benim içimden konuşuyor. Balığın benle olan ilgisinden dolayı da epey şaşırdım."*

Daha sonra, grupta, Lisan ve Lisansızlık hakkında bir konuşma gelişti. Kadınlar, yabancı lisanla olan deneyimlerini, kendini ifade etme zorluklarını ve bundan dolayı oluşan, kısıtlanma, sınırlanma ve yanlış anlaşılmalarını anlattılar. Suskunluğu, yaratıcı bir davranış olarak görmek, suskunlukla çevrenin dikkatini çekip, konuşmak için mekan ve zaman yaratmak, grup içindeki diğer kadınlar içinde ilginç bir deneyimdi.

Başka bir kadında, kendisine, Avusturya'yı temsilen bir çiçek şeklindeki küpeyi, vatanı içinde, ikiye ayrılabilen kalp biçimini sembol olarak seçmişti. Sorgulama ve yanıtlama süreci içinde, kendisi, şu sonuçlara vardı: Çiçeğin çok güzel renkleri var ama sapı yok, dolayısıyla da köksüz. Yakında solup, ölebilir. Aynı şekilde ikiye ayrılmış kalbin durumu da zor. Ortadan ikiye ayrılmış bir kalp nasıl atmaya devam edebilir?

Görüşmenin devamında, bu kadın, sembollerle bugünkü yaşam biçimi arasında ilişki kurdu. Kendisi kısa bir süre önce, babasının yanına, Viyana'ya gelmiş. Babası uzun yıllardır, annesinden ayrı yaşıyor. Kendisi için çok önemli olan annesini, Türkiye'de, yalnız bırakmak zorunda kalmış. Viyana'da bir iş bulup, para kazanıp, annesini buraya getirtmek istiyor. Kendi istek ve gereksinimleri ile annesiyle ilgili istekleri arasındaki farklılık, daha ilerki grup görüşmeleri sırasında tekrar ele alındı ve annesiyle olan ilişkisine yeni bir bakış açısıyla bakması sağlandı.

Ailenin Yeniden Yapılandırılışı

Dördüncü ve beşinci oturumlarda, geldiğimiz aileden kopuş ve kendi ailemizin kuruluşu, teması işlendi.

Katılanların isteği üzerine, aşağıdaki soruların yardımıyla, toplu halde konuya açıklık getirildi:
- Eşinizi nasıl tanıdınız?
- Ailenizde hangi değerler, kurallar, adetler geçerli?
- Eşinizin ailevi kuralları ile sizinkiler arasındaki ilişki/bağlantı nasıl?
- Düğün, evlilik nasıl yaşandı?
- Nişanlılık dönemi nasıl geçti, eşinizi o zaman nasıl algıladınız?
- Evlilik sonrası yaşantınız nasıl değişti?
- Evlilik, yeni bir aile kuruluşuyla neleri kayıp, neleri kazanç olarak yaşadınız?

Toplu olarak geçmişi anımsama çalışması, kadınlarca oldukça keyifli ve rahatlatıcı bir şekilde yaşandı. Deneyimlerdeki ortak noktalar, farklılıklar, açıkca ortaya konulup, tartışıldı, değerlendirildi. Bölgesel, etnik, kültürel özelliklerin içerik ve anlamları açıklık kazandı. Kendi adet ve göreneklerimizle yabancı ülkenin/Avusturya'nın adet ve görenekleri kıyaslandı, karşılaştırıldı. „Hangi adet ve kuralları kabullenirken, hangilerini rededdiyoruz?" sorusu yanıtlanmaya çalışıldı. Deneyim alış-verişi, oldukça samimi ve karşılıklı saygı ortamı içinde yapıldı. Ortak deneyimler/yaşananlar, duygusal rahatlamayı sağladı. Farklı yaşananları ise, grup, kendi deneyimlerinin zenginleşmesi, kendi özgül güçlerinin artması olarak değerlendirdi.

Aile sistemine adım adım yaklaşan kadınlar, daha sonra, geldikleri aile ile şimdiki ailelerinde yaşanmış-yaşanan çatışmaları incelemek istediler.

Aile Modeli/Heykeli

Altıncı, yedinci ve sekizinci oturumlar, aile sistemlerindeki çatışmaların, sorunların incelenmesiyle geçti. Burada aile modeli-heykeli diye adlandırılan tekniği kullandık. Bu teknik, aile ilişkilerinin, duruş ve pozisyonlarla sergilenmesidir. Modeli-heykeli yapan kişi, kendi görüşüne göre, aile bireylerine öyle bir biçim ve pozisyon verir ki, bu, bireyler arası duygusal ilişkileri yansıtır. Bu teknik, psikolojik yaşantıları ortaya koyan evrensel bir ifade biçimidir. İmajlar, mecazi durumlar, tanınıp, anlamlandırılır. Modelin yapımı için lisana, konuşmaya gerek yoktur. Böylece lisana bağlı olarak, mantıklaştırma, savunma fenomenleri engellenmiş olur.

Modeli-heykeli yapacak kişi, aşağıdaki direktifleri alır:
1. Seni yıpratan, sana ailevi bir sorun gibi gelen, aile içindeki bir durumu düşün.
2. Model için gerekli kişileri grubun içinden seç.
3. Modeli yaparken, konuşma.
4. Kişilere biçim ve anlamlarını ver. Çalışırken kendine yeterli zaman tanı ki, yaptığın model, senin duygularını tam anlamıyla yansıtıyor olsun.
5. Model bittiğinde, bittigine dair bir işaret verip, model'den uzaklaş.
6. Model kımıldamaksızın bir dakika dururken sen modelini gözlemle.
7. Modelini oluşturan figürlere – kişilere, modelin oluşumu sırasında nasıl olduklarını ve kendilerini nasıl hissettiklerini sor.

Daha sonra, grup üyeleri de Modele soru yöneltebilirler. En sonra modeli yapan kişi, figürlerin kimliklerini belirtir ve modelle anlatmak istediği durum hakkında bilgi verir.

Yaklaşık tüm modeller, kadınların geldikleri aileyi temsil ediyordu. Sadece bir kadın şimdiki aile yapısını gösteren bir model oluşturdu. Modelin hep birlikte betimlenmesi ve modeli oluşturan kadınların yorumları şaşırtıcı sonuçlara neden oldu.

Güçsüzlük duygusu, öfke, kırgınlık, mesafe, şiddet, sevgi, yakınlık ve birçok duygusal ifade, figürlerin durumu ve pozisyonlarıyla tanınabildi ve dile getirildi. Figürlerin, cinsiyeti, yaşı ve ailedeki konumları çok sık „yanlış" tahmin edildi. Erkekler, kendilerini kadın, çocuklar yaşlı, zayıflar, kuvvetli ve güvenli, güçlüler ise kendilerini yanlız ve tedirgin hissettiler.

Bir sonraki adımda ise, modeli yapan kadın, figürlerin pozisyonlarını değiştirir ve değişen modeli tekrar izler. Böylece modelin yorumlanmasında, oldukça belirleyici değişiklikler meydana gelir. Modeli, başka bir bakış açısından gözlemleme ve yeni, farklı özelliklerini keşfetme olanağı doğar. Yeniden oluşan sembolik-mecazi durumlar ve onların yeni anlamları, modeli yapan kişiye, çatışma durumunu, yeniden değerlendirme ve yorumlama fırsatı verir. „Reframing" kadınlarca oldukça rahatlatıcı ve özgürleştirici yaşandı.

Daha açıklayıcı olması için, bir kadının sözlerinden alıntılar: *"Kocamın el hareketinin (jestinin), benim şimdiye kadar anladığım biçimin dışında, başka türlü de anlaşılabileceği, beni oldukça şaşırttı. İleri doğru uzatılmış kolunun, sadece talep eden ve baskı uygulayan bir jest değil, destek bekleyen ve çaresizliğin ifadesi olan bir jest olabileceği fikri hiç aklıma gelmemişti. Eve gittim ve kocamı gözlemlemeye başladım. Öfkem ve kırgınlığım yok olmuştu. Onunla, hemen kavgaya dönüşmeyen bir konuşma yapmayı başardım. Kocama karşı, tekrar, kalbimde olumlu duygulara yer verebildiğimi, farkettim. Bu her zaman böyle olmayabilir, ama şu an kendimi ailemle birlikte çok iyi hissediyorum. Ve şimdi, eşimi eskiye nazaran, başka bir gözle görüyorum."*

Kendisine, sembol olarak ikiye ayrılabilen bir kalbi seçen kadın ise, yaptığı model aracılığıyla, annesiyle olan çatışmasını yeniden gözden geçirebildi. Annesine karşı, kendini çok sorumlu hissediyordu. Annesi babasından ayrı yaşıyordu ve Türkiye'deki yaşamı kolay değildi. Bir an önce para kazanıp, annesini Avusturya'ya getirmek istiyordu. Yaptığı modelin değerlendirilmesinde, annesinin Avusturya'ya gelme gibi bir isteği olmadığı, açıklıkla ortaya çıktı. Annesinin dileği, kızının neredeyse orada kalıp, onsuz kendi yolunu kendi çizmesiydi. Böylece, birbirleriyle çelişkili dilek ve taleplerinin olduğu anlaşıldı.

Pekçok durum, beraberinde, acı verici, yaralayıcı görüntüler, anılar da meydana getirdi. Ancak bunu grup içinde yaşamak, grubun ve yöneticilerin desteğini almak, büyük bir yardımdı.

Genogram Çalışması

Son olarak grup, genogram tekniğinin kullanımıyla, "geldikleri aile"yi tekrar inceledi.

Kadınların bir kısmı, aile ağacı/aile seceresi (genogram)ni tam olarak ortaya çıkarmayı başaramadı. Ya aile çok geniş idi, yada önemli tarihleri hatırlamak veya bulmak çok zordu. Genede var olan aile ağacından, aile'ye ait tipik özellikleri, önemli faktörleri, olguları seçmek mümkün oldu.

En çok dikkati çeken nitelik ise "Göç olgusu" idi. Tüm ailelerde, göç (mekan değiştirme) aile geçmişinin önemli bir bölümünü oluşturuyordu: Büyük anne-babanın köyden şehre göçü, doğudan batıya, dağdan ovaya, iç bölgelerden kıyıya, vatandan yabancı ülkeye ve yabancılaşmış vatana geridönüş. Kadınlar, kendi göçmenliklerinin, ilk kez yaşanan bir olay olmadığını, aksine göç ve göçün getirdiği değişiklikler ve sonuçlarının, kendi aile geçmişlerinde oldukça önemli bir faktör olduğunu gördüler.

Temmuz 93 te son toplantı yapıldı. Bu toplantıyı, grupla ilgili düşünce ve görüş alış-verişinde bulunarak kapattık. Ve aşağıdaki sonuçlara ulaştık.
1. Grup içinde çalışma, tüm kadınlarca, rahatlatıcı ve motivasyon verici olarak yaşandı.
2. Kadınlar, grup içinde, koruma ve destek buldular.

3. Toplu deneyimin süreci ve kişisel deneyimlerin açıklanması, tüm kadınlar için çok heyecan vericiydi.
4. Terapi tekniklerini denemek ve bu tekniklerle çalışmak, çok zevkli ve destekleyici bulundu.
5. Diğer grup üyelerinden ayrılma yoluyla, kendi kişiliğini tanıma, kişisel deneyimlerinin çeşitliliğini farketme, çevre, aile ve eş ilişkilerindeki zorlu durumları kendi gücüyle çözme stratejilerinin potansiyelini artırma, edinilen kazançlardı.
6. Toplu halde anımsama çalışması nedeniylede kadınlar arası dayanışma oluştu.

Grup süreci ve kadınların ortak çalışmadan çıkardıkları grup sonuçları, biz, grup yöneticilerine, bu tür grup çalışmalarının genişletilip, devam ettirilmesi için, güç, şevk ve motivasyon verdi.

Ruth Kronsteiner

„Wenn die Worte fehlen, muß der Körper sprechen"

Bewältigung und Hintergründe der Arbeitsmigration als psychische Krise[1]

I. Einleitung

Mein Zugang zum Thema

Seit zehn Jahren arbeite ich in Bildungs- und Beratungsprojekten mit Migrantinnen und habe einige mehrmonatige Aufenthalte in der Türkei, darunter eine sechsmonatige ethnologische Feldforschung,[2] hinter mir. Anfänglich beschäftigten meine Kolleginnen und ich uns hauptsächlich mit Angehörigen der assyrischen und kurdischen Minderheiten aus der Türkei, „Türkinnen" und Frauen aus Ägypten, dem Jemen, dem Iran und dem Irak. Sehr bald wurde uns klar, daß gründliches Hintergrundwissen bezüglich Sozialisation, Kultur, Politik etc. in den jeweiligen Herkunftsländern und vor allem Kenntnisse der jeweiligen Muttersprache das Um und Auf einer guten Arbeit mit den Frauen und ihren Familien sind. Wir beschlossen daher, ausschließlich mit Migrantinnen aus der Türkei zu arbeiten.

Im Laufe der Jahre wurde immer klarer, daß die Migrantinnen nicht nur Unterstützung im sozialen, ökonomischen und im Bildungsbereich benötigen, sondern vor allem auch im psychischen Bereich.

Die Möglichkeit, therapeutische Gespräche in türkischer Sprache in Anspruch zu nehmen, war damals, und ist es auch heute noch, äußerst begrenzt. Deshalb begannen zwei meiner Kolleginnen eine systemische Familientherapieausbildung, und ich selbst absolvierte eine Ausbildung für Psychoanalyse und Sozialtherapie.

Einige Jahre schon war ich mit den psychischen Problemen der Frauen und Kinder vertraut, und ich versuchte, diese so gut ich konnte zu unterstützen, allein das „Werkzeug" fehlte.

Durch die Ausbildung habe ich einiges an Werkzeug erhalten, doch das für diese Zielgruppe nötige „Spezialwerkzeug" mußte ich mir selbst erarbeiten. Diesem „Spezialwerkzeug" gebe ich die Bezeichnung „feministische, transkulturelle Sozialtherapie".

Was ist bis jetzt im Bereich Arbeitsmigration und Gesundheit in Wien geschehen?

Das Thema „Arbeitsmigrantinnen und Gesundheit" wurde von wissenschaftlicher Seite noch wenig bearbeitet. Die vorhandenen Studien sind ausländischer Herkunft und bieten gute allgemeine Informationen, aber keine in bezug auf die österreichische oder Wiener Situation.

In Wien wurde dieser Bereich ausschließlich von den Beratungsstellen für ausländische Frauen[3] thematisiert. Die Erfolge dieser Thematisierung möchte ich an dieser Stelle anführen:

1. Gesetzliche Verankerung der Zugangsmöglichkeit zur Krankenschwesternausbildung für „ausländische" Frauen.
2. Acht türkischsprechende Beraterinnen in Wiener Spitälern im Bereich Gynäkologie und Kinderheilkunde.
3. Einrichtung einer Familienberatungsstelle für ausländische Frauen und ihre Familien beim Verein *Miteinander Lernen – Birlikte Öğrenelim*.
4. Auftragserteilung für eine handlungsorientierte Studie mit dem Titel „Ausländer und Gesundheit", die die adäquate Förderung der Nutzung präventiver und kurativer Gesundheitseinrichtungen durch in Wien ansässige ausländische Populationen ermitteln sollte.[4]

   Die Konzeptualisierung, Ausschreibung und Begleitung der Studie erfolgte durch einen Beirat, in dem ich Mitglied war. Die Studie wurde im Oktober 1992 fertiggestellt.
5. Erstellung eines Curriculums zum Thema „Gesundheit" für den Deutschunterricht mit Frauen durch den Dachverband der Bildungs- und Beratungseinrichtungen für ausländische Frauen.
6. Errichtung eines Psychotherapiezentrums für Frauen, Kinder und Familien aus der Türkei beim Verein *Miteinander Lernen*, das Psychotherapien in türkischer Sprache anbietet.
7. Erfolgreiche Sprachvermittlung mit Hilfe eines psychodynamischen Unterrichtskonzepts[5] für Frauen aus der Türkei mit den Schwerpunktthemen Arbeit, Wohnen, Gesundheit (*Miteinander Lernen*).

Obwohl die Mitarbeiterinnen der Beratungsstellen in Wien lange Jahre hart an der Durchsetzung dieser Projekte gearbeitet haben, deckt der Erfolg ihrer Arbeit nur einen geringen Teil der Bedürfnisse der ausländischen Bevölkerung in Österreich ab.

II. Begriffsklärung, Thesen und Fragen

Vorerst möchte ich zwei bereits verwendete Begriffe, nämlich Migration/Migrantin und Gesundheit, näher definieren.

Migration bedeutet Wanderung und somit räumliche Bewegung von Menschen, wobei dies einen Wechsel des Wohnsitzes als auch einen Wechsel des soziokulturellen Raumes einschließt.⁶ Die Psychodynamik betreffend kann man sagen, daß „die Migration eine potentiell traumatische Erfahrung ist, die durch eine Reihe von partiellen traumatischen Ereignissen gekennzeichnet ist und die zugleich eine Krisensituation bildet"⁷. Im Mittelpunkt dieser Arbeit stehen vor allem Arbeitsmigrantinnen aus der Türkei und ihre Familien. Die Arbeitsmigration ist eine Sonderform der Wanderung, die von Menschen, die unter besonderem sozialen und ökonomischen Druck stehen, vollzogen wird.⁸ Die Migration erfolgt meist aufgrund „äußeren" Drucks, hat aber schwerwiegende „innere", d. h. individuelle Konsequenzen, vor allem im Bereich der Gesundheit. Die World Health Organisation (WHO) begreift Gesundheit als umfassendes körperliches, seelisches und soziales Wohlbefinden: "Gesundheitsförderung zielt auf einen Prozeß, allen Menschen ein höheres Maß an Selbstbestimmung über ihre Gesundheit zu ermöglichen und sie damit zur Stärkung ihrer Gesundheit zu befähigen. Um ein umfassendes körperliches, seelisches und soziales Wohlbefinden zu erlangen, ist es notwendig, daß sowohl einzelne als auch Gruppen ihre Bedürfnisse befriedigen, ihre Wünsche und Hoffnungen wahrnehmen und verwirklichen sowie ihre Umwelt meistern bzw. sie verändern können. In diesem Sinne ist die Gesundheit als ein wesentlicher Bestandteil des alltäglichen Lebens zu verstehen und nicht als ein vorrangiges Lebensziel. Gesundheit steht für ein positives Konzept, das in gleicher Weise die Bedeutung sozialer und individueller Ressourcen für die Gesundheit ebenso betont wie die körperlichen Fähigkeiten. Die Verantwortung für Gesundheitsförderung liegt deshalb nicht nur bei dem Gesundheitssektor, sondern bei allen Politikbereichen und zielt über die Entwicklung gesünderer Lebensweisen hinaus auf die Förderung von umfassendem Wohlbefinden [...] .

Grundlegende Bedingungen und konstituierende Momente von Gesundheit sind Frieden, angemessene Wohnbedingungen, Bildung, Ernährung, ein stabiles Öko-System, eine sorgfältige Verwendung vorhandener Naturressourcen, soziale Gerechtigkeit und Chancengleichheit. Jede Verbesserung des Gesundheitszustandes ist zwangsläufig fest an diese Grundvoraussetzungen gebunden."⁹ Dies bedeutet, daß sich der Gesundheitszustand der Menschen bei Fehlen einer oder mehrerer Voraussetzungen verschlechtert. Ich stelle hiermit die These auf, daß ArbeitsmigrantInnen in Österreich schlechtere Wohnbedingungen, weniger Bildung, weniger soziale Gerechtigkeit und weniger Chancengleichheit als ÖsterreicherInnen vorfinden, daß sie ihre Bedürfnisse als einzelne und als Gruppe schwerer befriedigen können und vor allem ihre Umwelt nicht verändern dürfen. ArbeitsmigrantInnen finden in Österreich Bedingungen vor, die nicht gesundheitsfördernd, sondern krankmachend sind. Unter Krankheit verstehe ich eine den gesellschaftlichen Verhältnissen angepaßte psychosoziale Konfliktlösungsstrategie, in der individuelle, kulturelle, geschlechtsspezifische und schichtspezifische Ebenen bestimmend sind.¹⁰

Ich denke, daß MigrantInnen in Österreich nur insofern die Möglichkeit haben sich zu wehren, indem sie die Aggression gegen sich selbst richten und „krank" werden. Aggression in Form politischer Aktivität ist für „AusländerInnen" in Österreich gefährlich, sie könnten damit die öffentliche Ordnung und Ruhe stören und aus dem Land gewiesen werden.[11] Weiters ist Krankheit oft die einzige Möglichkeit, von der österreichischen Umwelt „Hilfe" (= positive Zuwendung) zu bekommen, wobei dies, wie wir später sehen werden, leider oft unbefriedigend verläuft.

Ich möchte allerdings betonen, daß ich ArbeitsmigrantInnen nicht als hilflose „Opfer" sehe, sondern daß ich ihre Leistungen und Bewältigungsstrategien bewundere und anerkenne.

Nun komme ich zu einer weiteren These: Das subjektiv Mitgebrachte in Verbindung mit den objektiven Lebensbedingungen und Beziehungsmöglichkeiten mit neuen Objekten im Aufnahmeland ist ausschlaggebend für den Migrationsverlauf. Die meisten Konflikte im Migrationsverlauf sind auf drei Ebenen angesiedelt: der geschlechtsspezifischen, der kulturspezifischen und der schichtspezifischen Ebene, d. h. die Ursachen für Gesundheitsbeeinträchtigungen sind hier zu finden, und dies ist auch im psychotherapeutischen Ansatz zu berücksichtigen.

In diesem Beitrag versuche ich eine Verbindung von Theorie und Praxis, von Politischem und Privatem, von Innen und Außen herzustellen. Im Mittelpunkt dieser Verbindung steht die Migrantin, die mehr „aushalten" muß als die Nicht-Migrantin. Ich selbst scheue mich nicht davor, parteiisch und oft auch subjektiv zu sein. Aus diesem Blickwinkel betrachte ich die äußeren (gesellschaftlichen) und die inneren (psychischen) Bereiche der Migration und deren Zusammenhänge.

Ausgehend von den bisherigen Ausführungen möchte ich folgenden Fragen nachgehen:
1. Was finden MigrantInnen, wenn sie nach Österreich kommen, vor?
2. Was bringen MigrantInnen mit?
3. Zu welchen Konflikten kommt es im Migrationsprozeß?
4. Wer geht mit somatischen, psychosomatischen und psychischen Konfliktlösungsmöglichkeiten wie um?
5. Welche Auswirkungen haben die Konfliktebenen Geschlecht – Kultur – Schicht auf die Psychotherapie mit Migrantinnen aus der Türkei?

III. Theoretische Ansätze

1. Theoretische Ansätze bezüglich des Zuganges von MigrantInnen zu Gesundheit und Krankheit

Um die Entstehung von Krankheit bei und das Gesundheitsverhalten von MigrantInnen zu erklären, gibt es in der Literatur drei Erklärungsmodelle:
– das schichtspezifische,
– das kulturspezifische,
– das migrationsspezifische.

Der schichtsspezifische Ansatz geht davon aus, daß UnterschichtpatientInnen ein eigenes Krankheitsgeschehen und Gesundheitsverhalten aufweisen und vor allem bezüglich des Zuganges zum und der Behandlung durch das Gesundheitssystem unterprivilegiert sind. Dies ist für MigrantInnen relevant, da sie gemäß ihrer Sozialstruktur, ihrer Lebens- und Arbeitsbedingungen mehrheitlich der Unterschicht in Österreich angehören.[12]

Der kulturspezifische Ansatz geht davon aus, daß Krankheitskonzepte und Gesundheitsverhalten kulturell determiniert sind. MigrantInnen der ersten Generation wurden meist nicht in Österreich sozialisiert und tradieren ihre Normen und Werte meist auch an die Nachfolgegenerationen weiter. ArbeitsmigrantInnen aus der Türkei, die einer dörflichen Sozialisation entspringen, haben – wie wir später noch sehen werden – ein uns fremdes Krankheitskonzept und -verhalten sowie „andere" Ausdrucksformen, um Symptome zu erklären.[13]

Der migrationsspezifische Ansatz geht davon aus, daß Verhaltensweisen und Symptomatik auf die Besonderheit der Migration selbst zurückzuführen seien: Je nach Wanderungsgrund und nach Integration(smöglichkeiten) im Aufnahmeland entwickeln MigrantInnen verschiedene Zugänge zum Gesundheitswesen.[14]

Meines Erachtens sind alle drei Ansätze zu berücksichtigen, um Krankheitskonzepte, Gesundheitsverhalten, Symptomatik, Zugang zum Gesundheitswesen von und Therapieform für MigrantInnen zu analysieren.

Allerdings fällt auf, daß der geschlechtsspezifische Ansatz in der vorhandenen Literatur entweder gar nicht oder nur als sogenannter „Nebenansatz" vorkommt. Ausschließlich die feministische Literatur äußert sich zum geschlechtsspezifischen Zugang zu Krankheit, Gesundheit und therapeutischen Maßnahmen.

Ich möchte jedoch den geschlechtsspezifischen Ansatz in den Vordergrund rücken und füge ihn absichtlich nicht einfach hinzu. Dieser Ansatz geht davon aus, daß Krankheitsgeschehen, Gesundheitsverhalten und der Zugang zum Gesundheitssystem geschlechtsspezifisch determiniert sind und die Verinnerlichung patriachaler Vorstellungen für Frauen schmerzhafte Widersprüche und Konflikte erzeugt.[15]

Auch für Migrantinnen aus der Türkei ist dieser Ansatz äußerst wichtig, da sie ebenfalls in einer patriarchalen Gesellschaft sozialisiert wurden. Unsere Gesellschaftsstrukturen sind ihnen somit nichts Neues, sie werden aber aufgrund „ihrer" patriarchalen Sozialisation im Gesundheitswesen Österreichs zusätzlich diskriminiert. Dies bedeutet, daß eine enge Verbindung zwischen sexistischer und rassistischer Diskriminierung besteht.

2. Theoretische Ansätze bezüglich Migration und Psychoanalyse

Die Psychoanalyse

„Ein freiwilliges oder erzwungenes Auswandern stellt einen Schock oder manchmal sogar ein Trauma dar, das großen Einfluß auf die innere Realität der Betroffenen hat. Um so verwunderlicher ist es, daß dieses bedeutende Phänomen in der psychoanalytischen Literatur kaum behandelt wird. Obwohl oder vielleicht weil praktisch alle deutschsprachigen Analytiker von der Vertreibung durch den Nationalsozialismus betroffen waren, gibt es fast keine Reflexion darüber."[16]

Eine erste umfassende Bearbeitung des Themas erfolgte durch Rebeca und Leon Grinberg. Die Grinbergs selbst haben Migration mehrfach erlebt und beschäftigten sich tiefgehend mit der „Psychopathologie der Migration", auf die ich später noch näher eingehen werde. Sie arbeiten die verschiedenen Formen von Migration bezüglich räumlicher Distanz, äußerer und innerer Beweggründe und Erwartungen an die Migration heraus. Sie kommen zu dem Ergebnis, daß die äußeren Umstände die inneren Bedingungen für das Herangehen an die Migration und deren Verarbeitung substantiell beeinflussen, daß aber auch umgekehrt die Migration durchgehend von der Persönlichkeit des Subjekts, seiner psychischen und geistigen Konstitution bestimmt wird. Die emotionalen Reaktionen und Haltungen der MigrantInnen entstehen durch die Interaktion zwischen den MigrantInnen und den Menschen der aufnehmenden und der verlassenen Umwelt.

Die sogenannte „Integration" hängt davon ab, ob die Aufnahmegesellschaft die Neuankömmlinge als Eindringlinge erlebt und ablehnt oder ihnen mit Akzeptanz und Hoffnung begegnet. Die vormigratorischen Objektbeziehungen sind sowohl auf der MigrantInnenseite als auch auf der AufnehmerInnenseite für den Beziehungsverlauf ausschlaggebend.

Der ethno- und soziokulturelle, geschlechts- und schichtspezifische Hintergrund der MigrantInnen wird von den Grinbergs allerdings kaum behandelt. Das klassisch psychoanalytische Werk beruht auf Material aus psychoanalytischen Behandlungen, hauptsächlich von Mittel- und OberschichtemigrantInnen.

Weiters gibt es einen Aufsatz von Diem-Wille (1992) und einen Beitrag von Garza-Guerrero (1974) zum Thema Kulturschock. Der im Frauentherapiehandbuch 1992 erschienene Aufsatz von Maria Gavranidou mit dem Titel „Migrantinnen" setzt sich mit den speziellen Schwierigkeiten in der Psychotherapie mit Migrantinnen auseinander. Zu guter Letzt möchte ich das Buch von Emanuela M. Leyer (1991) anführen, das einen sehr guten Einblick in die transkulturelle, schichtspezifische, analytische Familientherapie mit MigrantInnen aus der Türkei gibt.

Die Überlegungen von Leyer basieren auf klinischem Material, das sie bei der Durchführung des Modellprojektes „Psychosomatische Probleme türkischer Arbeitnehmer und ihrer Familien" am Zentrum für Psychosomatische Medizin der Universität Gießen sammelte.[17] Anknüpfend an das Konfliktmodell der Psychoanalyse und der psychoanalytischen Psychosomatik in Verbindung mit den historischen, kulturellen und sozialen Hintergründen und der Lebenssituation von türkischen MigrantInnen in der BRD entwickelt sie ein eigenes therapeutisches Modell für diese Zielgruppe. Leider behandelt sie die Situation und die speziellen Konflikte von Migrantinnen nur am Rande, was vielleicht auch durch ihr hauptsächlich männliches Klientel oder/und in ihrem familientherapeutischen Ansatz begründet sein kann.

Weiters liegen psychoanalytische Arbeiten zu Teilaspekten der Migration vor, die aber größtenteils nicht im Bezug auf das Thema „Migration" entwickelt wurden.[18]

Die Psychoanalyse als Wissenschaft erscheint aus folgenden Gründen prädestiniert, sich mit dem Thema Migration auseinanderzusetzen:
- sie hat die Rezeption der Umwelt durch das Subjekt und die daraus resultierenden Beziehungen und somit die gesellschaftlichen Verhältnisse zum Gegenstand;
- ihr Krankheitskonzept wird der kultur-, schicht- und geschlechtsspezifischen Ebene gerecht, indem sie Krankheit als Ausdruck von Konflikten, als Anpassungs- und Selbstheilungsversuch sieht;
- zahlreiche AnalytikerInnen haben die Migration selbst erlebt;
- sie ist eine Wissenschaft, die Theorie und Praxis verbindet;
- sie ist „die von feministischer Seite am umfassendsten analysierte und revidierte Theorie [...]"[19]
- und sie hat nicht zuletzt im Rahmen der Ethnopsychoanalyse das Unbewußte in der Kultur, d. h. jene Abwehr- und Anpassungsmechanismen, die genau diese Bereiche der Gesellschaft unbewußt machen, die einen Wandel hervorrufen und somit bestehende Herrschaftsverhältnisse gefährden könnten, zum Gegenstand.[20]

Die Ethnopsychoanalyse
„Die Ethnopsychoanalyse will verstehen, wie Menschen in anderen Kulturen fühlen und denken, mit Konflikten, Ängsten und Zuneigung umgehen. Das kann man weder befragen noch beobachten, sondern nur in Beziehungen erfahren, in die man sich einläßt und die sich vertiefen."[21]

Somit sind die ForscherInnen, in dem sie an Beziehungen teilhaben, in den Forschungsprozeß subjektiv involviert. Sie sind allerdings auch Bestandteil einer weißen, privilegierten Gesellschaft, einer Forschungsinstitution, d. h. sie stehen in einem Machtverhältnis zu ihren Forschungsobjekten. Ähnlich verhält es sich im ÄrztIn-PatientIn-Verhältnis oder in der TherapeutIn-KlientIn-Beziehung. Oft tritt eine Art „Teilidentifikation"[22] mit den KlientInnen in Kraft, die uns dann „parteiisch" erscheinen läßt.

„Man sollte sich daher nicht scheuen, für die Belange der türkischen Patienten Partei zu ergreifen und hier aktive Hilfe bei der Klärung von Konflikten zu geben. Das schafft in manchen Fällen überhaupt erst die Voraussetzungen, daß dann, nachdem die äußere materielle und soziale Bedrohung verringert wurde, psychotherapeutische Gespräche möglich werden."[23]

Die eigene Machtposition als Angehörige der weißen, privilegierten Mehrheitskultur kann also im Dienste der sogenannten „Unterprivilegierten" eingesetzt werden. Allerdings ist dazu ein hohes Maß an Selbsterkenntnis nötig. „Dort, wo normale Personen am heftigsten am Schicksal ihrer Umwelt teilhaben, wo sie am wenigsten egoistisch am sozialen und politischen Geschehen engagiert sind, wo sie für die Freiheit und Unabhängigkeit bangen, hoffen und kämpfen, sind die Grundkonflikte ihrer Psyche am stärksten beteiligt, wiederholen sie ihr persönlichstes individuelles Schicksal."[24]

Dem sozialen und politischen Engagement eines Menschen liegen sehr persönliche Motive zugrunde, die eine wichtige Gemeinsamkeit zwischen den engagierten Personen und den Menschen, für die sie sich einsetzen, darstellen können.

ArbeitsmigrantInnen haben wenige Möglichkeiten, sich gegen Diskriminierung und Ausbeutung zu wehren, da ihnen keine politischen Mittel zur Verfügung stehen. Ohne Macht zu sein, führt unweigerlich zur Ohnmacht. Aggressionen können nicht über politische Aktivitäten kanalisiert werden, sondern werden schlußendlich gegen die eigene Person gerichtet. „In dem Maße, wie es dem Individuum nicht gelingt, seine inneren Konflikte zu lösen, werden diese zu potentiellen Stützpunkten der Herrschaft. Die Aggression, die ursprünglich der herrschenden Gewalt hätte Grenzen setzen sollen, wird durch die Wendung nach innen zum Vehikel, das den Machtbereich der Herrschaft nun auch auf die Psyche des Individuums ausdehnt."[25]

Zusammenfassend möchte ich festhalten, daß die Auseinandersetzung mit dem „Fremden" gleichbedeutend ist mit der Auseinandersetzung mit dem „Eigenen". Die Ethnopsychoanalyse untersucht den Zusammenhang von persönlicher, individueller Entwicklung und gesellschaftlicher Dynamik und hilft, unbewußt gewordene Strukturen zur Aufrechterhaltung von Herrschaft aufzudecken.[26]

3. Feministische Theorie

Feminismus und Psychoanalyse

Ich kann an dieser Stelle nur sehr kurz auf die Kritik der feministischen Psychoanalytikerinnen an der Psychoanalyse eingehen, da dieses Thema einerseits ein ganzes Buch füllen würde und andererseits im Kapitel feministische Therapie nochmals behandelt wird.

Zusammenfassend möchte ich sagen, daß die Psychoanalyse sicher die am besten von feministischer Seite analysierte psychotherapeutische Theorie ist. Zwei der neuesten Werke möchte ich ausdrücklich erwähnen, nämlich Christa Rohde-Dachsers Buch „Expedition in den dunklen Kontinent" (1991), in dem sie die Psychoanalyse einer Ideologiekritik unterzieht und an einigen ihrer Grundfesten wie dem „Ich", „Es" und dem „Über-Ich" als geschlechtsspezifische Konstruktionen rüttelt, und den Aufsatz von Barbara Gissrau „Weiblichkeitskonstruktion in der Psychoanalyse heute" (1991), in dem sie einen feministischen Überblick über Weiblichkeitsbilder in der Psychoanalyse gibt.

Feministische Forschung: Bannbrecherin in der Soziologie, Ethnologie und Psychologie[27]

Mein Augenmerk liegt hier vor allem auf jenen Grundlagen feministischer Therapie, die aus der feministischen Wissenschaft kommen. Die Grundlagen für die feministische Theorie und Praxis wurden von Maria Mies in ihren methodologischen Postulaten einer engagierten Frauenforschung, d. h. einer feministischen Forschung, gelegt.[28] Diese gelten für die Wissenschaft Psychoanalyse genauso wie für die Wissenschaften Ethnologie und Psychologie. Sie waren und sind noch immer, trotz aller Kritik,[29] für meine Arbeit mit Migrantinnen richtungsweisend, daher möchte ich sie hier anführen.

1. „Bewußte Parteilichkeit" durch Teilidentifkiation mit den Forschungsobjekten.
2. „Sicht von unten", um Forschung in den Dienst der „Beherrschten" zu stellen.
3. Integration von Forschung in die politische Arbeit, um die Beteiligten ihr eigenes theoretisches Potential entwickeln zu lassen.
4. „Um ein Ding kennenzulernen, muß man es verändern", d. h. um das Ausmaß, die Erscheinungsformen, die Ursachen der Unterdrückung erkennen zu können, muß ich dagegen kämpfen.
5. Die Wahl des Forschungsgegenstandes wird von den Erfordernissen der sozialen Bewegung im Kampf gegen die Unterdrückung bestimmt und hat die kreative Verarbeitung gesellschaftlicher Probleme durch ein Subjekt zum Ziel.
6. Der Forschungsprozeß ist ein Bewußtwerdungsprozeß für „Forscherin" und „Beforschte" mit der Konsequenz der Veränderung des Handelns.
7. Die Entwicklung einer feministischen Gesellschaftstheorie erfolgt nicht in Forschungsinstitutionen, sondern in der Bewegung und deren theoretischer Reflexion.

Ich denke, wenn man Therapie mit Migrantinnen aus der Türkei als feministische, ethnopsychoanalytische „Feldforschung" sieht, haben Maria Mies' Postulate durchaus Gültigkeit.

Theorie und Praxis der „Schwarzen" Frauen[30]

„Dort, wo Forscherinnen Klasse und ethnische Zugehörigkeit in ihre Analyse miteinbeziehen, ist das Addieren von Unterdrückung ein häufig verwendeter, methodischer Ansatz, der von der Annahme ausgeht, daß alle Frauen unterdrückt sind und einige noch eine zusätzliche Unterdrückung durch Ethnozentrismus, Rassismus, Antisemitismus, Klassismus und Homophobie erfahren. Eine Person ist jedoch nicht zunächst einmal Frau, dann auch noch Schwarz oder weiß, jüdisch, heterosexuell oder lesbisch. Sie ist z. B. eine lesbische Schwarze oder weiße Frau, und sexistische Institutionen und Bilder betreffen eine weiße und eine Schwarze Frau, ob heterosexuell oder lesbisch, in unterschiedlicher Weise. [...] Die Unterdrückung, die women of color erleben, ist also nicht eine zusätzliche Unterdrückung, sondern eine andere."[31]

Ebenso verhält es sich mit der Diskriminierung von Frauen als Lohnabhängige. Werktätige Frauen sind aufgrund des Ausbeutungsverhältnisses nicht mehr unterdrückt als sogenannte „Hausfrauen". Müßte doch aufgrund des additiven Verfahrens bei einer Hausfrau die Unterdrückung als Lohnarbeiterin wegfallen, was jedoch nicht der Realität entspricht.

In den 80er Jahren wurde auch von den Weißen realisiert, daß die Begriffe „Rasse" und Klasse nicht ausreichen, um die Position von Minderheiten – oder nicht-westlichen Frauen – zu verstehen. Der Schlüssel zum Verständnis ist vielmehr der Schnittpunkt von Klasse, „Rasse" (*race*) und Geschlecht (*gender*).

Die feministische weiße Forschung begann in den 80ern zu florieren und die Kritik der Schwarzen Frauen kam prompt. Schwarze Frauen wurden entweder idealisiert, wie zum Beispiel in der Forschung über Frauen in/aus der Türkei – die Geschlechtersegregation wurde entweder als Form der Befreiung oder als Unterdrückungsmuster dargestellt –, meist aber waren Schwarze Frauen die potentiellen „Opfer", denen „geholfen" werden muß. Dieser Opferstatus war gleichzeitig das Verbindende, die Basis der „Schwesterlichkeit".

„Beziehungen unter Frauen sind eine Bereicherung, aber wir können dauerhafte Bindungen oder politische Solidarität nicht nach dem Modell von Schwesterlichkeit entwickeln, das die bürgerliche Frauenbewegung entwarf. Entsprechend ihrer Analyse basierte weibliche Verbindung auf dem gemeinsamen Opferstatus – daher die Betonung der gemeinsamen Unterdrückung. Dieses Bündniskonzept spiegelt direkt das männliche Überlegenheitsdenken. Die sexistische Ideologie lehrt uns, daß Frausein Opfersein bedeutet."[32]

Dieses Konzept hat die Frauenbewegung lange zu ihrem Motto gemacht; wir vergaßen, daß Frauen tagtäglich arbeiten, kämpfen und nicht passiv, hilflos sind. Und vor allem kehrte das Opferkonzept die „Mittäterschaft"[33] von Frauen unter den Teppich. „Historisch gesehen erlebten viele schwarze Frauen weiße Frauen als diejenige Gruppe der weißen Vorherrschaft, die am direktesten Macht über sie ausübte, oft auf grausamere und demütigendere Weise als die rassistischen weißen Männer."[34]

Die Ausbeutung Schwarzer Frauen durch weiße ist allerdings nicht nur historische Gegebenheit; bell hooks, Schwarze amerikanische Feministin, fordert, daß weiße Frauen gegen die weiße Vorherrschaft kämpfen, um einen wirklichen Kampf gegen sexistische Unterdrückung zu führen. Die weiße Vorherrschaft begründet sich auf „Erhaltung der weißen Rasse"[35], d. h. auf der Kontrolle der Gebärfähigkeit weißer Frauen durch weiße Männer. Somit wird die Verschränkung von Rassismus, Sexismus und Klassismus ein wenig klarer. Das Wissen um diese Verschränkungen halte ich in der Arbeit mit Migrantinnen als weiße, privilegierte Therapeutin für sehr wichtig, nicht zuletzt, um zu erkennen, daß der Rassismus „ein aufgeblasenes Gefühl der eigenen Wichtigkeit und des eigenen Wertes, besonders wenn er mit Klassenprivilegien verbunden ist"[36], vermittelt.

Theorie der feministischen Therapie[37]
Die theoretischen Grundlagen der feministisch-therapeutischen Arbeit sind mittlerweile äußerst umfassend. Sie lassen sich im großen und ganzen in drei große Kapitel unterteilen: die Gesellschaftsanalyse, die Kritik an der Institution Psychotherapie, die Kritik an traditionellen psychotherapeutischen Schulen und an zentralen Konzepten der Psychologie.[38]

Es geht auch hier nicht darum, den verschiedenen therapeutischen Richtungen ein „Frauenkapitel" anzuhängen, sondern die androzentrische Prägung derselben zu analysieren.

In der Gesellschaftsanalyse der feministischen Therapie geht es vor allem darum, daß der Leidensdruck von Frauen nicht ein ausschließlich individuelles Problem, sondern Ausdruck der patriachal-politischen Herrschaft ist. Frauen werden von Kindesbeinen an „kolonisiert", d. h. sie werden an ihre gesellschaftliche Inferiorität gewöhnt und übernehmen sie auch in ihrem Denken und Handeln. Dadurch werden sie sowohl zu Mittäterinnen als auch zu Opfern misogyner Praktiken. Feministisch-psychologische und -psychoanalytische Theorien befassen sich mit der Entstehung von Geschlechteridentität und der Verankerung von Herrschaftsverhältnissen in der Psyche von Frauen.

Die feministische Therapie stellt die „Normalität der Verhältnisse" in Frage und begreift es „als ein Zeichen der Gesundheit, wenn Frauen Probleme mit dem herrschenden Geschlechterverhältnis haben, wenn sie sich nicht anpassen, sondern widersetzen"[39].

Wenn in den Theorien der therapeutischen Schulen vom Menschen geredet wird, ist eigentlich der Mann gemeint – „das Erleben von Frauen findet sich nicht repräsentiert und/oder als defizitär bewertet"[40]. Oft weist das psychotherapeutische Arrangement selber eine fatale Ähnlichkeit zum Geschlechterarrangement auf.[41] In vielen Fällen werden Mißbrauchserfahrungen von Frauen als Wunschphantasien behandelt, und in Extremfällen werden genau diese Frauen Opfer sexuellen Mißbrauchs in der Therapie.

„Der inhärenten Parteilichkeit von Psychotherapie für patriarchale Verhältnisse setzt feministische Therapie die ausgesprochene Parteilichkeit für Frauen entgegen."[42] Dieser Parteilichkeit für Frauen liegen eine reflektierte Haltung aufgrund wissenschaftlicher Erkenntnis, das Wissen darüber, wie sich Herrschaftsverhältnisse in die Psyche einschreiben, in Verbindung mit der Lebensgeschichte, den Äußerungen und der Situation der Klientin, zugrunde.

Verschiedene Ansätze der Psychoanalyse wurden feministisch analysiert. Beispielsweise das frauenfeindliche Konzept des Penisneides, die Vorstellungen von vaginalem Orgasmus als Zeichen reifer Weiblichkeit oder von der natürlichen weiblichen Passivität und vom weiblichen Masochismus. Kritisch analysiert wurden die Mutterfixiertheit und Mütterfeindlichkeit sowie die Entlassung der Väter aus der Verantwortung.

Für zentral in der therapeutischen Arbeit mit Frauen, egal ob in der Türkei oder in Österreich sozialisiert,[43] halte ich auch die Kritik an der Theorie, daß die entscheidenden Prägungen allein in der präödipalen Phase stattfinden: „In Erinnerungen von Frauen wird jedoch immer wieder deutlich, daß die Pubertät eine äußerst wichtige Zeit ihres Lebens ist. Hier wird ein Großteil der Vorstellungen von Frausein in dieser Gesellschaft erlernt. Das Erleben des Körpers und der Sexualität verändert sich und wird meist stärker von außen reglementiert – der ‚Ernst des Frauenlebens' beginnt."[44]

Die Kritik der feministischen Psychotherapeutinnen an der Theorie und Praxis der gängigen psychotherapeutischen Schulen legt gleichzeitig den Schwerpunkt der feministischen Therapie fest. Dieser wird von Freytag folgendermaßen beschrieben: „Psychotherapie zeigt sich nicht nur in dem, was sie behauptet und tut, sondern auch und gerade in dem, was sie hinterfragt und unterläßt. Die Stärke der feministischen Psychotherapie liegt darin, daß sie der weiblichen Erfahrung einen Ort gibt, wo patriarchale Zuschreibungen hinterfragt und überwunden werden können, wo Frauen sich auf die Suche begeben nach einer neuen, eigenen Bedeutung ihrer Erfahrung."[45]

IV. Die Wechselwirkung zwischen Individuum und Gesellschaft unter besonderer Berücksichtigung von Identität und Selbstwertgefühl

„Keiner der Leser dieses Buches wird sich so leicht in die Gefühlslage des Autors versetzen können, der die heilige Sprache nicht versteht, der väterlicher Religion – wie jeder anderen – völlig entfremdet ist, an nationalistischen Idealen nicht teilnehmen kann und doch die Zugehörigkeit zu seinem Volk nie verleugnet hat, seine Eigenart als jüdisch empfindet und sie nicht anders wünscht. Fragt man ihn: Was ist an dir noch jüdisch, wenn du alle diese Gemeinsamkeiten mit deinen Volksgenossen aufgegeben hast?, so würde er antworten: Noch sehr viel, wahrscheinlich die Hauptsache. Aber dieses Wesentliche könnte er gegenwärtig nicht in klare Worte fassen. Es wird sicherlich später einmal wissenschaftlicher Einsicht zugänglich sein."[46]

Diese Einsicht hat sich bis heute leider nur mangelhaft eingestellt. In der Psychoanalyse erfolgte die Erforschung dieses „Wesentlichen" hauptsächlich durch die Auseinandersetzung mit dem Begriff Identität und seinen Inhalten. Freud selbst hat diesen Begriff laut Erikson nur einmal in seiner „Ansprache an die Mitglieder des Vereins ‚B'nai B'rith'"[47], und zwar in einem psychosozialen Sinn, verwendet. „Bei dem Versuch, seine Bindung an das Judentum zu formulieren, sprach er von der klaren Bewußtheit innerer Identität", die sich nicht auf Rasse oder Religion stütze, sondern auf die gemeinsame Bereitschaft, in der Opposition zu leben, und auf die gemeinsamen Vorurteile, die den Gebrauch des Verstandes einschränkten. Hier weist der Begriff „Identität also auf ein Band hin, das den einzelnen Menschen mit den vor seiner einzigartigen Geschichte geprägten Werten seines Volkes verbindet"[48]. Der Begriff Identität drückt eine wechselseitige Beziehung zwischen dem Individuum und der Gesellschaft, in der es lebt, aus.

Für Erikson ist die Identitätsbildung die dritte Stufe einer langen Entwicklung in der Phase der Adoleszenz. Sein psychosoziales Entwicklungsschema beginnt mit der Mutter-Kind-Beziehung, die durch die Mechanismen Introjektion und Projektion bestimmt ist. In der zweiten Phase herrscht der Mechanismus der Identifikation vor. Das Kind beginnt sich mit Rollen zu identifizieren. Schlußendlich erfolgt die Identitätsbildung, die davon abhängt, wie die Gesellschaft das Individuum identifiziert, d. h. anerkennt und annimmt. Die Wurzeln der Identitätsbildung liegen aber bereits in jener Zeit, als die Mutter den Säugling anlächelte, also anerkannte. Damit gehen die Selbstwahrnehmung und die Bildung des Selbstwerts einher. Die Identitätsbildung ist ein lebenslanger Prozeß, der durch Bruchstellen in der psychosozialen Entwicklung stark gestört werden kann. Diese Störungen des Prozesses werden mit dem Begriff „Krise" beschrieben. Allerdings gibt es auch pathologische Entwicklungen wie zum Beispiel die Identitätsdiffusion und daraus resultierend die Intimitätsdiffusion in der Adoleszenz. Erstere tritt ein, wenn das Ich aufgrund eines mangelnden oder überfordernden Rollenvorbildes keine Identität bilden kann. Die Folge ist Mangel an Intimität, d. h. große Distanz, die sich z. B. in Verschmelzungsängsten, narzißtischem gegenseitigen Bespiegeln von Jugendlichen, um Umrisse schärfer werden zu lassen etc., äußert.

Der Einfluß der Umwelt auf die Identität des Menschen ist ein permanenter. Er beginnt in der Pflegeperson-Kind-Beziehung, da diese Bezugsperson Umwelteinflüsse an den Säugling weitergibt, und teilweise wirken sie über Generationen. „Die Identität erlaubt dem Individuum, sich von übermäßiger Selbstverurteilung und dem diffusem Haß des Andersseins zu befreien."[49]

Jakobson (1973) kritisiert Eriksons Ansatz heftig, indem sie sein Identitätskonzept als unklar bezeichnet. Er habe nicht zwischen objektiver Identitätsbildung und dem ihr entsprechenden subjektiven Erleben unterschieden und die Identitätsbildung somit auf das Ich beschränkt.

Weiters betrachte er Identitätsverlust oder schwere Identitätsstörungen weniger vom individuellen und psychiatrischen als vielmehr vom soziologischen Standpunkt aus. Jakobson hingegen sieht normale Identität als eine Fähigkeit der psychischen Organisation, eine optimale sekundäre Autonomie von Ich und Über-Ich im Umgang mit der Realität, den Trieben und den inneren Konflikten zu entwickeln und zu bewahren. „Der objektive Prozeß der normalen Identitätsbildung findet auf jeder Entwicklungsstufe seinen Widerhall im normalen subjektiven Identitätsgefühl."[50]

Kernberg stellt die Entwicklung des Identifikationssystems dar, indem er einen Brückenschlag zwischen Jakobsons und Eriksons Konzepten schafft. Seine

Auffassung des Selbst und der integrierten Objektrepräsentanzen entspricht ziemlich genau Eriksons Definition von Ich-Identität.[51] Klinisch gesehen zeigt sich ein integriertes Selbst dadurch, daß es sowohl lebensgeschichtlich (in der Dauer) wie auch im Querschnitt (durch seine verschiedenen nebeneinander bestehenden psychosozialen Interaktionsbereiche hindurch) die Kontinuität der Selbstwahrnehmung bewahrt.

Jakobson hat darauf aufmerksam gemacht, daß sich das normale Selbstgefühl aus dem Bewußtsein des Menschen von einem integrierten Selbst herleitet, während das Selbstwertgefühl von der libidinösen Besetzung eines solchen integrierten Selbst abhängt.[52] Dies bedeutet, daß das Selbstwertgefühl von narzißtischer Besetzung, also von narzißtischer Zufuhr von außen abhängig ist.

Nach Kernberg ist die Regulation des Selbstwertgefühls von folgenden Realitätsfaktoren (im Gegensatz zu inneren Faktoren) abhängig:
1. der von äußeren Objekten stammenden libidinösen Befriedigung;
2. der Erfüllung von Ich-Zielen und -Strebungen durch soziale Effektivität und Erfolg;
3. der in der Umwelt realisierten Befriedigung intellektueller und kultureller Bestrebungen.[53]

Weiters wird die libidinöse Besetzung des Selbst durch körperliche Gesundheit, direkte Triebbefriedigung und durch innere Faktoren, wie verstärkte Harmonie zwischen Selbst und Über-Ich und Wiederbestätigung der Liebe innerer Objekte, erhöht.[54]

Zusammenfassend kann gesagt werden, daß Introjektion, Identifikation und die Bildung von Ich-Identität drei aufeinanderfolgende Stufen im Prozeß der Internalisation von Objektbeziehungen sind und Identität und Selbstwertgefühl in engem Zusammenhang stehen – beide sind von der Anerkennung durch die Umwelt abhängig.

„Parin (1978) und Erdheim (1982a) betonen, daß der Analytiker nicht nur die vom Ich des Patienten nicht wahrgenommenen Einflüsse aus innerseelisch unbewußten Vorgängen untersucht, sondern auch die Einflüsse unbewußt gewordener gesellschaftlicher Kräfte, die auf ihn einwirken. Der wechselseitige, selten konfliktfreie Austausch zwischen Individuum und Gesellschaft ist also ebenfalls Gegenstand analytischen Verstehens."[55]

V. Was finden Migrantinnen in Österreich vor?

„Ein äußerst wichtiger Faktor für das Schicksal einer Migration ist die Reaktion der Mitglieder der aufnehmenden Gemeinschaft auf die Ankunft des Immigranten. Die Qualität dieser Reaktion beeinflußt die Entwicklung seiner Niederlassung und seiner Eingliederung auf unterschiedliche Weise."[56]

1. Ausländische Wohnbevölkerung in Österreich – allgemeine Daten

An dieser Stelle vergleiche ich die Zahlen des Jahres 1990 mit denen des Jahres 1993, um Veränderungen, die durch zahlreiche Gesetzesnovellierungen und -neuschaffungen hervorgerufen wurden, aufzuzeigen.

Zur Zeit leben ca. 500.000 AusländerInnen legal in Österreich, 1990 waren es ca. 400.000. Die Tendenz ist weiterhin steigend. Waren die Herkunftsländer der MigrantInnen 1990 noch zum großen Teil das ehemalige Jugoslawien und die Türkei, stammten 1993 gleich viele Menschen wie aus den bezeichneten Ländern aus den früheren sozialistischen Ländern. Ältere ausländische Arbeitskräfte aus den traditionellen Herkunftsländern werden durch neue, jüngere, auch qualifiziertere Arbeitskräfte aus den ehemaligen Arbeiter- und Bauernstaaten verdrängt. Dies zeigt auch das Ansteigen der Arbeitslosenrate bei ausländischen Arbeitskräften. Kurz nach der Öffnung des Ostens wurde das Ausländerbeschäftigungsgesetz geändert, und über einen kurzen Zeitraum wurden mit Hilfe von Übergangsbestimmungen ausländische „Schwarzarbeiter" legalisiert. Die Arbeitslosenrate stieg bei MigrantInnen 1990 im Vergleich zu 1989 um 73,7 %[57], bei InländerInnen etwas über 6 %[58]. Dies zeigt, daß der Zuzug aus den ehemals sozialistischen Ländern nicht die Arbeitsplätze der InländerInnen, sondern die der ArbeitsmigrantInnen gefährdet. Im August 1993 (lt. ORF-Mittagsjournal vom 6.8.93) betrug die Arbeitslosenrate bei ausländischen ArbeitnehmerInnen 9 %, das sind 30 % mehr als im Jahr davor.

Insgesamt gesehen ist ein Anstieg in der Beschäftigung von AusländerInnen zu verzeichnen, 1990 waren 218.000 und 1993 270.000 unselbständig erwerbstätig. Der Zuwachs männlicher beschäftigter Ausländer seit 1990 beträgt ca. 50 %, hingegen der bei Frauen ca. 25 %[59]. Die Altersstruktur der ausländischen Wohnbevölkerung zeichnet sich weiterhin durch einen besonders hohen Anteil an jungen Menschen aus. Dies bestätigt die Annahme, daß ältere, verbrauchte Arbeitskräfte in ihre Herkunftsländer exportiert und durch junge, „frische" aus den ehemals sozialistischen Ländern ersetzt werden. Der Abbau von ArbeitsmigrantInnen aus der Türkei erfolgt in Deutschland schon seit längerer Zeit. Ein Migrant aus der Türkei beschreibt den Vorgang in einer therapeutischen Sitzung folgendermaßen: „Man kann sich überhaupt keine Hoffnung machen, wenn man die Situation realistisch betrachtet. Seit 1983 werden Schritt für Schritt Türken entlassen, und es sind nur Türken, die entlassen werden. Das zeigt uns, daß wir Stück für Stück in die Türkei geschubst werden, wo wir keine Zukunft haben. Und wenn andere Arbeitnehmer eingestellt werden, so sind sie keine Türken."[60]

2. Arbeits- und Wohnverhältnisse

„Die Art und Weise, wie eine Gesellschaft die Arbeit, die Arbeitsbedingungen und die Freizeit organisiert, sollte eine Quelle der Gesundheit und nicht der

Krankheit sein. Gesundheitsförderung schafft sichere, anregende, befriedigende und angenehme Arbeits- und Lebensbedingungen."[61]

82 % der jugoslawischen, 87 % der türkischen, aber nur 19 % der österreichischen Berufstätigen arbeiten als angelernte ArbeiterInnen oder HilfsarbeiterInnen.[62] 90 % der jugoslawischen Frauen sind als angelernte Arbeiterinnen oder Hilfsarbeiterinnen beschäftigt, bei den türkischen Frauen überwiegt das Angestelltenverhältnis mit Hilfstätigkeiten.[63] Der Großteil der Ausländer ist in den Wirtschaftsabteilungen Gewerbe/Industrie, Bauwesen, Fremdenverkehr, Handel/Lagerung und öffentlicher Dienst beschäftigt. Die meisten Ausländerinnen arbeiten in den Wirtschaftsabteilungen öffentlicher Dienst, Gewerbe/Industrie und Fremdenverkehr, wobei die Wirtschaftsklassen Fremdenverkehr und Reinigung den höchsten Ausländerinnenanteil vorweisen.[64]

„Jugoslawische und türkische Arbeiter sind häufiger als die Gesamtheit der unselbständig Beschäftigten von Arbeitszeiten außerhalb der Norm, von Nacht- und Abendarbeit, von Akkordarbeit oder von Schicht- und Wechseldienst betroffen. [...] Jugoslawische und in besonderem Maße türkische Staatsbürger sind häufiger (negativen) Umwelteinflüssen (vor allem Staub und Schmutz) ausgesetzt als die Gesamtheit der Beschäftigten."[65] Leider konnte ich keine Daten darüber finden, inwieweit Frauen von diesen Arbeitsbedingungen betroffen sind, meiner Erfahrung nach müßten es ein großer Teil von ihnen sein.

Frauen und Kinder sind in besonderem Maße von den Wohnverhältnissen betroffen, sie verbringen wesentlich mehr Stunden täglich im Wohnbereich als die Männer. „40 % der türkischen und 51 % der jugoslawischen Familien gegenüber 6 % der Österreicher wohnen nach Mikrozensus-Ergebnissen vom März 1990 im Substandard und zahlen pro Quadratmeter Nutzfläche ca. um die Hälfte mehr Miete bei Substandardwohnungen als Österreicher."[66]

Personen mit ausländischer Staatsbürgerschaft ist der Zugang zum sozialen Wohnbau verwehrt, einzige Ausnahme sind anerkannte Konventionsflüchtlinge.

3. Reaktionen des Staates auf die Lebensbedingungen der AusländerInnen: „AusländerInnen"gesetze[67]

Grundsätzlich kann gesagt werden, daß alle „AusländerInnen"gesetze angeblich dem Schutz der InländerInnen vor den AusländerInnen dienen[68] – obwohl die jüngste Geschichte eigentlich umgekehrte Maßnahmen erfordern würde.

Die „AusländerInnen"gesetze stehen in krassem Widerspruch zur WHO-Definition von Gesundheit als körperliches, seelisches und soziales Wohlbefinden. Dieses Wohlbefinden gründet sich auf ein Gefühl der Sicherheit. Diese Sicherheit beinhaltet auch, an dem gewählten Ort bleiben, arbeiten, wohnen, mit der Familie oder anderen geliebten Menschen leben zu dürfen. Das Aufenthaltsgesetz schafft Unsicherheit. Langjährig in Österreich lebende MigrantInnen können bei Verlust der Arbeit, oder wenn die Wohnung zu klein ist, aber auch wenn sie oder die BeamtInnen eine Frist versäumen, ausgewiesen werden.[69]

Familien haben frühestens nach zwei Jahren erfolgreicher Migration eines Mitgliedes die Möglichkeit, zusammen zu leben. Dies bedeutet, daß die MigrantInnen mindestens zwei Jahre lang ihre EhegattInnen und Kinder nur im Urlaub sehen können. Familienzusammenführung ist allerdings nur im Rahmen heterosexueller, staatlich sanktionierter Ehen, also nicht einmal bei Lebensgemeinschaften möglich. Mit Hilfe dieser Gesetze kann die ausländische Bevölkerung Österreichs nicht in den Genuß der Gesundheitsförderung gemäß der Ottawa-Charter 1986 kommen. AusländerInnen sollen als Gruppe nicht ihre Bedürfnisse befriedigen können, sondern sich assimilieren. Wenn eine Gruppe von ArbeitsmigrantInnen das Bedürfnis nach politischer Aktivität hat, muß sie damit rechnen, die öffentliche Ruhe, Ordnung oder Sicherheit zu gefährden. Dies ist jedoch gesetzeswidrig und kann zur Abschiebung führen. MigrantInnen haben kein Wahlrecht und somit ein äußerst eingeschränktes Recht, ihre Umwelt zu gestalten und zu verändern, entgegen den Forderungen der Ottawa-Charter. Nicht die Verantwortlichen diverser Politikbereiche werden für unangemessene Wohnbedingungen, schlechte Arbeitsbedingungen und für ein unzulängliches Schul- und Gesundheitswesen zur Verantwortung gezogen, sondern die AusländerInnen, die ursprünglich von den Sozialpartnern als Arbeitskräfte angeworben wurden.

„Wichtige öffentliche Interessen stehen der Beschäftigung eines Ausländers vor allem dann entgegen, [...] wenn die reibungslose Eingliederung des Ausländers in die inländische Umwelt wegen unzureichender Wohnverhältnisse oder einer starken, die Einordnung in die österreichische Umwelt in Frage stellenden Massierung von Ausländern in einen bestimmten räumlichen Bereich gefährdet zu sein scheint, wenn die Einrichtungen der Infrastruktur für die Versorgung des Ausländers und allenfalls seiner Familienangehörigen nicht ausreichen, wenn der Ausländer ein Sicherheitsrisiko oder eine gesundheitliche Gefährdung für seine Umwelt darstellt oder wenn Anlaß zur Annahme besteht, in Österreich nur eine Beschäftigung aufzunehmen, um die Einrichtungen der sozialen Sicherheit und der Familienfürsorge auszunutzen."[70] Im Entwurf zum Aufenthaltsgesetz ist sogar zu lesen, daß mit Hilfe dieses Gesetzes „eine Strukturbereinigung zur Lösung des Gastarbeiterproblems"[71] bewirkt werden soll.

Ich habe an dieser Stelle nur einen Bruchteil der der Ottawa-Charter widersprechenden legistischen Bestimmungen angeführt. Es stellt sich die Frage, inwieweit Gesetze, die die Benachteiligung bereits in Österreich lebender MigrantInnen gegenüber der inländischen Bevölkerung festlegen, nicht schon an und für sich den Forderungen der WHO entgegenstehen. Von sozialer Gerechtigkeit und Chancengleichheit gemäß der Ottawa-Charter kann also nicht die Rede sein. Dies sind die Bedingungen, die MigrantInnen in Österreich vorfinden und die sie unweigerlich „krank" machen.

„Die Gesundheit der Ausländerpopulation ist aber häufig in spezifischer Weise durch psychosomatische Beschwerden beeinträchtigt: Magenleiden, Geschwüre, Kopfschmerzen und generelle Übelkeitszustände sind somatisierte Erkrankungen permanenter psychischer Probleme. Diese sind vorwiegend auf die Migrationssituation und die im Zielland für Ausländerinnen und Ausländer herrschenden Aufnahmebedingungen zurückzuführen."[72]

4. Xenophobie, Rassismus

„Ich frage, ob nicht genügend Platz für alle sei, daß jeder auf seine Art leben könne. Nein, sagt Herr P. voll Bitterkeit. Die Türken hätten große Ängste vor diesen Nazigruppen, die die Geschäfte und Wohnungen der Türken überfallen, alles verwüsten und die Türken mit Mord und Totschlag bedrohen. [...] Dann erzählt er von Anfeindungen und Beleidigungen durch jugendliche deutsche Arbeiter in der Firma. Diese drohten den Türken damit, wenn die alten Meister erst einmal weg sind, sie wieder alle in den Ofen zu stecken."[73]

Die Erfahrungen des Herrn P. in Deutschland mit dem Rassismus stehen für Erlebnisse vieler TürkInnen in Österreich. Ich selbst habe aggressive Attacken ähnlichen Charakters mehrmals miterlebt, und oft erzählen Frauen im Deutschkurs, in der Beratung und in der Gesprächsrunde, aber auch meine türkischen Kolleginnen von solchen Erlebnissen. Sie haben Angst, fühlen sich unerwünscht und gekränkt, viele denken immer öfter an Rückkehr in die Türkei. Was sind die inneren Motive für Rassismus und Xenophobie?

Ich denke, daß Gefühle wie Neid, Gier, paranoide Ängste und vor allem der Abwehrmechanismus der Spaltung in Gut und Böse und die Projektion des Bösen auf „Fremde", aber auch das Verleugnen von Erinnerungen an „alte Schuld", als schon einmal Menschen „in den Ofen" gesteckt wurden, dafür ausschlaggebend sind. Aber auch Gruppen, die mit einer weniger „belastenden" Geschichte behaftet sind, können Fremdenfeindlichkeit entwickeln: „Man darf aber nicht vergessen, daß in manchen Fällen die Anwesenheit des Immigranten diese paranoiden Ängste der aufnehmenden Gruppe bestärkt: der Neuankömmling kann als Verfolger erlebt werden, als Eindringling, der die Einheimischen ihres legitimen Rechts berauben will, ihre Arbeit, ihren Besitz und ihre Habe zu genießen. In Extremfällen kann es zu intensiven fremdenfeindlichen Reaktionen mit betonter Feindseligkeit kommen."[74]

Dem Fremden werden Macht und Fähigkeiten zugeschrieben, die Rivalitäts-, Eifersuchts- und Neidphantasien verstärken.[75] Die Beziehungen zwischen MigrantInnen und der AufnehmerInnengesellschaft sind also von den Eigenschaften der vormigratorischen Objektbeziehungen (innere Objekte) der Mitglieder der aufnehmenden Gruppe abhängig. Für die Aufrechterhaltung des seelischen Gleichgewichts sind gute Objektbeziehungen unerläßlich. „Diese Möglichkeit aber ist dem Fremdling versagt: Er, der Heimatlose, erlebt nun seine grenzenlose Ohnmacht und die Vergeblichkeit seiner Bemühungen, er fühlt Frustration. Nach einer Zeit der Passivität setzt schwere Frustration Aggressivität frei und aktiviert sie. Hier ist die Nahtstelle zwischen psychischer und sozialer Desintegration, denn jede desintegrierte Person gefährdet durch die latent drohende Aggression ihre Umwelt."[76] Diese Aggression kann nun als Motor für sozialen Wandel eingesetzt oder gegen sich selbst oder gegen andere gerichtet werden. Zur Zeit ist es in Österreich noch so, daß ArbeitsmigrantInnen die Aggression hauptsächlich gegen sich selbst richten.

Bingemer, Meistermann-Seeger und Neubert stellten in ihrer psychoanalytischen Untersuchung von ArbeitsmigrantInnen in Köln Identitätskrisen und Angst um die eigene unsichere Identität auch auf Seite der Aufnehmenden fest. Die geringen Kenntnisse über die Fremden in ihrer Stadt werden durch Vorurteile ersetzt, die zur Abwehr der durch die Begegnung mit dem Fremden ausgelösten Ängste und Affekte dienen sollen. Das unbewußte Motiv zur Aufrechterhaltung dieser ethnozentristischen Haltung bei vielen Deutschen sind oft Erinnerungen, die die „GastarbeiterInnen" nun in ihnen wecken – Erinnerungen an das verdrängte Trauma der Nazizeit, als noch „ZwangsarbeiterInnen"[77] in der Stadt lebten.

VI. Was bringen MigrantInnen nach Österreich mit?

Es gibt verschiedene Arten von Wanderungen, nämlich nahe (Binnenmigration) und ferne (Außenmigration), vorübergehende und dauerhafte, freiwillige und erzwungene.[78] Die Formen der Migration beeinflussen das, was mitgebracht wird. Bei einer Binnenwanderung beispielsweise kann die mitgebrachte Sprache meist weiterhin gebraucht werden, bei einer erzwungenen Migration ist der mitgebrachte Schmerz größer als bei einer freiwilligen, bei vorübergehender Migration ist die Hoffnung auf Rückkehr gegeben. ArbeitsmigrantInnen aus der Türkei haben sich einer fernen Migration, die als vorübergehend gedacht war und zur dauerhaften geworden ist, die freiwillig oder aber auch erzwungen sein kann, unterzogen. Erzwungene Migration ist vor allem bei Kindern und Ehefrauen von Arbeitsmigranten, die in die Entscheidungsfindung nicht eingebunden waren, zu finden.

Was sind nun die Beweggründe, die zur Migration führen? Es gibt äußere und innere Ursachen für Migration. Die Erlangung wirtschaftlicher Unabhängigkeit, politische Verfolgung und Ausbildungsmöglichkeiten stellen äußere, Neugier, Forschungsdrang und der Wunsch nach Ablösung von der Herkunftsfamilie stellen innere Beweggründe dar. Gemäß der unterschiedlichen Migrationsarten und Beweggründe gibt es graduelle Abstufungen in dem, was mitgebracht wird. Migrantinnen bringen unterschiedliche Staatsangehörigkeiten, eine eigene Sprache, Werte und Normen, ihre Sozialisation, Bildung, ihr Geschlecht, ihre Gesundheit und Jugend, eine individuelle psychische Struktur, Trauer und Schmerz, Hoffnungen, Wünsche und Erwartungen, positive und negative Vorurteile und Enttäuschungen mit. Es kommen somit sehr unterschiedliche Individuen nach Österreich, finden hier aber einheitlich schlechte Bedingungen vor und werden durch diese vereinheitlicht – zur „AusländerIn".

1. Die Entscheidung und das Motiv zur Migration

Erzwungene Migration aufgrund von Verfolgung, Bedrohung mit dem Tode, Folterungen, Ausweisung etc. schafft andere Veraussetzungen für die Migration als eine relativ freiwillige Migration aufgrund der ökonomischen Verhältnisse oder eines familiären Konfliktes. Ein politischer Flüchtling hatte meist keine Möglichkeit, die Migration vorzubereiten und sich zu verabschieden, und die Rückkehrchancen sind nicht abzusehen. Hier steht das Flüchten vor dem Bekannten, und nicht das Hinbewegen auf das Unbekannte im Vordergrund. Diese unterschiedlichen Zugänge haben wesentliche Auswirkungen auf den Migrationsverlauf.

Die sogenannte freiwillige Migration erfolgt meist unter massivem sozialen und ökonomischen Druck, d. h. die Freiwilligkeit ist nur in Beziehung zur „Flucht" als solche zu sehen. ArbeitsmigrantInnen wandern oft aufgrund von Konflikten und meist in jungen Jahren aus. Ich denke, daß MigrantInnen dieser Motivgruppe mehr Schwierigkeiten bei der Verarbeitung der Migration haben als solche, die aufgrund ökonomischer Ziele auswandern. Psychische oder familiäre Konflikte lassen sich aufgrund örtlicher Veränderung meist nicht, ökonomische hingegen leichter lösen. MigrantInnen, die mit primär wirtschaftlichen Zielen aus einer dörflichen Struktur nach Österreich emigrieren, leben hier meist gruppenbezogen, genießen deshalb auch mehr Halt und Sicherheit. Ihre Identität bleibt erhalten und ermöglicht ein Hinundherpendeln zwischen den beiden Kulturen. Weiters besteht der klare Wunsch nach der Rückkehr, sobald das Migrationsziel erreicht ist.[79]

Ebenso wichtig ist die Teilnahme am Entscheidungsprozeß für die Migration. Häufig haben Frauen und vor allem Kinder keinen Einfluß darauf, sodaß sie die Migration als „Zwang" sehen und empfinden. Das Gefühl, gezwungenermaßen in ein Land gegangen zu sein, in dem man unerwünscht ist, führt oft zu schweren Depressionen bei den Frauen und zu Symptomen wie Einnässen und Einkoten bei den Kindern.

Auch der lebensgeschichtliche Zeitpunkt der Migration hat Auswirkungen auf deren Verlauf. Viele junge Männer sind noch vor oder kurz nach der Absolvierung des Militärdienstes nach Österreich ausgewandert, die Frauen kurz vor oder nach ihrer Eheschließung, d. h. in der Entwicklungsphase der Spät-Adoleszenz, in der viele noch keinen klaren Platz in der Gesellschaft gefunden hatten. In der Adoleszenz prallen die narzißtischen Allmachtsphantasien auf die harte Realität des Alltags. Die Arbeit sollte die Möglichkeit der Sublimierung von Trieben und einen Ort für zwischenmenschliche Beziehungen bieten. Ebenso bestimmt sie den Platz des Individuums in der Gesellschaft.[80] Für junge ArbeiterInnen aus der Türkei ist der in Österreich gebotene Arbeitsplatz ein Platz am äußersten Rand der Gesellschaft, der kaum Sublimierungsmöglichkeiten, kaum adäquate Beziehungen zuläßt und somit „narzißtische Kränkung" verursacht.

2. Die Sozialisation

Über die ethno- und soziokulturellen Hintergründe von MigrantInnen aus der Türkei, vor allem über die Sozialisation von Frauen aus der Türkei ist schon viel geschrieben worden. Oft wurde ich gebeten, zum Thema „soziokultureller Hintergrund von Frauen aus der Türkei" Vorträge zu halten und Arbeitskreise zu leiten. Immer begann oder schloß ich mit dem Satz: „*Den* soziokulturellen Hintergrund von Frauen aus der Türkei gibt es nicht."

Die ArbeitsmigrantInnen gehören verschiedenen Volksgruppen und/oder Konfessionen an, wie z. B. KurdInnen, LasInnen, ArmenierInnen, AssyrerInnen, TscherkessInnen, TartarInnen, GriechInnen, JüdInnen, AraberInnen. Diese Gruppen unterteilen sich wieder in Subgruppen mit eigener Abstammung, Sprache, Religion usw. (beispielsweise gibt es drei verschiedene kurdische Sprachen). Auch die Herkunftsgebiete sind äußerst differenziert. Anfänglich kamen die meisten ArbeitsmigrantInnen aus den städtischen Ballungsgebieten Istanbul, Ankara und Izmir, erst in jüngerer Zeit aus den ländlichen Gegenden der Türkei.

Nach Deniz Kandiyoti läßt sich das neu entstandene Gesellschaftsgefüge in der Türkei auf der weiblichen Seite in sechs Hauptgruppen unterteilen: a) die Nomadinnen, b) die traditionell orientierten Bäuerinnen, c) die in strukturell veränderten ländlichen Gebieten lebenden Bäuerinnen, d) Kleinstadtfrauen, e) die „Gecekondu"-Frauen und f) die städtischen Mittelschichtfrauen, die entweder berufstätig oder Hausfrauen sind.[81] An Hand dieser Systematik ist auch der Wandel der wirtschaftlichen und gesellschaftlichen Verhältnisse in der Türkei ersichtlich. Viele der Migrantinnen erlebten vor der Außenmigration nach Österreich eine Binnenmigration vom ländlichen Raum in die „*Gecekondus*"[82] am Rand der Städte.[83]

Die vorherrschende Familienstruktur in der Türkei ist die Kernfamilie (über 60 % der Familien, Tendenz steigend), wobei es in den ländlichen Gebieten eine Tendenz zur Erhaltung der Großfamilie gibt. Wichtig ist festzuhalten, daß die Frauen in der Familie zunehmend Entscheidungsfreiheiten genießen, wobei in islamischen Gesellschaften die Frauen in bestimmten Lebensräumen schon immer großen Einfluß hatten. Das Männerleben ist getrennt vom Frauenleben. In der segregierten Frauenwelt gibt es eine strenge Hierarchie, sodaß der Status der Frauen sich nicht über die Beziehung zu den Männern definiert.[84] In den Diskussionen um die bestimmenden Faktoren des weiblichen Lebenszusammenhanges von Frauen aus der Türkei wird immer der Islam als Bestimmungsfaktor für subordiniertes Verhalten angeführt. Der Islam hat die Funktion, die Kontrolle über weibliche Sexualität und über Besitzverhältnisse und Erbfolge seßhafter Gesellschaften – im Gegensatz zu den nomadisierenden Gesellschaften – zu gewährleisten.[85]

In der Türkei gibt es seit Atatürk die Trennung von Staat und Religion und eine Gesetzgebung, die den Einfluß der religiösen Honoratioren auf Politik und

Gesellschaft ausmerzen sollte. Atatürks Reformen griffen am Land allerdings nicht, da die religiösen Institutionen nicht in genügendem Ausmaß durch staatliche ersetzt wurden. Heute noch kümmert sich der religiöse „Hodja" um geistiges, körperliches und seelisches Wohlbefinden der Landbevölkerung. Mittlerweile manifestiert sich verstärkte Religiosität sowohl in der Türkei als auch in den Aufnahmeländern als soziale Protestform. Schlußendlich kann man sagen, daß die Sozialisation der ArbeitsmigrantInnen von unterschiedlichen sozioökonomischen, ethnokulturellen und geschlechtsspezifischen Faktoren bestimmt ist, die im Umgang mit Gesundheit und Krankheit ausschlaggebend sind.

Die geschlechtsspezifische Sozialisation in der anatolischen Dorfkultur
Die patriarchalen Gesellschaftsverhältnisse bestimmen die geschlechtsspezifische Sozialisation von Männern und Frauen, die spätestens im Alter von drei Jahren einsetzt. Aufgrund der Geschlechtersegregation gibt es eine strenge Hierarchie sowohl unter den Männern als auch unter den Frauen. Söhne unterstehen der Macht der Väter, die Töchter und Schwiegertöchter (*gelin*) der der Mütter und Schwiegermütter. Das Konzept von Ehre und Scham bestimmt das Verhältnis zwischen den Geschlechtern. Die Ehre (*namus*) der Frau ist an ihre sexuelle Reinheit gebunden, die sie durch Schamhaftigkeit (Verhaltensregeln, Bekleidungsvorschriften) ausdrückt und die von ihrer Keuschheit bestimmt wird. Die Ehre des Mannes kann verletzt werden, indem die Grenzen seines Besitzes (Felder, Haus etc.) überschritten werden, eine Annäherung an seine Frauen erfolgt oder die agnatische Gruppe in irgendeiner Form angegriffen wird. Ansehen (*şeref*) erwerben hauptsächlich die Männer durch öffentliche, politische Beziehungen.

Die Kontrolle der sexuellen Triebe und der Aggressionen erfolgt hauptsächlich über soziale Beobachtung von außen, d. h. über soziale Vorschriften. Dieses Konzept ermöglicht eine große Freiheit bezüglich des sexuellen Genusses innerhalb der Ehe und verlangt keine Verinnerlichung der Zügelung von sexuellen Triebimpulsen, da klar geregelt ist, wer unter welchen Umständen als Sexualpartner für eine Frau in Frage kommt. Die Einhaltung dieser Regeln wird von außen kontrolliert. Dem Sexualpartner aber dürfen und sollen sexuelle Reize und Wünsche ungehemmt offeriert werden. Allgemein sind Schuldgefühle bei Frauen oft verinnerlichte Scham. Scham wird in bezug auf die Öffentlichkeit empfunden, die Ursachen für Schuldgefühle sind oft unbewußt und können ohne offensichtlichen Bezug nach außen auftreten.[86]

Ein wesentlicher Unterschied in der Sozialisation von Frauen und Männern im Dorf ist, daß Frauen sehr früh auf die Trennung von ihrer Familie vorbereitet werden. Sie wechseln bei ihrer Hochzeit in die Familie ihres Mannes über. Die Heiratsbeziehungen stellen meist die Frauen der Lineage her, d. h. sie überprüfen auch, wer in welche Familie einheiratet. Besonders die Verwandtenheirat schützt vor unangenehmen Überraschungen. Die Männer haben die Aufgabe, die Familie nach außen hin zu vertreten. Das kann bedeuten, daß sich eine Frau in der Gegenwart ihres männlichen Begleiters kaum äußert, vor allem wenn der Gesprächspartner auch ein Mann ist.

Die hier angeführten Normen und Werte gelten meist auch in der Migration, oft auch in der zweiten und dritten Generation.[87]

Die kulturspezifische Sozialisation
Die Sozialisation beider Geschlechter ist in der Dorfkultur gruppenorientiert, das bedeutet, daß in der Erziehung der Kinder weniger auf Individualität, Selbständigkeit und Unabhängigkeit, sondern auf Gehorsam, Respekt, Loyalität gegenüber Familie, Lineage und dörflicher Gemeinschaft Wert gelegt wird. Dies führt zur Unterdrückung von Gefühlen wie Wut und Ärger gegenüber Erwachsenen. Der Vater verhält sich gegenüber dem Sohn meist autoritär, die Mutter hingegen hat meist ein enges Verhältnis zu ihrem Sohn. Mit der Beschneidung (*sünet*) wird die symbolische Trennung des Sohnes von der Mutter und der Übertritt in die Männerwelt vollzogen. Sie erfolgt zwischen dem dritten und zehnten Lebensjahr des männlichen Kindes. Die enge Beziehung zwischen Sohn und Mutter bleibt aber bestehen. Auch die Beziehung zwischen Mutter und Tochter ist sehr eng. Die Tochter lernt von der Mutter, die in jeder Hinsicht Orientierungshilfen bietet.

Die meisten MigrantInnen, die noch in der Türkei sozialisiert wurden, leben stark familien- und gemeinschaftsorientiert. „Diese organisch und islamisch geprägte Kultur trennt weder das Individuum von der Gemeinschaft, noch die Psyche vom Körper."[88]

Durch die gemeinschaftsorientierte Sozialisation entsteht „ein kollektives Ichbewußtsein und eine kollektiv strukturierte Ichorganisation. Verläßt das Individuum das Kollektiv oder zerfällt das Kollektiv, kommt es zur Somatisierung im Sinne einer Ichregression, da die individuell ausgebildete psychische Abwehr zur Konfliktbewältigung nicht mehr ausreicht."[89]

Weiters wird in der Literatur immer wieder das Phänomen des „bösen Blicks" beschrieben. Das Konzept des „bösen Blicks" wurde mir in meiner Feldforschung[90] von den Frauen vermittelt. Der „böse Blick" gilt als Verursacher einer Reihe schmerzlicher Ereignisse wie dem Tod eines Säuglings oder auch von Krankheiten. Das „böse Objekt" liegt hier eindeutig außerhalb des Kollektivs (Lineage, *sülale* etc.).[91] Viele Schicksalsschläge werden mit Hilfe von „gottgewollt", „von Gott geschickt" oder „Gott allein weiß es" erklärt. „Exogene Krankheits- und Ursachenvorstellungen"[92] herrschen bei ArbeitsmigrantInnen aus der Türkei vor. Seelische und körperliche Schmerzen werden oft sehr ausdrucksstark, durch lautes Klagen und körperliche Gesten, dargestellt. Oft konsultieren ArbeitsmigrantInnen aus der Türkei einen *Hodja* oder *Cinci* – d. h. einen Heiler, meist ein religiöser, weiser Mann. Er hört sich die Beschreibung des Leidens an, gibt Ratschläge und erteilt Hilfen mittels Lesen aus dem Koran, Aufschreiben einer Sure auf einen Zettel und Verbrennen desselben, wobei die PatientInnen den Rauch einatmen, oder auch mit Hilfe eines Amuletts (*muska*), das die Kranken bei sich tragen. Meist wird der *Hodja* bei chronischen Problemen wie Kinderlosigkeit, psychischen und psychosomatischen Beschwerdebildern aufgesucht. Er tut nichts anderes, als kulturadäquate, gesellschaftlich erlaubte Konfliktlösungsmöglichkeiten aufzuzeigen. Manchmal auch mehr: Einer Migrantin, die eindeutig an Konversionssymptomen, wie Gefühllosigkeit der Gliedmaßen litt, empfahl er, sich einen anderen Ehemann, der sie „glücklich" mache, zu suchen. Allerdings scheinen die traditionellen Heiler nur auf in der ursprünglichen Umwelt lebende Menschen Einfluß und somit Heilungsgewalt zu haben, bei in der Fremde Lebenden dürften diese Heilmethoden nicht funktionieren.[93] Doch oft suchen MigrantInnen einen Heiler auf, um sich ihrer Wurzeln bewußter zu werden und ihre Identität zu stärken. Dies dürfte wohltuend und somit sinnvoll und nützlich sein. Die Heiler verstehen vor allem auch die Körpersprache, die zur Darstellung von Leiden verwendet wird. MigrantInnen der ersten Generation leiden öfter an Krankheiten, die mit starken körperlichen Ausdrucksformen verbunden sind, wie z. B. der Hysterie, als MigrantInnen der zweiten Generation oder ÖsterreicherInnen.

„Devereux, der die Kulturabhängigkeit psychischer Störungen analysierte, prägte den Begriff der ‚ethnischen Störung', die er als ein normiertes ‚Modell des Fehlverhaltens' (Devereux 1974) definierte. Der amerikanische Analytiker Münsterberger (1982, 866) beschreibt in ähnlicher Weise Neurosen als ‚Zerrbilder dieser (milieuangepaßten) Reaktionsformen ..., (die) das Gepräge der je spezifischen Kultur tragen'."[94]

Die schichtspezifische Sozialisation
Wie oben bereits erwähnt, kommen ArbeitsmigrantInnen aus unterschiedlichen Regionen und sozioökonomischen Verhältnissen, doch die Mehrzahl stammt aus dörflichen und *Gecekondu*-Gegenden.[95] Einige unserer Klientinnen haben einen Beruf erlernt (Verkäuferin, Schneiderin etc.) und in diesem vor ihrer Heirat gearbeitet, einige sind Analphabetinnen, viele haben fünf Jahre lang die Volksschule besucht.

Für die Migrantinnen aus dörflichen Strukturen bedeutet die Aufnahme einer Lohnarbeit meist eine extreme Umstellung. Stundenlang an einer Maschine zu stehen oder alleine zahllose Büros zu putzen, ohne jegliche Kommunikation mit anderen Frauen, ist ein harter Eingriff in gewohnte Muster – ein Bezwingen von Körper und Seele.

„In der Klinischen Psychoanalyse registrieren wir Zeichen einer verbreiteten seelischen Abstumpfung und Monotonisierung. Ausdrucksarmut und Nivellierung kennzeichnen die Verarbeitungsformen psychischer Konflikte. ... Dabei handelt es sich um eine hochgradige psychische Verarmung mit einer Entdifferenzierung der Emotionalität, automatenhaft wirkende Denkabläufe und eine Unfähigkeit zu kreativem Phantasieren. ... Erwartungsgemäß zeigt sich, daß die Erscheinungen dieser psychischen Verarmung gehäuft in den bildungsmäßig und einkommensmäßig benachteiligten sozialen

Schichten auftreten, wo der Druck ökonomisch-technischer Zwänge, insbesondere die Dehumanisierung der Arbeitswelt, am weitesten fortgeschritten ist und für eine Lebensentfaltung nach emotionellen Bedürfnissen den geringsten Spielraum läßt."[96]

Bezüglich Zugang zum Gesundheitswesen und zur Psychotherapie haben ArbeitsmigrantInnen ähnliche Probleme wie österreichische UnterschichtpatientInnen, sie werden benachteiligt. Auch muttersprachlich deutsch sprechende PatientInnen erleben eine Sprachbarriere, d. h. die Sprache der PatientInnen ist eine andere als die der ÄrztInnen. UnterschichtpatientInnen verbalisieren anders, messen dem Gesprochenen nicht so viel Wichtigkeit bei. Das wirkt sich auch auf die psychotherapeutische Behandlung aus. Auch das Verständnis dafür, daß das Reden Linderung des Leidens bringen soll, fehlt oft und ist unglaubwürdiger als die Einnahme eines Medikaments.

Auffallend bei türkischen PatientInnen ist ihre vorhandene Ausdrucksstärke bezüglich ihrer körperlichen Symptome, diesbezüglich sind viele MigrantInnen der ersten Generation noch nicht „angepaßt". Diese Ausdrucksstärke wird nicht immer verstanden und verursacht viel Mißmut beim Personal im österreichischen Gesundheitswesen. „Aber es ist zu vermuten, daß ihre körperbezogenen Leiden ihnen im Gesundheitssystem, auch in der Türkei, leicht das Etikett ‚primitiv' eintragen, weil dessen Mitarbeiter für nicht-verbale Symbolisierungen (Somatisierung), wie deren kommunikativen Gehalt blind und taub geworden sind."[97]

3. Die Sprache

MigrantInnen aus der Türkei bringen ihre Sprache – oft sind es zwei Sprachen – nach Österreich mit. Viele unserer Klientinnen sprechen zwei Sprachen – Türkisch und ihre Muttersprache (Aramäisch, Arabisch, Sasaca, Kumanca, Rumca, etc.). Das bedeutet, daß wir, obwohl wir Türkisch sprechen, mit den Frauen nicht in ihrer Muttersprache reden. Für Kurdinnen beispielsweise bedeutet Türkisch zu sprechen, die Sprache der HerrscherInnen zu sprechen.

Das Türkische ist eine überaus präzise und logische Sprache, wobei die MigrantInnen sich oft sehr bildreich und symbolhaft ausdrücken. Zum Beipiel gibt es für den Ausdruck „krank sein" verschiedenste Übersetzungsmöglichkeiten, entsprechend der Ursache der Krankheit. *„Hastayım"* bedeutet „ich bin krank" im somatischen, streng medizinischen Sinn; *„Canım sıkılıyor"*, wörtlich übersetzt „meine Seele langweilt sich",[98] schließt innerseelische Krankheitsursachen (Beklemmung, Ärger, Verdrossenheit) mit ein; *„rahatsızım"* heißt „ich bin krank" im Sinne von unruhig, unwohl, unpäßlich sein mit einer äußeren Ursache, d. h. von jemandem gestört worden sein; *„moralım bozuk"* bedeutet „meine Moral ist zerbrochen" und drückt Traurigkeit, Perspektivlosigkeit und psychosoziale Konflikte aus. Hinter der bildlichen Redewendung an „verfaulter Leber" leiden steht ein Krankheitskonzept für Melancholie,[99] vergleichbar mit dem Ausdruck „schwarze Galle", der auch bei uns gebräuchlich war.[100] Verschiedene Redewendungen im Zusammenhang mit „Leber" (*ciğer*) werden verwendet, um einen inneren Konflikt auszudrücken. Das Wort „*ciğer*" kann auch „Innereien" bedeuten, ist also ein Ausdruck, der das „Innere" beschreibt.[101]

Eine gemeinsame Sprache zu haben bedeutet also nicht nur, Vokabel und Grammatik zu beherrschen, sondern kulturell determinierte Symbole zu teilen, oft sind diese auch schicht- oder geschlechtsspezifisch bestimmt und auch regional beschränkt.

Die Sprache dient der symbolischen Verarbeitung innerer und äußerer Realitätswahrnehmungen und steht in enger Verbindung mit der Entwicklung der Ich-Funktionen eines Menschen. „Für Lacan (1953) geht die Sprache dem Erscheinen des Subjekts voraus; sie bringt es hervor. Seiner Auffassung nach ist das eigentlich menschliche Milieu weder biologisch noch sozial: Es ist linguistisch. In diesem Sinne nähern sich seine Ideen denen von Chomsky. Dieser hebt hervor, daß die Sprache keine mechanische Gestalt ist, die dem Subjekt von der Umgebung aufgezwungen wird, sondern eine ‚organische', die sich wie ein Keim im Inneren entfaltet und fortschreitend die volle Reife seiner Fähigkeiten erlangt. Es handelt sich um ein Regeln und Prinzipien erzeugendes System. Diese Regeln und Prinzipien stellen endliche Mittel für unendliche Möglichkeiten bereit. Chomsky betont außerdem, daß es erst durch die Sprache möglich wird, die Welt zu ordnen. Sie dient vor allem als Organ des Denkens, des Bewußtseins und der Reflexion, sie verleiht dem Geist und dem Verstand Autonomie gegenüber dem Erlebten. Die Sprache bestimmt die Erfahrung der Welt, der Anderen und des Selbst. Sie liefert einen Stützpunkt für die eigene Identität. Das Erwachen des Bewußtseins beim Kind schreitet mit dem Erlernen der Sprache voran, und diese führt es nach und nach als Individuum in die Gesellschaft ein."[102]

Der Sprachverlust im Rahmen der Migration bedeutet einen massiven Angriff auf die Identität, läßt den/die Erwachsene/n als sprachloses und somit hilfloses Kind erscheinen und sich als solches fühlen, verwehrt den Zugang zur neuen Gesellschaft und gibt die Tendenz zur Regression auf präverbale Konfliktverarbeitungsmuster vor[103] – „denn wo die Worte fehlen, muß der Körper sprechen" (Aussage einer meiner Klientinnen). Kinder reagieren oft auf die Veränderung der affektiven, soziokulturellen und linguistischen Umwelt mit Schreib-, Lern- und Konzentrationsstörungen, aber auch mit Abwehr gegen die neue Sprache, im schlimmsten Fall mit schweren Defiziten in beiden Sprachen. Fehlende Sprachkompetenz führt in jedem Fall zu einem Gefühl der Ausgeschlossenheit und der Ohnmacht sowie zu Mißverständnissen und Verwirrungen im alltäglichen Leben. In der Gegenübertragung im Rahmen einer psychotherapeutischen Beziehung werden all diese Gefühle für die Therapeutin spürbar und zugänglich.

VII. Zu welchen Konflikten kommt es im Migrationsprozeß?

Wie oben angeführt, bringen MigrantInnen vieles nach Österreich mit, aber sehr bald wird ihnen klar, daß das Mitgebrachte hier keine Anerkennung findet. Ihre Sprache ist nicht verwendbar, Werte und Normen sind andere, die Sozialisation muß auf Brauchbarkeit geprüft werden, und die Bildung ist zu wenig oder nicht adäquat. Sie müssen ihre Gesundheit und Jugend bewahren, um als brauchbare Arbeitskraft zu gelten. An dieser Stelle greife ich auf Erfahrungen zurück, die ich hauptsächlich in der Arbeit mit Frauen gemacht habe. Sie kamen im Rahmen der Arbeitsmigration aus der Türkei nach Österreich und sind in unterschiedlicher Form in Kontakt mit unserem Zentrum gekommen.

Die Migrantinnen empfinden Trauer und Schmerz über den Verlust der Familie, der Freunde, der gewohnten Umgebung und vor allem der Sprache. Wenn sie in das neue, fremde Land kommen, bräuchten sie jemanden, der sie freundlich aufnimmt, sie tröstet und ihnen das Neue näherbringt.[104] Anfänglich genügt eine Verwandte, eine Freundin. Diese einführenden Bezugspersonen sind ausschlaggebend für die Orientierung in der neuen Gesellschaft und für die Einschätzung derselben. Die Migrantin fühlt sich wie ein unwissendes Kind, das die Sprache, den Umgang mit Verhaltensregeln, die Orientierung in der Umwelt und vieles mehr neu erlernen muß. Sie erfährt, daß ihr Wissen nichts mehr wert sein soll. Dies führt zu einem fundamentalen Angriff auf ihre Identität und zur Krise. Die Krise kann einerseits durch die innere Verarbeitung der Trauer und des Schmerzes – wie später noch beschrieben wird – und andererseits durch konkretes Handeln, wie z. B. durch den Besuch eines Deutschkurses, dem Finden einer Wohnung oder einer Arbeit, behoben werden.

Identitätskrisen sind Zustände inneren Unwohlseins, die häufig durch psychosoziale Konflikte verursacht werden. Konflikte entstehen durch den Kontakt des Individuums mit der Außenwelt. Die Kommunikation funktioniert auf drei Ebenen – auf der schichtspezifischen, der geschlechtsspezifischen und der kulturspezifischen Ebene. Die beiden größten Konfliktfelder einer Migrantin liegen in der Konfrontation mit den Institutionen (Gesetze, Arbeits- und Wohnungsmarkt, Schul- und Gesundheitswesen) und mit dem engeren sozialen Beziehungsfeld (Familie, Freunde). Vorerst gehe ich auf die Konflikte, die durch die Konfrontation mit dem engeren Beziehungsfeld entstehen, ein. Die Konflikte, die durch die Konfrontation mit den Institutionen eintreten, werde ich am Beispiel Gesundheitswesen zu einem späteren Zeitpunkt darstellen.

Konflikte im engeren Beziehungsfeld Mann – Frau entstehen unter anderem durch die Veränderung der Rollen der Frau. Durch die Migration einer Frau aus der Türkei verändert sich ihre Rolle als Tochter, Ehefrau, Mutter und Lohnarbeiterin. Beispielsweise kann die Arbeitsaufnahme der Frau ein Konfliktpotential darstellen, das zu einer persönlichen Krise bei ihr, dem Mann und auch den Kindern führt. Die Krise kann durchaus so bewältigt werden, daß die Frau durch den Zugang zum Wertmittel Geld mehr Entscheidungsrechte über die

Investition desselben, mehr Anerkennung seitens des Mannes und der Kinder für ihre Orientierungsfähigkeit in der fremden Gesellschaft bekommt und durch die Arbeit familienunabhängige Kontakte knüpft. Vor allem aber kann sie so ihr Selbstwertgefühl wieder aufrichten und somit einen Teil ihrer durch die Migration angegriffenen Identität wiederherstellen. Allerdings besteht auch die Möglichkeit, daß die Krise nicht positiv bewältigt wird und zu pathologischer Konfliktverarbeitung führt.

Das Individuum hat ein bestimmtes Potential zur Bewältigung von Konflikten, das aber durch die Umstände der Migration geschwächt ist. Die Wertschätzung der eigenen Wurzeln und das Akzeptiertwerden durch die Umwelt sind unentbehrliche Voraussetzungen für die Wiederherstellung der Identität. Ohne intakte Identität kann die Migrantin an der neuen Gesellschaft kaum selbstbestimmt teilhaben.

Im Folgenden möchte ich vor allem auf den Kulturschock, den jedes Individuum im Rahmen der Migration erlebt, und auf die pathologischen Konfliktverarbeitungsmuster, die bei MigrantInnen aus der Türkei am häufigsten auftreten, eingehen.

1. Der Kulturschock

Der amerikanische Psychoanalytiker Cesar A. Garza-Guerrero beschrieb in seinem Aufsatz „Culture Shock: Its Mourning and The Vicissitudes of Identity" (1974) mit Hilfe eines psychoanalytischen Phasenmodells die psychodynamischen Prozesse des Kulturschocks und dessen Bewältigung. Unter dem Begriff Kulturschock werden zahlreiche Phänomene zusammengefaßt, die das Aufeinandertreffen eines bestimmten kulturellen Hintergrundes mit einer relativ fremden Kultur auslöst. Die grundlegenden Elemente dabei sind das Trauern um den Verlust der „alten" Kultur und der Wandel der Identität durch die Handhabung einer neuen Kultur.

Das Aufeinandertreffen der beiden Kulturen verursacht bei den MigrantInnen Trauer und Schmerz, eine Bedrohung der Identität, und ist eine angsterregende Situation, die entweder zum Wachstum oder zu pathologischen Entwicklungen führen kann.

Mit dem Kulturschock setzt der massive Objektverlust und der Verlust von Ich-Aspekten, die auf die Objekte projiziert waren, ein. Das Gefühl der Trauer entsteht aufgrund eines Verlustes, und die Trauerarbeit hängt von den aktivierbaren inneren „guten" Objekten ab. „Trauer ist regelmäßig die Reaktion auf den Verlust einer geliebten Person oder einer an ihre Stelle gerückten Abstraktion wie Vaterland, Freiheit, ein Ideal usw."[105]

Mit Hilfe von Introjektion, Identifikation und Projektion werden Objekte verinnerlicht und weitere Objektbeziehungen hergestellt. Nach Freud kann es aufgrund einer Kränkung oder Enttäuschung durch ein wichtiges Objekt passieren, daß die Objektlibido abgezogen und nicht mehr auf ein neues Objekt übertragen wird, sondern eine Identifizierung mit dem verlorenen Objekt eintritt. Durch diesen Prozeß lassen sich einerseits die massiven Selbstanklagen der MelancholikerInnen erklären, „indem man die Selbstvorwürfe als Vorwürfe gegen ein Liebesobjekt erkennt, die von diesem weg auf das Ich gewälzt sind"[106]. Andererseits tritt dieser Mechanismus oft bei „narzißtischen Affektionen"[107] auf, der mit dem Wunsch, sich Objekte einzuverleiben, also mit der oralen Phase der Libidoentwicklung, verbunden ist. Die ausschlaggebende Kränkung oder Enttäuschung kann natürlich auch durch die Objekte oder durch an deren Stelle gerückte Abstraktionen im Aufnahmeland erfolgen und somit zu Depression und narzißtischem Rückzug führen oder dazu, daß die aggressiven Affekte gegen die eigene Person gekehrt werden.

Zusammenfassend ist festzuhalten, daß die Identität durch einen dynamischen Interaktionsprozeß zwischen dem Selbst und seiner Umwelt aufgebaut wird. Die Bewältigung der Identitätskrise in der Migration hängt also von der Stabilität der verinnerlichten und der äußeren Objektbeziehungen ab.

Nach Garza-Guerrero gibt es drei Phasen im Bewältigungsprozeß des Kulturschocks:[108]

1. Die Phase des kulturellen Zusammenstoßes
Die MigrantInnen erforschen die kulturellen Gemeinsamkeiten und Unterschiede. Sie überprüfen ihr mitgebrachtes soziales, kulturelles und psychisches Gepäck auf Brauchbarkeit in der neuen Umwelt. Die Unterschiede zwischen der neuen Welt der Objekte und der inneren psychischen Repräsentanz der verlassenen Kultur werden sichtbar. Folgende Gefühle charakterisieren diese Phase: Angst, Trauer, Abwehr, Verzweiflung, Sehnsucht nach dem Verlorenen.

Hand in Hand mit dem massiven Objektverlust entsteht eine Diskontinuität der Identität, da die MigrantInnen nicht mehr die nötige Bestätigung aus der Umwelt bekommen. Zur Verteidigung ihrer Identität müssen die guten Selbst- und Objektimagos reaktiviert werden. In dieser Phase kann es zur Idealisierung der verlassenen Umwelt, zu einer Pseudoanpassung (Assimilation) und/oder zu heftigen Stimmungsschwankungen kommen. In dieser Phase tritt oft eine Isolationsperiode und danach die Zeit der Deidealisierung auf.

2. Die Phase der Reorganisation
Dies ist die Phase des Bearbeitens der Trauer, in der die neue Kultur abgetastet, die alten Objektbeziehungen überprüft werden. Die Trauer baut eine gesunde, hemmende Kraft im Prozeß des Verschmelzens mit der neuen Kultur auf. Sie dient der Wiederherstellung der Identität durch das Wiedererlangen einerseits des Verlorenen mittels Identifikation und andererseits der realistischen Sichtweise sowohl der verlorenen als auch der neuen Kultur. Der Trauerprozeß führt zur Neugestaltung der inneren Objektbeziehungen unter dem Einfluß der neuen Kultur und des Selbst-Konzepts auf der Basis von neuen Erfahrungen mit der neuen Umwelt. Wenn der Trauerprozeß nicht bewältigt wird, kann es zu

Depressionen, Identitätskrisen, paranoiden Reaktionen und zu psychosozialen Fehlanpassungen kommen, extreme Idealisierung der alten und extreme Entwertung der neuen Kultur sind keine Seltenheit.

3. Die Phase der neuen Identität
Die neue Identität reflektiert die schlußendliche Konsolidierung des Ichs mit Hilfe ausgewählter Identifikationsmöglichkeiten mit der neuen Kultur, die harmonisch in die alte Kultur integriert wurden. Voraussetzung dafür ist eine Umwelt, die das wiederherstellt, was im Kulturschock angegriffen wurde – Sicherheit, Geborgenheit, Kontinuität. Das Ergebnis dieser Phase sollte ein gewachsenes Selbst sein, das durch zwischenmenschliche Interaktion in der neuen Kultur reflektiert wird.

Im Rahmen längerfristiger Integration können immer neue Teile, auch solche, die anfänglich konflikthaft waren, von den MigrantInnen aufgenommen werden.

Zusammenfassend ist festzuhalten, daß die Verweigerung von Beziehungen, Sicherheit, Kontinuität, Hilfestellung, positiver Bestätigung durch die Aufnahmegesellschaft (siehe Arbeits- und Lebensbedingungen, Gesetze, Rassismus) unweigerlich zu pathologischen Reaktionen der MigrantInnen führt und daß die Form der pathologischen Konfliktbewältigung durch die mitgebrachte psychische Struktur bestimmt wird.

2. Pathologische Konfliktverarbeitung in der Migrationssituation

„Die Ängste, die in der Anfangsphase einer Migration auftauchen können, sind Verfolgungs-, konfusionale und depressive Ängste. Diese Ängste treten in jedem migratorischen Prozeß auf"[109], sie unterscheiden sich jedoch in ihrer Intensität, ihrer Dauer und in ihrem Verlauf beträchtlich voneinander. Am häufigsten treten Depressionen, Ambivalenzkonflikte, psychosomatische Störungen (Verdauungsstörungen, Atemprobleme, Kreislaufstörungen, diffuse Unfallneigung, Hypochondrie, Hysterie, narzißtische Störungen, Schmerzzustände), aber auch Psychosen auf.[110]

Die Grenze zwischen Neurose und Psychose ist fließend und wird laut Freud von jedem von uns mehrmals täglich überschritten.[111] Individuelle und kollektive Krisen bewirken oft einen Bruch des vorhandenen Gleichgewichtes zwischen Konflikten und Abwehrmechanismen. Dabei können latente psychotische Tendenzen plötzlich die Oberhand gewinnen und zu echten psychotischen Zuständen führen. „Die Erfahrung der Migration stellt eine unvermeidliche Krise dar, die sich gelegentlich als plötzlicher Wahnausbruch oder als langsames und unerbittliches Hineingleiten in den Wahnsinn äußern kann [...]."[112]

Den meisten PsychotikerInnen sind Gefühle der Verlassenheit und Schutzlosigkeit gemein, die von der Angst vor Vernichtung und Leere begleitet sein können. Alle Theorien zur Psychose heben ein grundlegendes Element hervor, nämlich den „Objektverlust, die Leere oder die Abwesenheit der Mutter (‚Behälter'); mit anderen Worten, die Relevanz einer emotional bedeutsamen Trennung für den Ausbruch einer Psychose"[113].

Bei der Erstellung der Diagnose und der Erfassung der Lebensgeschichte sollte unbedingt auf die jeweils „kulturspezifischen" Ausdrucks- und Verlaufsformen der Erkrankungen und auf die Spezifität des zugrundeliegenden Konfliktes geachtet werden.[114]

Weibliche PatientInnen mit psychotischen Symptomen sind oft sexuell mißbraucht worden, die Art der Durchführung des Mißbrauchs[115] und die Verarbeitung desselben sind ebenfalls sozio-kulturell determiniert. Um adäquate Psychotherapie anbieten zu können, ist es unerläßlich, die individuellen Reaktionen auf psychische Belastung und Konflikte zu verstehen. Bei Angehörigen anderer Kulturen müßte somit auf den ethno- und soziokulturellen Hintergrund eingegangen werden. „Psychodynamik ist Ethnodynamik in einer individuellen Weise gelebt; das Individuelle ist nur im Kontext des ethnosoziokulturellen Umfeldes zu verstehen."[116]

Die narzißtische Kränkung

Die ArbeitsmigrantInnen (mehr Frauen, aber zunehmend auch Männer) aus der Türkei, die unsere Bildungs-, Beratungs- und Psychotherapieeinrichtung aufsuchen, bringen ihre Leiden meist mit Kränkungserlebnissen durch die österreichische Umwelt in Zusammenhang.

„Zum Verständnis der Ätiologie der funktionellen und psychosomatischen Erkrankungen sind also nicht nur die im sozialen und kulturellen Wandel auftretenden Anpassungskonflikte zu berücksichtigen, sondern es müssen die Beziehungs- und Dialogangebote, die der Emigrant in der Aufnahmegesellschaft und auch in der Gesundheitsversorgung vorfindet, in die Analyse einbezogen werden. Die Verfügbarkeit von befriedigend erlebten Beziehungen zu anderen beeinflußt die dem Individuum zur Verfügung stehenden Möglichkeiten, auf Konflikte zu reagieren, diese in den zwischenmenschlichen Dialog einzubringen, Isolation und Ausgrenzung zu vermeiden, narzißtische Kränkung und Diskriminierung zu verarbeiten, Affekte, vor allem aggressiver Natur, nicht gegen die eigene Person zu richten, sondern Konfliktlösungen im sozialen Interaktionsfeld zu suchen."[117]

Das Beziehungsangebot von ÖsterreicherInnen an TürkInnen scheint mir äußerst minimal zu sein. Von den wenigsten MigrantInnen habe ich Erzählungen über positive Beziehungen zu ÖsterreicherInnen gehört. Von Teilnehmerinnen der Gesprächsrunde, die ich mit einer türkischen Kollegin gemeinsam leite, höre ich immer wieder, wie wichtig die Teilnahme einer Österreicherin an der Gruppe für ihr Selbstwertgefühl ist. Oft sind die österreichischen Mitarbeiterinnen unserer Einrichtung die einzigen positiv besetzten Kontaktpersonen, die nicht aus der Türkei stammen.

Auch türkische Kolleginnen im Verein *Miteinander Lernen* erzählen von lange Jahre andauernder Kontaktlosigkeit zu ÖsterreicherInnen, obwohl sie täglich zur Universität gingen. Erst durch die Arbeit ist eine Veränderung eingetreten.

„Keine andere Technik der Lebensführung bindet den Einzelnen so fest an die Realität als die Betonung der Arbeit, die ihn wenigstens in ein Stück der Realität, in die menschliche Gemeinschaft sicher einfügt. Die Möglichkeit, ein starkes Ausmaß libidinöser Komponenten, narzißtische, aggressive und selbst erotische, auf die Berufsarbeit und auf die mit ihr verknüpften menschlichen Beziehungen zu verschieben, leiht ihr einen Wert, der hinter ihrer Unerläßlichkeit zur Behauptung und Rechtfertigung der Existenz in der Gesellschaft nicht zurücksteht. Besondere Befriedigung vermittelt die Berufstätigkeit, wenn sie eine frei gewählte ist, also bestehende Neigungen, fortgeführte oder konstitutionell verstärkte Triebregungen durch Sublimierung nutzbar zu machen gestattet."[118] Die schlechten Arbeits- und Lebensbedingungen in Österreich, die ständige Verunsicherung, ob der Aufenthalt gewährt, ob die Arbeitsaufnahme bewilligt wird, ob die Arbeit, die Wohnung erhalten bleibt, hinterlassen ein Gefühl des Unerwünschtseins, das sehr kränkend ist.

Wie bereits oben beschrieben erfährt das Selbstwertgefühl im Migrationsprozeß, vor allem im Kulturschock, eine nachhaltige Beeinträchtigung und bedarf positiver Umweltreaktionen, um es wieder zu stabilisieren. Aber um auf das „Fremde" zugehen zu können, ist ein intaktes Selbst und ein gesundes Selbstwertgefühl vonnöten. Die Migrantinnen erfahren jedoch Diskriminierungen hauptsächlich aufgrund der Zugehörigkeit zur Unterschicht, zu einer verfolgten Kultur in Verbindung mit körperlichen Merkmalen und zum weiblichen Geschlecht. Dies führt zu massiver Verunsicherung bei den Betroffenen. Diese wiederum kann eine Systemregression bei den Migrantinnen und eine Aktivierung früher Abwehrmechanismen auslösen. Vor allem aber binden diese Bedingungen die Migrantinnen nicht an die Gesellschaft des Aufnahmelandes, sondern an die verlassene Gesellschaft, an der sie nicht mehr teilhaben können.

„Gegen die gefürchtete Außenwelt kann man sich nicht anders als durch irgendeine Art der Abwendung verteidigen, wenn man diese Aufgabe für sich allein lösen will."[119] Als Ersatz für die frustrierende Umwelt werden narzißtische Allmachts- und Größenphantasien aufgebaut, und es erfolgt eine Abwendung von der kränkenden Realität. Die drohende Depression wird mit übertriebenem, krankmachenden Leistungsstreben abgewehrt. „Die hohe Leistungsmoral vieler türkischer Patienten ist ein Resultat dieses Verarbeitungsmodus, der auf einem archaischen Über-Ich zur Abwehr depressiver und paranoider Ängste beruht."[120]

Die Depression
Die Depression stellt eines der häufigsten Krankheitsbilder, meist in Kombination mit psychosomatischen, hypochondrischen und hysterischen Symptomen, bei MigrantInnen dar.[121] Die WHO (1986) sieht die weltweite Zunahme von Depressionen, die sich häufig mit Hilfe somatischer Symptome wie Schmerzzu-

stände, Herzbeschwerden, Magen-Darm-Störungen ausdrücken, in sozialen Faktoren begründet. Diese bestehen in zu schnellem soziokulturellen Wandel, Isolation und dem Zerfall von traditionellen Bindungen, Beziehungsmustern, Werten und Normen.

Wie oben beschrieben, ist die Qualität der Trauerarbeit zur Aufarbeitung des massiven Objektverlustes ausschlaggebend für den weiteren Verlauf des Migrationsprozesses. Oft wird die Trauer über lange Jahre hindurch abgewehrt, aber wenn die Realität unübersehbar wird, bricht die Depression durch. Die Realität setzt sich zusammen aus dem Verlorenen und dem Neuen. Oft wird erst nach 20 Jahren Migration bewußt, daß die Rückkehr nicht so bald stattfinden wird wie ursprünglich angenommen. An diesem Punkt treten Verlust an Lebenssinn, Hoffnungslosigkeit, die Trauer über das Fehlen befriedigender menschlicher Beziehungen an die Oberfläche.

Die Desorientierung bezüglich der Forderungen der Außenwelt und die Unkenntnis, welche Triebwünsche auf welche Weise in der neuen Umwelt befriedigt werden können, führen oft zur depressiven Konfliktverarbeitung. Spezielle Ausformungen der Depression in der Migration sind die „Heimwehkrankheit"[122] und die „Enttäuschungsdepression"[123]. Die Heimwehkrankheit setzt sich aus Sehnsucht nach und Trauer um die verlorenen Objekte zusammen und drückt sich oft in Form von Depression aus. Ein Heimaturlaub kann in der Behandlung dieser Art der Depression oft sehr hilfreich wirken.

„Der Heimwehkranke aber ist strengen Reglementierungen unterworfen. So unterwirft er sich schließlich selbst der Ordnung und hofft, indem er erkrankt, letztendlich doch noch auf die Befriedigung seines Rückkehrwunsches. Er verhält sich passiv und wird medizinisch behandelt."[124] Wenn die Erkrankten sich aktiv gegen bedrückende Zustände wehren würden, könnte dies harte staatliche Sanktionen nach sich ziehen. Sie würden Gefahr laufen, bezichtigt zu werden, die öffentliche Ruhe und Ordnung zu stören, was ein Grund für die Verhängung eines Aufenthaltsverbots ist.

„Die Symptome der Enttäuschungsdepression lassen sich in zwei Kategorien unterteilen. Zum einen in die psychische Reaktion von Reizbarkeit und Hypersensitivität, zum anderen in psychosomatische Beschwerden wie Schlafstörungen und gastrointestinale Beschwerden als Ausdruck lang anhaltender intensiv empfundener Trennungsgefühle. Der anfänglich auftretenden depressiven Verstimmung folgt im Laufe der Jahre die organische Manifestation der Krankheit durch psychosomatische Störungen. Die Erkrankten sind bei der Enttäuschungsdepression nicht eigentlich traurig gestimmt. Sie sind jedoch stark verunsichert, in ihrem Vitalitätsempfinden nachhaltig gestört und von einer unkorrigierbaren hypochondrischen Krankheitsgewißheit erfüllt."[125]

Nach Ohnacker et al. (1985) ist die Heimwehreaktion ident mit der Enttäuschungsdepression. Unterschiede zwischen den Geschlechtern im Krankheitsverhalten werden sehr widersprüchlich benannt, meinen Beobachtungen nach leiden Frauen aus der ländlichen Türkei lauter und ausdrucksstärker als ihre

Männer, doch beide Geschlechter erleben Depression, Heimweh, und sie somatisieren.

In der Psychotherapie muß es vor allem darum gehen, die narzißtischen Größenphantasien und die verleugnende und idealisierende Abwehr der Depression durch die Konfrontation mit der enttäuschenden und unvollkommenen, aber vielleicht doch ausreichenden „Realität" in Frage zu stellen und zu bearbeiten.[126]

Hysterie und Hypochondrie

„Die Hysterikerin stellt eine unbewußte Phantasie, einen unbewußten Konflikt mit Hilfe einer ausdrucksreichen symbolhaften Körpersprache dar, während die Psychosomatikerin sozusagen als körpersprachliche Analphabetin präsymbolisch ‚resomatisiert', d. h. in regressiver Weise auf psychisch weitgehend unverarbeitete körperliche Vorgänge zurückgreift."[127] Nach Mentzos (1982) liegen der hysterischen Konfliktverarbeitung nicht nur ödipale Konflikte, sondern vor allem unverarbeitete Trennungserlebnisse und Mängel im Bereich des Selbstwertgefühls zugrunde. In Europa ist die hysterische Symptomneurose äußerst selten geworden, hingegen bei „Gastarbeitern aus dem Süden"[128] tritt sie weitaus häufiger auf.

Die Hysterie übernimmt gerne die Färbung der sie umgebenden Kultur[129] und gilt als Widerstandsform gegen widersprüchliche Rollenanforderungen und Ohnmacht gegen patriarchale Macht.[130] Hysterie wird bei Frauen weitaus öfter diagnostiziert als bei Männern, obwohl Israel (1987) auch den männlichen Hysteriker aufgespürt hat. Der männliche Hysteriker fordert massiv gesellschaftliche Anerkennung und Wiedergutmachung. „Der Mann entwickelt häufiger als die Frau Wutanfälle, [...] die in einer Situation äußeren Zwangs und der Unterdrückung Entspannung verschaffen."[131] Den hysterischen und psychosomatischen Symptomen liegt derselbe Konflikt zwischen individuellen Wünschen und kulturellem Druck zugrunde, der Unterschied liegt in der Ausdrucksform.[132] Die Hypochondrie ist ebenfalls eine subjektiv empfundene Körperstörung ohne organische Veränderungen.

Aggressive Impulse gegen Menschen, Angst vor Vernichtung und vor dem Verlust lebenswichtiger Objektbeziehungen werden auf den eigenen Körper projiziert. Nach Rosenfeld (1981) herrschen beim Hypochonder oral-sadistische und destruktive Impulse und Phantasien vor.[133] „Verliert eine Person den kommunikativen Bezug zur Realität und den ‚Echoeffekt' seiner Umwelt, die Möglichkeit einer (verbotenen) Verständigung mit anderen, ist ein regressiver Rückzug in hypochondrische oder psychosomatische Störungen naheliegend."[134] In der Hypochondrie erfolgt eine Regression auf eine Entwicklungsstufe, in der die Pflegeperson die körperlichen Bedürfnisse des Kindes befriedigt und es beschützt hat. Die Pflegeperson war die Brücke zwischen dem Kind und der Umwelt. Eine solche Brücke brauchen die MigrantInnen in der Migrationssituation. Bei pathologischen Entwicklungen kann diese Funktion die Therapeutin oder der Therapeut bewußt übernehmen.

Psychosomatische Erkrankungen

„Die großen dramatischen, expressiven Ausdrucksformen sind aber bei beiden Geschlechtern den stilleren psychosomatischen Krankheitsbildern gewichen. Diese scheinen unserer Zeit, der industriellen Massengesellschaft mit ihrer ‚stummen Medizin', mit ihrem naturwissenschaftlich-technischen Körper- und Gesellschaftsbild zu entsprechen."[135]

Unter bestimmten Bedingungen werden seelische Schmerzen in körperliche umgewandelt, das wiederum hat unterschiedlichste Funktionen. Eher depressive Menschen ziehen sich zur Verarbeitung des seelischen Schmerzes, der durch Objekt- und Geborgenheitsverlust entsteht, auf den eigenen Körper zurück und erlangen das ersehnte „Versorgtwerden" mit Hilfe von Krankheit. Eher zwanghafte oder „hysterische" Menschen drücken Ohnmacht, Wut und Aggression mit Hilfe des ausdrucksreichen körperlichen Schmerzes aus. Bei narzißtischen Menschen dürfte das Schmerzsymptom dem Wiederaufbau des Selbst dienen.

Doch allen ist gemeinsam, daß im körperlichen Schmerz Ängste, Affekte und Triebregungen zum Ausdruck kommen, die in menschlichen Beziehungen nicht unterzubringen sind. Der Schmerz läßt aber die PatientInnen schlußendlich doch noch eine Beziehung, in der darüber gesprochen werden kann, herstellen – die Beziehung zu ÄrztInnen oder TherapeutInnen.

In einer Befragung von 37 AusländerInnen in der Studie „Ausländer und Gesundheit" beschrieben 25 Personen zumindest zeitweilige psychosomatische Beschwerden. „Beschwerdebilder wie Kopfweh, Bauchweh, Magenschmerzen, Mattigkeit, Gliederschmerzen, Übelkeit, Ohnmachtsanfälle, allgemeines Unwohlsein wurden bei häufigem Auftreten als Resultat von Überbelastung klassifiziert."[136]

Hinter Überbelastung und Überforderung stehen oft Gefühle der Hilf- und Hoffnungslosigkeit und diese liegen häufig begründet in miserablen Arbeits- und Lebensbedingungen sowie in unzureichenden Objektbeziehungen, die das Individuum auf präverbale Ausdrucksformen bei entsprechender Prädisposition regredieren lassen. „Der Verlust einer übergreifenden Lebensperspektive, [...] die Verweigerung eines identitätsbildenden Dialogs, [...] die zerstörten oder verweigerten Öffentlichkeiten, die für jegliche soziale Bezogenheit und Intentionalität generativer Ich-Leistungen notwendig sind, [...] sind m. E. Faktoren, die viele Emigranten in die Rolle psychosomatisch erkrankter Patienten drängen."[137]

In der gesamten Literatur, die sich mit dem Thema Krankheitsbilder bei MigrantInnen beschäftigt, wird einheitlich bestätigt, daß neben jenen Erkrankungen, die auf physisch anstrengende Arbeiten zurückzuführen sind, das Auftreten psychischer bzw. psychosomatischer Krankheiten bei ArbeitsmigrantInnen auffallend häufig ist.

Große Übereinstimmung herrscht auch darüber, daß zwar die Diagnose gestellt wird, aber im allgemeinen keine entsprechende Behandlung erfolgt. Der Grund dafür liegt im Fehlen adäquater transkultureller, muttersprachlicher therapeutischer Einrichtungen.[138]

3. Die zweite Generation und die nachfolgenden Generationen

Die psychosoziale und psychodynamische Entwicklung der Kinder von MigrantInnen wird durch folgende Umstände beeinträchtigt:
a) Die Entscheidung zur Migration wird nicht von ihnen gefällt,
b) ihre unmittelbare Umgebung ist durch die Migration erschüttert,
c) sie erleben häufig Trennungen,
d) sie gehören weder zur Herkunfts- noch zur Aufnahmekultur, ihre Sozialisation ist zweigeteilt,
e) ungelöste Konflikte der ersten MigrantInnengeneration werden an die nachfolgenden Generationen weitergegeben,
f) sie werden oft zu „Symptomträgern" der Familien,
g) kränkende Diskriminierungserfahrungen gehören zum Alltag.

Ausschlaggebend für die Entwicklung des Kindes ist der Migrationszeitpunkt. Findet die frühkindliche Sozialisation noch in der Türkei statt, ist die psychische Stabilität eher gewährleistet als bei bereits in Österreich geborenen Kindern.[139]

Der Grund dafür liegt in den relativ stabilen und weitläufigen Beziehungen. Die Kinder bewegen sich sowohl in der ländlichen Türkei als auch im *Gecekondu* frei zwischen verwandten und nachbarlichen Haushalten, werden von mehreren Frauen betreut.

Das Urvertrauen des Kindes und somit das Dauermuster für die Lösung von Konflikten bildet sich gemäß der Qualität der mütterlichen (oder väterlichen o. ä.) Beziehung. Dabei geht es um die Feinfühligkeit der Bezugspersonen, mit der diese den Bedürfnissen des Kindes begegnen. Dafür ist ein stabiles Selbstwertgefühl der Bezugspersonen nötig. Aber genau das ist durch die Migration erschüttert und befindet sich in der Krise.[140] Kinder von MigrantInnen erleben häufig Trennungen, von der Mutter wie vom Vater. Sie werden oft mehrmals hin- und hergeschickt. Die Kinder, mit denen ich arbeite, haben sehr frühe und mehrfache Trennungen erlebt. Manche wurden in Österreich geboren und nach dem Karenzjahr oder bei Arbeitsaufnahme der Mutter zu Verwandten in die Türkei gebracht, dann wieder nach Österreich geholt, da die Mutter die Trennung nicht aushielt. Auch zur Zeit der Einschulung werden die Kinder entweder, je nach Haltung der Eltern, in die Türkei oder nach Österreich gebracht. Oft sind die Väter vormigriert, und die Kinder wuchsen lange ohne Vater auf. Wenn die Familienmitglieder nachziehen, müssen sie plötzlich mit einem nur aus Urlauben bekannten Vater zusammenleben.

Die Sozialisation der Kinder ist meist zweigeteilt, zu Hause dominiert die aus der Türkei mitgebrachte Kultur, in der Schule erleben sie oft die ersten intensiven Kontakte zur österreichischen Umwelt. Oft dienen sie für ihre Eltern als Vermittler zwischen den beiden Kulturen und Sprachen. Sie schämen sich dann für ihre „unwissenden" Mütter oder Väter und sind mit der „Dolmetschfunktion" überfordert. Die Eltern verlieren somit ihre Funktion als Identifikationsfiguren für das Kind. Die Drohung mit der Verschikkung in die Türkei ist ein oft verwendetes Erziehungsmittel. Die Identität der Kinder ist oft schwer beeinträchtigt, sie gehören zu keiner der beiden Gesellschaften. Ein elfjähriges Mädchen drückte ihren Konflikt in der Therapie folgendermaßen aus: „Warum kann nicht auf der einen Straßenseite die Türkei und auf der anderen Österreich sein? Da könnte ich immer hin- und herlaufen, denn wenn ich in der Türkei bin, sehne ich mich nach Österreich, und wenn ich hier bin, ist es umgekehrt."

Ungelöste Konflikte – wie unterdrückte Trauer- und Anpassungsprozesse – der Mutter oder/und des Vaters werden häufig an die Kinder, an die dritte und vierte Generation weitergegeben. „Die Erfahrung der Migration betrifft nicht nur diejenigen, die sie persönlich und unmittelbar erlebt haben, sondern auch die Kinder dieser Immigranten, die – obwohl im Adoptionsland der Eltern geboren und verwurzelt – auf die eine oder andere Weise die Folgen der verschobenen oder pathologisch verarbeiteten Trauer ihrer Eltern erleiden."[141]

Der von der ersten und zweiten MigrantInnengeneration unterdrückte Trauerprozeß führt spätestens in der dritten Generation zu familiären Krisen, somatischen, psychotischen und/oder sozialen Auffälligkeiten der Mitglieder.[142]

Die Väter und Mütter, die ihre Kinder zu uns zur Therapie bringen, hatten alle bis jetzt selbst massive psychische und/oder soziale Probleme. Das Motiv, das Kind in Therapie zu schicken, liegt meistens darin, daß das Kind in irgendeiner Weise nicht „funktioniert". Die Kinder leiden z. B. unter Sprachverlust oder -hemmung, d. h. sie können sich weder auf Türkisch noch auf Deutsch ausdrücken, oder verweigern das Erlernen der deutschen Sprache. Damit sind auch Schulprobleme verbunden, somit entsprechen die Kinder den oft weit überhöhten Leistungsansprüchen der Eltern nicht. Häufig haben sie auch die Funktion der „Symptomträger", d. h. die Kinder versuchen einen in der Familie schwelenden oder auch bereits verinnerlichten Konflikt mittels eines körperlichen Symptoms zu lösen. Die häufigsten Symptome bei Kindern von MigrantInnen sind Einnässen, Einkoten, Autoaggression in Form von Unfallneigung, aber auch Konversionssymptome und psychosomatische Erkrankungen wie Gastritis und Migräne treten auf.[143]

Die Diskriminierungserfahrungen der Kinder in der österreichischen Gesellschaft sind vielfältig und für sie alltäglich. Ein sichtbarer Ausdruck der Schlechterstellung ist der prozentuelle Anteil an Kindern mit nichtdeutscher Muttersprache in den Sonderschulen, der in einigen Wiener Gemeindebezirken über 80 % beträgt.

Zusammenfassend ist zu sagen, daß der Migrationsverlauf vor allem vom Alter, in dem das Kind die Migration erlebt, von der Stabilität der Bezugspersonen, von den Trennungserlebnissen und nicht zuletzt von den objektiven und subjektiven Aufnahmebedingungen in der neuen Gesellschaft abhängig ist.

VIII. Wer geht mit den somatischen, psychosomatischen und psychischen Konfliktlösungsmöglichkeiten wie um?

Um diese Frage beantworten zu können, ist es notwendig, die Systeme des Individuums und die der Außenwelt im Umgang mit „Krankheit" darzustellen und die Kommunikationsebenen zwischen den Systemen zu bestimmen. Ich verwende nach Tilli (1987) für das System des Individuums den Begriff „Laiensystem" und für das System Außenwelt den Begriff „Professionelles System". Unter Laiensystem verstehe ich den informellen Sektor, in dem volksmedizinische Heilverfahren sowie kultur-, schicht- und geschlechtspezifische Krankheitskonzepte Anwendung finden. Zu diesem System gehören die Migrantin, ihre Familie, FreundInnen, die MigrantInnenkolonie und ihrer Kultur angehörende Heiler (*Hodja*), die die „Krankheit" als solche definieren und über deren Behandlungsmethoden entscheiden. „Mit dem Begriff ‚Professionelles System' wird hier die moderne Medizin bezeichnet, wie sie sich uns in den Institutionen der Krankenhäuser, der Gesundheitsämter und der freien Praxen darstellt."[144] Das „Professionelle System" zeichnet sich durch Männer-, Mittel- und Oberschichtbestimmtheit und durch seine ethnozentristische Orientierung aus. Die beiden Systeme sind in Österreich meist voneinander getrennt. Anhand des Falles einer Frau, die an Rücken-, Magen- und Kopfschmerzen leidet, versuche ich, einen möglichen Bewegungsablauf in und zwischen den Systemen nachzuzeichnen.

Anfänglich versucht die Migrantin, ihre Beschwerden zu ignorieren. Dieser Mechanismus funktioniert nur begrenzte Zeit, und sie spricht mit ihrer Nachbarin über ihre Beschwerden. Diese empfiehlt ihr ein Medikament, das sie selbst bei ähnlichen Schmerzen verwendet. Die Migrantin nimmt das Medikament einige Tage und stellt fest, daß es ihr nicht hilft. Ihr Ehemann hat das „ewige Jammern" satt und schickt seine Frau zum Arzt. Das heißt, daß das Laiensystem über die Kontaktaufnahme zum „Professionellen System" entscheidet. Die Frau spricht nicht gut Deutsch und hat Angst, alleine zum Arzt zu gehen, deshalb zögert sie den Arztbesuch so lange hinaus, bis die Schmerzen unerträglich geworden sind. Sie besucht seit geraumer Zeit einen Deutschkurs beim Verein *Miteinander Lernen* und sucht Rat bei der Kursleiterin. Im Laufe des Gespräches erzählt sie ihre bisherigen Erfahrungen mit dem „Professionellen System". Abgesehen von den Sprachschwierigkeiten konnte sie ihre Schmerzen nicht genau lokalisieren, und sie versuchte, diese mit Hilfe von körpernahen Ausdrucksformen darzustellen, wie lautem Stöhnen, leidendem Gesichtsausdruck, worauf der Arzt sie nicht ernst nahm und ihr ohne Erklärung ein Medikament verschrieb. Das „Professionelle System" wird von MigrantInnen vor allem mit hochentwickelter Technik in Verbindung gebracht, die die Frau auch beanspruchen wollte. Der Arzt verweigerte ihr die Überweisung zum Röntgen und erklärte ihr nichts. Sie war unzufrieden und suchte den Grund für sein Verhalten im Sprachproblem. Eine Mitarbeiterin der Beratungsstelle begleitete sie daraufhin zum Arzt. Dort stellte sie fest, daß das Kommunikationsproblem kein ausschließlich sprachliches war, sondern auf Vorurteile des Arztes gegenüber dem Geschlecht, der Kultur und der Schichtzugehörigkeit der Klientin zurückzuführen war. Die Begleiterin agierte nicht nur als Übersetzerin, sondern mußte dem Arzt den Konflikt erklären, bestimmte (therapeutische) Sichtweisen vermitteln. Dabei ist höchste Vorsicht geboten, da der Arzt sich durch die Migrantin, die sich schlecht versorgt fühlt, und durch die Vermittlerin, die erklärt, gekränkt fühlen kann, denn beide scheinen seine Kompetenz in Frage zu stellen. Gelingt die Vermittlung, kann eine Beziehung zwischen ihm und der Patientin hergestellt und somit die Chance auf Heilung erhöht werden.

Anhand dieses Beispiels wird klar, daß das Laiensystem den Umgang mit „Krankheit" bestimmt. Die Kontaktaufnahme zum „Professionellen System" läuft bei MigrantInnen in den meisten Fällen schief und wird deshalb auf das Notwendigste reduziert. Österreichische ÄrztInnen widmen AusländerInnen und UnterschichtpatientInnen weit weniger Zeit als österreichischen OberschichtpatientInnen.[145] Die häufigsten Kontaktaufnahmen ausländischer Frauen mit dem „Professionellen System" erfolgen aufgrund von Schwangerschaft, Geburt und aufgrund von allgemeinen gynäkologischen Beschwerden.[146]

Durch die weitreichenden Kommunikationsprobleme kann es zu Fehldiagnosen kommen. Das „Professionelle System" verfügt kaum über Kenntnisse bezüglich der psychischen Krisen, die durch die Migration verursacht werden, auch Kenntnisse bezüglich des kulturdeterminierten Gesundheitsverhaltens und Krankheitskonzeptes von MigrantInnen sind selten vorhanden. Erst wenn schwere psychische Störungen auftreten, reagiert das System, aber dann unter Umständen mit Einweisung in die Psychiatrie. Dort wiederholen sich die Kommunikationsprobleme auf den kultur-, schicht- und geschlechtsspezifischen Ebenen. „Besonders bei psychiatrischen Untersuchungen ist es wichtig, z. B. sozial determinierte Verhaltensweisen zu kennen, um nicht zu Fehlschlüssen zu kommen. In der Medizin werden geläufige Krankheitssymptome, die durch kulturelle und soziale Merkmale anders dargestellt werden als dies üblich ist, mit Pathoplastik umschrieben. Die türkische Psychiaterin wies darauf hin, daß die Mängel gerade in diesem Bereich im krassesten Fall zu Fehldiagnosen führen. Sie berichtete von Frauen, die mit der Diagnose endogener Depression in die Klinik kommen, weil sie verstummt sind. Dies muß jedoch nicht Ausdruck einer Krankheit sein, sondern kann für eine Frau aus der Türkei durchaus rollenkonformes Verhalten bedeuten, weil sie etwa in Gegenwart des Mannes nicht spricht, sondern ihn reden läßt."[147]

Um diesen Schwierigkeiten entgegenwirken zu können, halte ich ein Vermittlungssystem zwischen Laien und ProfessionistInnen für notwendig. Dieses Vermittlungssystem hat die Aufgaben, die Kommunikation zwischen den Systemen durch Entschlüsselung der kultur-, schicht- und geschlechtsspezifischen

Kommunikationsebenen zu erleichtern und sowohl mit dem Laiensystem als auch mit dem „Professionellen System" zusammenzuarbeiten. Ein Vermittlungssystem ist beispielsweise das Bildungs-, Beratungs- und Psychotherapiezentrum des Vereins *Miteinander Lernen*. Die türkischen und österreichischen Mitarbeiterinnen, die beide Sprachen beherrschen, verfügen über Kenntnisse beider Kulturen, über Kenntnisse spezifischer politischer Zusammenhänge und über verschiedenste Qualifikationen. Dies stellt die Grundlagen dar, sich sowohl im Laiensystem als auch im „Professionellen System" frei bewegen zu können. Den Migrantinnen steht ein Angebot, das ihren körperlichen, seelischen und sozialen Bedürfnissen entspricht, zur Verfügung. Zur Erleichterung der Kontaktaufnahme der Migrantinnen zum Vermittlungssystem ist die Möglichkeit zur unverbindlichen Kontaktaufnahme, die keinen institutionellen Anstrich hat, notwendig. „Durch die Möglichkeit, einfach mal reingehen zu können, sich umzuschauen und unverbindlich wieder gehen zu können, ist Beratung nicht mehr fremd und damit angstbesetzt, sondern gehört gleichsam zum Alltag."[148]

„Das österreichische Gesundheitssystem, wie das westliche insgesamt, hat in seiner Orientierung auf naturwissenschaftliche, medizinisch-technische Errungenschaften der Medizin die ganzheitliche Betrachtung des Menschen aus dem Blickpunkt verloren. Die ‚Schulmedizin' hat im wesentlichen die somatische Behandlung von der psychischen getrennt, obwohl neuere Ansätze hier durchaus einen Brückenschlag versuchen."[149] *Miteinander Lernen* arbeitet hingegen mit einem ganzheitlichen Betreuungsansatz, der sich an den Bedürfnissen der Frauen und ihrer Familien orientiert. Die Grundlage dieses Ansatzes ist die Betrachtung des Menschen als Ganzes.

Da die Probleme der Frauen, die zu *Miteinander Lernen* kommen, meist vielschichtig sind, ist eine komplexe Betreuung erforderlich, die von Spezialistinnen durch ein vielfältiges Angebot an einem Ort gewährleistet wird. Somit wird das „Herumschicken" der Klientin von einer Institution zur anderen, bis sie auf der Strecke bleibt, vermieden. Neben unterschiedlichen Bildungs-, Beratungs- und Psychotherapieangeboten, Projekten, Gesprächsrunden etc. finden die Frauen und ihre Familien unterstützende Vertrauenspersonen und eine vorurteilsbewußte Umgebung vor. Das gesamte Angebot dient der Wiederherstellung der Identität, die durch die Migration angegriffen wurde und die für die Gesundheit eines Menschen unerläßlich ist. Die Identität ermöglicht erst die sogenannte „Integration", d. h. die aktive Teilnahme am gesellschaftlichen Leben im Aufnahmeland. Die Vorteile ganzheitlich arbeitender Einrichtungen werden immer öfter von Institutionen wie Krankenhäusern, Arztpraxen, Jugendämtern, Schulen u. a. erkannt. Dies drückt sich vor allem in der stets steigenden Zahl der Überweisungen an uns aus. Aber auch die Unterversorgung der MigrantInnen mit kostengünstiger Psychotherapie läßt die Anzahl der Überweisungen hochschnellen.

Viele psychische Konflikte von MigrantInnen haben soziale Ursachen und können auch durch ein optimales Bildungs-, Beratungs- und Psychotherapieangebot nicht kompensiert werden. Dies führt uns zur Zusammenarbeit des Vermittlungssystems mit dem „Professionellen System" im engeren (z. B. Gesundheitswesen) und auch im weiteren Sinn (z. B. die Politikbereiche). Diese Tätigkeiten erstrecken sich von Verhandlungen über den Einsatz von muttersprachlichen Beraterinnen in Spitälern, über Beratungen von im professionellen Bereich tätigen Personen, bis zum Verfassen von Stellungnahmen zu Gesetzesentwürfen. Die politische Arbeit im weiteren Sinn muß zum größten Teil von den inländischen Mitarbeiterinnen getragen werden. Die Mitarbeiterinnen aus der Türkei würden Gefahr laufen, mit dieser Tätigkeit „die öffentliche Ruhe, Sicherheit und Ordnung zu gefährden"[150] und somit aus Österreich ausgewiesen zu werden.

IX. Psychotherapeutische Arbeit mit Migrantinnen unter besonderer Berücksichtigung des Migrationsprozesses

Im Rahmen der Migration treten psychodynamische Prozesse wie die Trauer um den massiven Objektverlust in Verbindung mit Isolation und Sprachlosigkeit (= Handlungsunfähigkeit) auf, die regressiv verarbeitet werden. Einerseits stellt die Migration durch den Kompetenzverlust selbst eine Regression in ein präverbales Stadium dar, andererseits ist die Verarbeitung derselben von der Persönlichkeitsstruktur und von den Umweltbedingungen abhängig. Für MigrantInnen aus der Türkei ist es aufgrund der Lebensbedingungen in Österreich sehr schwer, das angeschlagene Selbstwertgefühl wieder aufzurichten, die Kränkungen sind oft zu massiv. Deshalb möchte ich vor vorschnellen Diagnosen, die meist in Form von „lavierter Depression" oder auch „endogener Depression" vom „Professionellen System" gestellt werden, warnen. In der Psychotherapie sollten sowohl die „Kränkungen" als auch das ausdrucksstarke Leiden ernstgenommen werden. Dies bedeutet, die „Krankheit" anzuerkennen und zu vermitteln, daß die KlientInnen den TherapeutInnen helfen müssen, die Krankheit zu verstehen. Nur dann können die TherapeutInnen helfen. Somit wird die Kompetenz der PatientInnen gewürdigt, Vertrauen aufgebaut und Ich-Stütze gegeben. Anerkennung bedeutet auch, den PatientInnen zu vermitteln, daß die Symptombildung unter den gegebenen Umständen die optimale Konfliktlösung darstellt. Die Leistungen der MigrantInnen sind oft gewaltig, wobei der Leistungswahn oft zur Abwehr der Depression dient. Das Durchbrechen der Depression in der Therapie ermöglicht, den versäumten, aber notwendigen Trauerprozeß nachzuholen.

ArbeitsmigrantInnen arbeiten in den psychisch und physisch belastendsten Berufen, gehören der Unterschicht an, haben oft das Gefühl, sich in der deutschen Sprache schlecht auszudrücken. Diese Gegebenheiten führen zur Sprachlosigkeit auf der Seite der PatientInnen genauso wie auf der Seite der ÄrztInnen und TherapeutInnen. Diese Sprachlosigkeit bedeutet Handlungsunfähigkeit auf beiden Seiten.

Die sogenannten ProfessionistInnen zeigen Abwehrverhalten gegenüber türkischen PatientInnen. Der Grund dafür ist Fremdenangst, oft unverhohlen, meist aber in Form von Distanz ausgedrückt. Mit Hilfe des „Gastarbeiterdeutsch", welches oft als anstrengend und schwer verständlich abgetan wird, kann aber sehr wohl Auskunft über den Konflikt gegeben werden. Die Ablehnung „ihrer" Sprache bestärkt das Gefühl der Sprachlosigkeit bei den MigrantInnen. Und schlußendlich tritt Material in den Gesprächen zutage, das Angst macht, d. h. den ProfessionistInnen fremd, unverständlich ist, und an die eigenen Ängste und Defizite rührt. Gesellschaftliche Mißstände werden offensichtlich, die ProfessionistInnen fühlen sich überfordert. All diese Faktoren werden in der analytischen Arbeit mit Hilfe von Übertragung und Gegenübertragung sichtbar, denn das Gefühl der MigrantInnen, handlungsunfähig und sprachlos zu sein, findet sich oft in der Gegenübertragung der TherapeutInnen wieder.

Kulturspezifische Krankheitskonzepte sind versteh- und erfahrbar, wobei Wissen um ethnokulturelle Hintergründe und um die Sprache äußerst hilfreich ist. Oft müssen aufgrund der Bedeutung familiärer Beziehungen Familienmitglieder in die Therapie miteinbezogen werden. Die Anerkennung des Geschlechterverhältnisses als Herrschaftsverhältnis und dessen kultur- und schichtspezifischer Ausformungen ist für das Verständnis von Konflikten, die Migrantinnen erleben und verarbeiten müssen, unerläßlich. Frauen entwickeln ihrer speziellen Unterdrückung adäquate Widerstandsformen, die als Ausdruck von Gesundheit und nicht von Krankheit zu sehen sind.

Die sozialpolitischen Probleme, wie materielle und rechtliche Unsicherheit, die oft hinter der „Krankheit" stecken, sind in der Psychotherapie selbst nicht zu lösen. Die Psychotherapie ermöglicht aber, diese zur Sprache zu bringen, sie als Ursachen für Symptome anzuerkennen und somit Handlungsfähigkeit herzustellen. Wünschenswert ist interdisziplinäre Zusammenarbeit, wie sie im oben beschriebenen Vermittlungssystem vorgeschlagen wird, damit auch MigrantInnen aus der Türkei seelisches, körperliches und soziales Wohlbefinden erlangen können.

Anmerkungen

1 Dieser Artikel wurde 1993 verfaßt, somit ist die neueste psychoanalytische Literatur, die sich mit dem „Fremden" auseinandersetzt, nicht berücksichtigt. Teile dieses Beitrags erschienen in: FUCHS, Gabriele/SCHRATZ, Michael (Hg.): *Interkulturelles Zusammenleben – aber wie?* Innsbruck 1994.
2 Vgl. KRONSTEINER/STRASSER 1989.
3 Die erwähnten Beratungsstellen sind: Verein Miteinander Lernen – Birlikte Öğrenelim – Beratungs-, Bildungs- und Psychotherapiezentrum für Frauen, Kinder und Familien; Verein Lateinamerikanische Exilierte Frauen in Österreich (LEFÖ); Beratungsstelle für ausländische Frauen und Mädchen; Verein Türkischer Frauen. Diese Vereine waren

zusammengeschlossen zum „Dachverband der Bildungs- und Beratungseinrichtungen für ausländische Frauen" in Wien.
4 SCHMID/GIORGI/POHORYLES-DREXLER 1992 (in der Folge: SCHMID et al.).
5 Die Sprachvermittlung erfolgt mit Hilfe der psychodramatischen Linguistik. Dies ist eine Methode, die den Lernenden mit Hilfe von Ich-Stütze, Spiegelung, Diade und Triade den persönlichen Zugang zur Fremdsprache eröffnen soll. Diese Methode ist das Gegenstück zum Frontalunterricht. Wir machten lange Zeit zielgruppenorientierten Deutschunterricht bezüglich des Inhalts, aber nicht bezüglich der Methodik.
6 Vgl. LEYER 1991.
7 GRINBERG/GRINBERG 1990: 14.
8 Vgl. LEYER 1991.
9 WHO 1986: 1.
10 Vgl. LEYER 1991.
11 Vgl. meine Ausführungen zum Fremdengesetz 1992 in diesem Buch.
12 Vgl. SCHMID et al. 1992; LEYER 1991.
13 Vgl. SCHMID et al. 1992; LEYER 1991.
14 Vgl. SCHMID et al. 1992.
15 Vgl. BILDEN 1991.
16 DIEM-WILLE 1992: 44.
17 LEYER 1991: 13, 14.
18 Beispiele dafür sind die Theorien zur Identität von BLOS (1973), ERIKSON (1956/57; 1974), JAKOBSON (1973) und KERNBERG (1978) oder das Konzept des kulturellen Raumes zwischen „Ich" und „Nicht-Ich" von WINNICOTT (1974).
19 BILDEN 1991: 20.
20 Vgl. ERDHEIM 1984.
21 WEISS 1984: 17.
22 MIES 1984: 47. Der Begriff „Teilidentifikation" wurde von Maria Mies 1978 erstmals dargestellt und 1984 näher bestimmt bzw. modifiziert. Hierbei geht es um das Herrschaftsverhältnis von Forscherin und Forschungsobjekt, Oberschichtfrau und Unterschichtfrau, weiße und Schwarze Frau etc. Im Zentrum steht die eigene widersprüchliche Seins- und Bewußtseinslage. Es geht darum zu sehen, was ist das Verbindende, was das Trennende zwischen mir und der „anderen Frau". Das Verbindende ist die Erfahrung von Unterdrückung, Sexismus, Ausbeutung, das Trennende sind die Waren- und Marktverhältnisse des Kapitalismus. Der Rassismus ist demnach eine Erscheinung dieser Herrschaftsverhältnisse. Frauen können auf der Ebene der „Betroffenheit" Teilidentifikation erleben und kommunizieren.
23 LEYER 1991: 283.
24 PARIN 1969: 30f, zitiert nach ERDHEIM 1984: 417.
25 ERDHEIM 1984: 417f.
26 Vgl. ebda; NADIG 1986.
27 Die Diskussion über feministische wissenschaftliche Forschung kommt meines Wissens vor allem aus den Disziplinen Soziologie, Ethnologie und Psychologie. Ausschlaggebend war die Unzufriedenheit der Frauen in den 60er Jahren mit dem Marxismus. Die Kritik kam in wissenschaftlicher Form von den sogenannten „Bielefelderinnen" (Veronika Bennholdt-Thomsen, Maria Mies, Claudia von Werlhof).

28 Vgl. MIES 1978.
29 Vgl. MIES 1983.
30 Mit der Bezeichnung „Schwarze" Frauen ist nicht deren Hautfarbe gemeint, sondern daß sie aus einem sogenannten Entwicklungsland oder Land der „dritten Welt" kommen und aufgrund dessen unterprivilegiert sind. Auch Migrantinnen aus der Türkei zählen zu dieser Gruppe. Vgl. ZUCKERHUT in diesem Buch.
31 SCHULTZ 1990: 52, 53.
32 HOOKS 1990: 78.
33 Vgl. THÜRMER-ROHR 1989.
34 HOOKS 1990: 81.
35 A. a. O.: 83.
36 Ebda.
37 Es gibt ein Netz der feministischen Therapeutinnen Deutschlands, der Schweiz und Österreichs, die sich seit 1979 mindestens einmal jährlich auf dem „Frauentherapiekongreß" treffen.
38 Vgl. FREYTAG 1992.
39 A. a. O.: 14.
40 A. a. O.: 15.
41 Ebda.
42 A. a. O.: 17.
43 Die Erfahrungen während der weiblichen Adoleszenz, als besondere Reglementierungszeit und vor allem als Zeit der ambivalenten Botschaften von außen, wurden mir oft von Frauen beider Herkunftsländer beschrieben. Sie setzen sich einerseits aus Botschaften wie „bleib sauber", „du bist gesehen worden", „senke den Blick", „halte die Beine zusammen" etc. und andererseits aus Botschaften wie „laß dich angreifen", „komm auf meinen Schoß", „gib mir ein Küßchen" zusammen. Meistens lernen Mädchen sexuelle Übergriffe sehr bald kennen. An diesen sind sie natürlich „selbst schuld", da sie sich nicht „moralisch" genug verhalten haben.
44 FREYTAG 1992: 27f.
45 A. a. O.: 30.
46 FREUD 1930a: 293.
47 ERIKSON 1956/57: 115.
48 Ebda.
49 A. a. O.: 175.
50 JACOBSON 1973: 38.
51 Vgl. KERNBERG 1978.
52 Vgl. JACOBSON 1973.
53 Vgl. KERNBERG 1978.
54 Ebda.
55 LEYER 1991: 233.
56 GRINBERG/GRINBERG 1990: 91.
57 SCHMID et al. 1992: 29.
58 ÖSTZA 1991b.
59 BMAS 1990; BMAS 1993.

60 LEYER 1991: 218.
61 WHO 1986: 2.
62 ÖSTZA 1990.
63 ÖSTZA 1991a: 171.
64 Vgl. BMAS April 1992.
65 ÖSTZA 1991a: 174.
66 Ebda.
67 Genauere Ausführungen bezüglich der „AusländerInnen"gesetze in Österreich sind in meinem Beitrag „Die Konstruktion von Fremdheit per Gesetz" in diesem Buch nachzulesen.
68 Vgl. BUNDESGESETZBLATT 838, 1992; BUNDESGESETZBLATT 466, 1992.
69 Vgl. BUNDESGESETZBLATT 466, 1992.
70 AUSLÄNDERBESCHÄFTIGUNGSGESETZ 1990: 8.
71 ENTWURF ZUM BUNDESGESETZ, Erläuterungen 1992: 30.
72 SCHMID et al. Empfehlungen 1992: 2.
73 LEYER 1991: 218.
74 GRINBERG/GRINBERG 1990: 94.
75 Vgl. ebda.
76 BINGEMER et al. 1970: 18, zitiert nach LEYER 1991: 96.
77 Ebda.
78 Vgl. GRINBERG/GRINBERG 1990.
79 Vgl. LEYER 1991.
80 Vgl. LEYER 1930b.
81 Vgl. ABADAN-UNAT 1985.
82 „*Gecekondu*" heißt „in einer Nacht erbaut" und ist die Bezeichnung von Elendsvierteln am Rand der Großstädte. Häuser, die in einer Nacht erbaut wurden, durften von den Behörden nicht abgerissen werden. Dies hat sich bereits geändert, z. B. wurden *Gecekondus* am Rande Izmirs aufgrund politischer Unruhen niedergewalzt.
83 Trotz der Unterschiede der Frauen aus der Türkei werden sie in Österreich als die „Türkinnen" bezeichnet und „einheitlich" behandelt. Frauen mit Matura arbeiten neben Analphabetinnen als Putzfrauen. Der Grund dafür ist häufig das Sprachproblem. Allerdings habe ich es oft erlebt, daß die Frauen aufgrund ihres „Türkinseins" vom Arbeitsamt nur in solche Jobs vermittelt werden und daß kein Interesse seitens der Arbeitsmarktverwaltung an Fort- und Weiterbildung (z. B. Sprachkurs) für Frauen aus der Türkei besteht.
84 Vgl. LUTZ 1986; BENNHOLDT-THOMSEN et al. 1987; WIETHOLD 1981.
85 Vgl. MERNISSI 1975.
86 Vgl. SCHIFFAUER 1983.
87 Vgl. LEYER 1991; PETERSON 1983; SCHIFFAUER 1983; WITHOLDT 1981.
88 LEYER 1991: 67.
89 Ebda.
90 Ich habe, gemeinsam mit Sabine Strasser, 1988 eine ethnologische Feldforschung in einem Dorf in der Nähe von Trabzon am östlichen Schwarzen Meer gemacht. Als wir für zwei Wochen das Dorf verließen, starb das männliche Oberhaupt der Familie, die

uns ein Haus zum Wohnen zur Verfügung gestellt hatte. In einem Telefonat mit der Familie erfuhren wir von seinem Tod. Da wir Fremde und somit potentielle Trägerinnen des „bösen Blicks" waren, befürchteten wir, für seinen Tod verantwortlich gemacht zu werden. Nach unserer Rückkehr ins Dorf stellte sich diese Befürchtung als unbegründet heraus, sein Tod wurde als „von Gott geschickt" erklärt.

91 Vgl. LEYER 1991.
92 A. a. O.: 68.
93 Ebda.
94 Ebda.
95 Die *Gecekondus* sind meist nach dörflichen Prinzipien strukturiert. Die Abgewanderten eines Dorfes leben oft gemeinsam in einem Viertel der Stadt, behalten ihr Werte- und Normensystem und stehen in engem Kontakt mit dem Ursprungsdorf. Die Arbeit verändert sich stark, die Männer arbeiten meist im imaginären Sektor (in diesem Wirtschaftssektor gibt es keine sozialrechtlich abgesicherten Arbeitsverhältnisse, z. B. Schuhputzer, Hausierer) oder als Lohnarbeiter, die Frauen sind für die Subsistenz zuständig, finden aber meist keine Lohnarbeit.
96 RICHTER 1978: 9, zitiert nach LEYER 1991: 65.
97 LEYER 1991: 65.
98 Vgl. KRONSTEINER/STRASSER 1989.
99 Vgl. LEYER 1991.
100 Vgl. THEILEN 1986.
101 Ebda.
102 GRINBERG/GRINBERG 1990: 124.
103 Vgl. LEYER 1991.
104 Vgl. GRINBERG/GRINBERG 1990.
105 FREUD 1917: 197.
106 A. a. O.: 202.
107 A. a. O.: 203.
108 GURZA-GUERRERO 1974: 418–426.
109 GRINBERG/GRINBERG 1990: 99.
110 Vgl. ebda; LEYER 1991; SCHMID et al. 1992.
111 Vgl. GRINBERG/GRINBERG 1990.
112 A.a.O., 162.
113 Ebda.
114 Ein türkischer Psychiater beispielsweise berichtete 1988 von 32 RückkehrerInnen, bei denen in Deutschland Schizophrenie diagnostiziert worden war. In Istanbul wurden die PatientInnen einer antidepressiven Therapie unterzogen, innerhalb von wenigen Wochen verschwanden die Wahnvorstellungen und zutage traten Trauer und Perspektivlosigkeit.
Özek diagnostizierte „typische depressive Psychosen mit paranoid-halluzinatorischen Anfangssymptomen und projezierter Schuldthematik" (ÖZEK 1988: 77, zitiert nach LEYER 1991: 52) ausgelöst durch „versagte Anpassung an die ungewohnten subkulturellen Situationen" (ebda.). Die PatientInnen hätten unter Berücksichtigung der „kulturspezifischen Symptomgestaltung" (LEYER 1991: 52) auch in Deutschland behandelt werden können.

115 Mädchen aus der Türkei werden meist durch Penetration im Anus mißbraucht. Der Grund dafür liegt in der Notwendigkeit, das Hymen intakt zu halten, damit das Mädchen seine Ehre bewahrt und heiraten kann.
116 LEYER 1991: 53.
117 A. a. O.: 69.
118 FREUD 1930b: 212.
119 A. a. O.: 209.
120 LEYER 1991: 102.
121 Vgl. SCHMID et al. 1992.
122 LEYER 1991: 42.
123 OHNACKER/SCHERER/WÖLL 1985: 33. (in der Folge: OHNACKER et al.)
124 LEYER 1991: 43.
125 OHNACKER et al. 1985: 33.
126 Vgl. LEYER 1991.
127 MENTZOS 1980: 90.
128 MENTZOS 1982: 159.
129 Vgl. MENTZOS 1980.
130 Vgl. BRAUN 1985.
131 LEYER 1991: 74.
132 Vgl. MENTZOS 1980.
133 Vgl. ROSENFELD 1981.
134 LEYER 1991: 76.
135 A. a. O.: 75.
136 SCHMID et al. 1992: 51.
137 LEYER 1991: 70f.
138 Vgl. SCHMID et al. 1992.
139 Vgl. LEYER 1991.
140 Vgl. GRINBERG/GRINBERG 1990.
141 A. a. O.: 193.
142 LEYER 1991: 250.
143 Vgl. SCHMID et al. 1992; LEYER 1991.
144 TILLI 1987: 42.
145 Vgl. SCHMID et al. 1992.
146 Ebda.
147 ARBEITSKREIS PSYCHOSOZIALE SITUATION AUSLÄNDISCHER FAMILIEN 1986: 41.
148 OHNACKER et al. 1985: 113.
149 SCHMID et al. 1992: 84.
150 BUNDESGESETZBLATT 838, 1992, § 18.

Literatur

ABADAN-UNAT, Nermin: Der soziale Wandel und die türkische Frau (1923-1985). In: Die Frau in der türkischen Gesellschaft. Frankfurt 1985: 13-55.

ARBEITSKREIS PSYCHOSOZIALE SITUATION AUSLÄNDISCHER FAMILIEN (Hg.): Leiden in der Fremde. Ergebnisse einer Fachtagung. Berlin 1986.

AUSLÄNDERBESCHÄFTIGUNGSSGESETZ: in der Fassung BGBL Nr. 450/1990.

BENNHOLDT-THOMSEN, Veronika/DOKTER, Andrea/FIRAT, Gülsün/HOLZER, Brigitte/MARCINIAK, Karin: Frauen aus der Türkei kommen in die Bundesrepublik. Zum Problem der Hausfrauisierung. Bremen 1987.

BILDEN, Helga (Hg.): Das Frauentherapiehandbuch. München 1991.

BLOS, Peter: Adoleszenz. Stuttgart 1973.

BRAUN, Christina von: Nichtich: Logik, Lüge, Libido. Frankfurt 1985.

BUNDESBETREUUNGSGESETZ: BGBL Nr. 405/91, 1991.

BUNDESGESETZBLATT 466: Regelung des Aufenthalts von Fremden in Österreich (Aufenthaltsgesetz). Wien 1992.

BUNDESGESETZBLATT 838: Erlassung des Fremdengesetzes und Änderung des Asylgesetzes 1991 sowie des Aufenthaltsgesetzes (Fremdengesetzes). Wien 1992.

BUNDESMINISTERIUM FÜR ARBEIT UND SOZIALES (BMAS): Ausländerbeschäftigung, 1990.

BMAS: Ausländerbeschäftigung, 1991.

BMAS: Ausländerbeschäftigung, April 1992.

BMAS: Ausländerbeschäftigung, Juli 1993.

DIEM-WILLE, Gertraud: Emigration und Identität. Psychoanalytische Bemerkungen zur Bewältigung der Emigration, ergänzt durch biographische Vignetten von Kurt Rudolph Fischer. In: Muhr, P./Feyerabend, P./Wegeler, C. (Hg.): Philosophie, Psychoanalyse, Emigration. Wien 1992: 44-64.

ENTWURF BUNDESGESETZ mit dem der Aufenthalt von Fremden in Österreich geregelt wird (Aufenthaltsgesetz), 1992. Unveröff. Ms.

ERDHEIM, Mario: Die gesellschaftliche Produktion von Unbewußtheit. Eine Einführung in den ethnopsychoanalytischen Prozeß. Frankfurt am Main 1984.

ERIKSON, Erik H.: Das Problem der Identität. In: Psyche, Bd. 10. 1956/57: 111-176.

DERS.: Kindheit und Gesellschaft. Stuttgart 1974.

FREUD, Sigmund: Die Zerlegung der psychischen Persönlichkeit. Studienausgabe, Bd. 1. Frankfurt 1933: 496-516.

DERS.: Totem und Tabu: Vorrede zur hebräischen Ausgabe. Studienausgabe, Bd. 9. Frankfurt 1930a: 287-444.

DERS.: Das Unbehagen in der Kultur. Studienausgabe, Bd. 9. Frankfurt 1930b: 191-270.

DERS.: Trauer und Melancholie. Studienausgabe, Bd. 3. Frankfurt 1917: 193-212.

DERS.: Zur Einführung des Narzißmus. Studienausgabe Bd. 3. Frankfurt 1914: 37-68.

FREYTAG, Gabriele: Grundlagen der Feministischen Therapie. In: Bilden, Helga (Hg.): Frauentherapiehandbuch. München 1991: 11-35.

GARZA-GUERRERO, Cesar A.: Culture Shock. Its Mourning and The Vicissitudes of Identity. Journal of American Psychoanalytic Association, Bd. 22 (1). 1974: 408-429.

GAVRANIDOU, Maria: Migrantinnen. In: Bilden, Helga (Hg.): Das Frauentherapiehandbuch. München 1991: 156-163.

GISSRAU, Barbara: Weiblichkeitskonstruktion in der Psychoanalyse heute. In: Voigt, Diana/Jawad-Estrak, Hilde (Hg.): Von Frau zu Frau. Feministische Ansätze in Theorie und Praxis psychotherapeutischer Schulen. (= Reihe Frauenforschung, Bd. 17) Wien 1991: 103-141.

GRINBERG, Leon/GRINBERG, Rebeca: Psychoanalyse der Migration und des Exils. München/Wien 1990.

HERMAN, A./HACKAUF, F./SELLNER, E. (Hg.): Paß-, Fremdenpolizeigesetz und Asylrecht. 1986.

HOOKS bell: Schwesterlichkeit. Politische Solidarität unter Frauen. In: beiträge zur feministischen theorie und praxis, Bd. 27. Köln 1990: 77-92.

INTERDISZIPLINÄRES FORSCHUNGSZENTRUM SOZIALWISSENSCHAFTEN (IFS): Ausländer und Gesundheit, Zwischenbericht. Wien 1992. Unveröff. Ms.

ISRAEL, Lucien: Die unerhörte Botschaft der Hysterie. München/Basel 1987.

JACOBSON, Edith: Das Selbst und die Welt der Objekte. Frankfurt 1973.

KANDIYOTI, Deniz: Sex Roles and Social Change: A Comparative Appraisal of Turkey's Women. In: The Wellesley Editorial Commitee (Hg.): Women and National Development. The Complexity of Change. Chicago 1977: 57-73.

KERNBERG, Otto: Borderline-Störungen und pathologischer Narzißmus. Frankfurt 1978.

KRONSTEINER, Ruth: Teile und Herrsche. Haupt-, und Nebenwidersprüche in der AusländerInnenfrage. In: Frauensolidarität, Nr. 32. Wien 1990: 9-11.

DIES.: Die Konstruktion von Fremdheit. In: DOHNAL, Johanna (Hg.): Gewalt gegen Frauen gegen Gewalt. Tagungsdokumentation, Bd. 2. Wien 1994: 211-220.

DIES.: Migrantinnen und Gesundheit – ein unüberbrückbarer Gegensatz? Entwurf eines möglichen Vermittlungssystems zwischen Migrantinnen aus der Türkei und dem Gesundheitswesen. In: Schratz, Michael/Fuchs, Gabriele (Hg.): Interkulturelles Zusammenleben, aber wie? Innsbruck 1994: 99-115.

DIES./STRASSER, Sabine: Frauen im Feld. Überlegungen zu einer nie enden wollenden Reise. In: Kossek, B./Langer, D./Seiser, G. (Hg.): Verkehren der Geschlechter. Analysen und Reflexionen von Ethnologinnen. Wien 1989: 180-194.

LAPLANCHE, Jean/PONTALIS, J.B.: Das Vokabular der Psychoanalyse. Frankfurt 1972.

LEYER, Emanuela M.: Migration, Kulturkonflikt und Krankheit. Beiträge zur psychologischen Forschung, Bd. 24. Opladen 1991.

LUTZ, Helma: Migrantinnen aus der Türkei. Eine Kritik des gegenwärtigen Forschungsstandes. In: Migration und Ethnizität 0, 1. Jg. Berlin 1986: 9-44.

MENTZOS, Stavros: Hysterie. Zur Psychodynamik unbewußter Inszenierungen. München 1980.

DERS.: Neurotische Konfliktverarbeitung. Einführung in die psychoanalytische Neurosenlehre unter Berücksichtigung neuer Perspektiven. München 1982.

MERNISSI, Fatima: Beyond the Veil. Male-Female Dynamics in a Modern Muslim Society. Cambridge 1975.

MIES, Maria: Methodische Postulate zur Frauenforschung – dargestellt am Beispiel der Gewalt gegen Frauen. In: beiträge zur feministischen theorie und praxis, Bd. 1. München 1978: 41-63.

DIES.: Frauenforschung oder feministische Forschung? In: beiträge zur feministischen theorie und praxis, Bd. 11. Köln 1984: 40-60.

NADIG, Maya: Die verborgene Kultur der Frau. Ethnopsychoanalytische Gespräche mit Bäuerinnen in Mexiko. Frankfurt 1986.

OHNACKER, Klaus/SCHERER, Dagmar/WÖLL, Gerhard: Krank im fremden Land. Bedingungen eines psychologischen Beratungskonzepts für ausländische Arbeitnehmer. Berlin 1985.

ÖSTERREICHISCHES STATISTISCHES ZENTRALAMT (ÖSTZA): Wohnbevölkerung nach Teilnahme am Erwerbsleben, Stellung im Beruf, Familienstand, Staatsbürgerschaft und Geschlecht, Mikrozensus. Wien 1990.

ÖSTZA: Lebensbedingungen ausländischer Staatsbürger in Österreich. In: Statistische Nachrichten 2, 46. Jg. (neue Folge). Wien 1991a.

ÖSTZA: Statistisches Handbuch für die Republik Österreich. Wien 1991b.

PARIN, Paul: Das Ich und die Anpassungsmechanismen. In: Psyche, Bd. 31. 1977: 481-515.

PETERSON, Andrea: Ehre und Scham. Das Verhältnis der Geschlechter in der Kultur. Berlin 1983.

RICHTER, Horst-Eberhard: Psychoanalyse und psychosoziale Therapie. In: Psychosozial, Bd. 1. 1978: 7-29.

ROHDE-DACHSER, Christa: Expedition in den dunklen Kontinent. Weiblichkeit im Diskurs der Psychoanalyse. Berlin/Heidelberg 1991.

ROSENFELD, Herbert A.: Zur Psychoanalyse psychotischer Zustände. Frankfurt 1981.

SCHIFFAUER, Werner: Die Gewalt der Ehre. Erklärungen zu einem türkisch-deutschen Sexualkonflikt. Frankfurt 1983.

SCHMID, Gabriele/GIORGI, Liana/POHORYLES, Ronald/POHORYLES-DREXLER, Sabine: Ausländer und Gesundheit. Eine handlungsorientierte Studie zur adäquaten Förderung der Nutzung präventiver und kurativer Gesundheitseinrichtungen durch in Wien ansässige ausländische Populationen. Im Auftrag des WHO-Büros „Wien – Gesunde Stadt" und des Zuwandererfonds der Stadt Wien. Wien 1992. Unveröff. Ms.

SCHULTZ, Dagmar: Unterschiede zwischen Frauen. Ein kritischer Blick auf den Umgang mit „den Anderen" in der feministischen Forschung weißer Frauen. In: beiträge zur feministischen theorie und praxis, Bd. 27. Köln 1990: 45-57.

STRASSER, Sabine/KRONSTEINER, Ruth: Impure or fertile? Two essays on the crossing of frontiers through anthropology and feminism. In: del Valle, Teresa (Hg.): Gendered Anthropology. London 1993: 162-192.

THEILEN, Irmgard: Überwindung der Sprachlosigkeit türkischer Patienten in der Bundesrepublik – Versuch einer ganzheitlichen Medizin mit türkischen Patienten als Beitrag der transkulturellen Therapie. In: Arbeitskreis psychosoziale Situation ausländischer Familien (Hg.): Leiden in der Fremde. Berlin 1986: 110-123.

THÜRMER-ROHR, Christina: Mittäterschaft der Frau. Analyse zwischen Mitgefühl und Kälte. In: Studienschwerpunkt „Frauenforschung" am Institut für Sozialpädagogik der TU Berlin (Hg.): Mittäterschaft und Entdeckungslust. Berlin 1989: 87-103.

TILLI, Karin: Die gesundheitliche Versorgung türkischer Frauen zwischen Volksmedizin und professionellem System. In: Informationsdienst für Ausländerarbeit, Bd. 2. Frankfurt 1987: 42-47.

VOIGT, Diana/JAWAD-ESTRAK, Hilde (Hg.): Von Frau zu Frau. Feministische Ansätze in Theorie und Praxis psychotherapeutischer Schulen. (= Reihe Frauenforschung, Bd. 17) Wien 1991.

WEISS, Florece: Ethnopsychoanalyse. In: Morgenthaler, Fritz/Weiss, Florence/Morgenthaler, Marco (Hg.): Gespräche am sterbenden Fluß. Ethnopsychoanalyse bei den Iatmul in Papua-Neuguinea. Frankfurt 1984: 17-24.
WHO: Ottawa Charter for Health Promotion. Canada/Ottawa 1986. Unveröff. Ms.
WIETHOLD, Beatrix: Kadınlarımız. Frauen in der Türkei. Hamburg 1981.
WINNICOTT, Donald W.: Vom Spiel zur Kreativität. Stuttgart 1974.
DERS.: Von der Kinderheilkunde zur Psychoanalyse. München 1976.

Ruth Kronsteiner

Kelimeler Eksikse, Beden Konuşmalı

Psikolojik Kriz Olarak İş Göçünün İç Yüzü ve Üstesinden Gelinmesi

Göçmenlik durumu, göçmenlerde keder-yas süreçine eş olan, ruhsal bir krize neden olmaktadır. Bu krizin üstesinden gelmek, kişinin birlikte getirdiği ruhsal yapıya bağlı olduğu kadar, herşeyden önce, göçülen ülkede bulunan, yaşama ve çalışma koşullarına bağlıdır.

Avusturya'daki göçmenler için, bugün hüküm süren koşullarda, bu krizin üstesinden olumlu bir biçimde gelmek oldukça zordur. Avusturya'daki, yabancılar kanunu, konut sorunu, çalışma koşulları vb. koşullar, Dünya Sağlık Örgütü'nün (WHO), Avusturya'daki tüm insanların sağlığını destekleyici koşullar için olan taleplerine uymamaktadır. Dünya Sağlık Örgütü, sağlığı, ruhsal, bedensel, sosyal esenlik ve huzur olarak tanımlamaktadır.

Bu makalede, hem Göçmenlik durumunun, patalojik ruhsal işleniş örnekleri psiko-analitik açıdan gözlemlenmiş, hem de bir feminist, transkültürel Danışma ve Psikoterapi Taslağı çizilmiştir.

Çeviri: Aslıhan Karabiber-Ertuğrul

Sabine Strasser

Cincilik – eine Angelegenheit für die HeilerInnen?
Zur Bedeutung von körperlichen Krisen der Frauen in einem türkischen Dorf

Es war einmal ...

Es war einmal ein Mann, der ging in der Nacht alleine zur Wassermühle des Dorfes. Dort war außer ihm niemand. Er wollte seine Säcke füllen und brachte die Mühle langsam in Bewegung. Wenig später erschienen plötzlich viele Menschen an der Mühle – wunderschöne Mädchen und Frauen bewegten sich an ihm vorbei und glitten in das Innere der Mühle. Sie waren von großer Anmut, doch ihre Füße waren verdreht – ihre Zehenspitzen schauten nach hinten. Da erkannte der Mann, daß diese Gestalten peri (DämonInnen) waren und begann sich sehr zu fürchten. Doch die Frauen sagten zu ihm: „Fürchte dich nicht, wir werden dir nichts tun! Du darfst nur nicht Bismillah sagen!" Dann ließen sie große Kessel bringen und bereiteten wunderbare Speisen zu. Die Lebensmittel – Zucker, Salz, Mehl, Milch und Joghurt – vermehrten sich von selbst in den Töpfen. Sie kamen von den Menschen, die über ihren Speisen die Anrufung Gottes (Bismillah) nicht verrichtet hatten. Sie bereiteten Hühnerfleisch, Fisch, Nudeln, Milch und Joghurt zu, und alle aßen – ohne Anrufung Gottes – davon. Auch dem Mann reichten sie einen Teller mit den köstlichsten Gerichten. Es gab kein Besteck, sie aßen mit den Händen. Dann begannen die Frauen zu tanzen. Nach davul (Trommel) und zurna (türkische Hirtenflöte) bewegten sich die Schönheiten.

Da sah der Mann plötzlich in der Menge das Brautkleid seiner Schwiegertochter an einer der Schönen. Er traute seinen Augen nicht – doch, ganz sicher, es war das Kleid seiner gelin (Schwiegertochter). Er berührte es mit seinen Fingern und machte Flecken darauf, da er ja mit den Fingern gegessen hatte.

Als ein Hahn krähte, verschwanden die peri, und der Mann ging verwirrt mit den Säcken, die sich von selbst mit Mehl gefüllt hatten, nach Hause.

„Wo warst du?" empfing ihn seine Frau, „du bist am Abend weggegangen und kommst erst jetzt wieder." Doch er konnte nicht antworten, er hatte die Sprache verloren. Er verrichtete sein Gebet und trank Tee, doch er konnte tagelang nicht sprechen und auch nicht essen.

Eines Tages verlangte er von seiner Frau, sie solle die Truhe mit der Aussteuer ihrer Schwiegertochter öffnen und ihm das Brautkleid bringen. Als er die Flecken darauf erkannte, wußte er, was passiert war. Er sprach zu seiner Frau: „Nehmt nie wieder ein Kleid in die Hand, ohne Gott vorher anzurufen, sowohl beim Anziehen als auch beim

Ausziehen und Aufhängen mußt du Gott anrufen, immer, ob du Futter für die Tiere aufhebst, diese melkst oder ein Kalb los- oder anbindest – immer sollst du vor jeder Handlung Gott anrufen – bismillah, bismillah. Tust du das nicht, können die peri deine Kleider tragen und die werden dann schnell alt, und die Milch von deinen Kühen nehmen sie, und deine Lebensmittel essen sie. Kannst du diese Geschichte verstehen?

Geschichten wie diese wurden im Dorf *Yeşilköy*[1] am Schwarzen Meer, in dem ich fast ein Jahr lebte, häufig erzählt, auch solche, in denen die *peri* (DämonInnen) in Tiergestalt den Menschen angst machen, in denen sie als junge Frauen Männer verführen, als Winde necken, aus Rache verletzen oder gar von Schwachen Besitz ergreifen. Die DämonInnen sind die HüterInnen der Ordnung – der Reinheit (*temizlik*) der Gesellschaft. Sie treten an den räumlichen, moralischen und sozialen Grenzen der Menschen auf.

Wie Besessenheit nach Ansicht der Menschen in den Schwarzmeerdörfern verursacht wird, welche Konsequenzen diese nach sich zieht, wie sie geheilt wird und wie diese seltsamen Ereignisse, die Frauen anders betreffen als Männer, von außen betrachtet als Ausdruck der „Kraft zum Gegenwillen"[2], als „counterhegemonic potential"[3] oder im islamischen Kontext als „fruchtbare Unreinheit" verstanden werden können, soll im zweiten Teil dieses Essays untersucht werden.

Vorerst möchte ich auf die Probleme hinweisen, die sich bei der Auseinandersetzung mit anderen Kulturen aus ethnologischer und aus feministischer Perspektive ergeben. Debatten, die in den letzten Jahren als „Krise der Repräsentation" und „Krise der Differenz"[4] geführt wurden, sollen Gefahren, aber auch neue Chancen grob skizzieren.

I. Krisen der Repräsentation

When Hermes took the post of messenger of the gods, he promised Zeus not to lie. He did not promise to tell the whole truth. Zeus understood. The ethnographer has not.[5]

Wie wird die Geschlechterdifferenz in der türkischen Gesellschaft konstruiert, wie werden die herrschenden Ideen über diese Differenz weitergegeben, sodaß ein hierarchisches Geschlechterverhältnis als legitim oder natürlich erscheint? Wie kommt es dazu, daß Frauen die eigene Unterdrückung hinnehmen oder zu dieser – bewußt oder unbewußt – beitragen? Welche Strategien wenden Frauen andererseits an, um diesen Ideen zu entkommen bzw. mit ihnen zu (über)leben?

Nach einigen Jahren der Projekterfahrung mit Frauen aus der Türkei in Österreich und der Auseinandersetzung mit feministischer Theorie wendete ich mich mit diesen Fragen einem türkischen Dorf zu. Diese Fragen, die sich auch für die westlichen Gesellschaften stellen, verlangen eine gründliche Auseinandersetzung mit den Grenzen und Krisen der Ethnographie und mit den eigenen feministischen Ansprüchen. Sowohl die Entwicklung der Fragestellungen und Herangehensweisen von Frauen in der Sozialanthropologie als auch die Einsichten und Krisen, die feministische Perspektiven verursachen konnten, aber auch selbst erfahren mußten, ermöglichen mir bewußtere Grenzüberschreitungen – doch niemals *eine* Wahrheit. Meine Ethnographie bleibt westliche Repräsentation von „anderen".

Krisen sind eine Chance auf Reflexion und Veränderung, solange die Betroffenen nicht entsetzt wegschauen. Sie sind in meiner Arbeit Ausgangspunkt sowohl für die Auseinandersetzung mit einem Dorf in der Türkei als auch für Projektarbeit und Wissenschaft, sie sind der Schlüssel für Kritik und Verständnis, für Irritationen und neue Perspektiven.

Ich hatte mit aufkeimendem Interesse für feministische Wissenschaft die Universität weitgehend verlassen und suchte in einem Frauenprojekt einen Ort für neue Denkansätze und die Verbindung von wissenschaftlicher Theorie und politischer Praxis: lesen über, arbeiten mit und sprechen für die türkischen Frauen zur Veränderung der gesamten Gesellschaft.

Nach der anfänglichen Euphorie über das „Miteinander-Lernen" mußten wir die Diskussionen über öffentliche Gelder, über das HelferInnensyndrom und über Rassismen in der Frauenbewegung aufnehmen und erkannten vor allem durch eine sich zunehmend verschärfende AusländerInnengesetzgebung die Grenzen unseres Einflusses und unserer Kräfte.

Ruth Kronsteiner und ich entschieden uns 1987, die Herkunft der türkischen Frauen mit ethnologischen Fragestellungen zu erforschen, um später die Ergebnisse dieser Auseinandersetzung in die Projektarbeit einfließen zu lassen. Wir planten – trotz vieler Vorbehalte und Zweifel – eine Feldforschung in der Türkei.[6]

Die feministischen Arbeiten von Ethnologinnen hatten bereits wesentliche Anregungen für unser Vorhaben geliefert. Annette Weiner[7], Eleanor Leacock[8], Diane Bell[9], Nicole-Claude Mathieu[10] u. v. a. hatten einerseits die Bedeutung von Frauen sowohl als Forscherinnen als auch als Befragte deutlich gemacht und andererseits theoretische Mängel der „Meister" der Ethnologie aufgedeckt. Am Beginn der feministischen Forschung in der Sozialanthropologie ging Sherry Ortner[11] noch von einer universellen Unterdrückung der Frauen aus, was jedoch durch theoretische und ethnographische Arbeiten rasch widerlegt wurde.[12] Mit der Konzentration der Fragestellungen auf die kulturelle Konstruktion der Geschlechter wurde richtiggestellt, daß die Dichotomien Natur/Kultur[13], häuslich/öffentlich und Produktion/Reproduktion[14] westlichen bzw. ethnologischen Denkmodellen entspringen und nicht unhinterfragt auf andere Kulturen zu übertragen sind.

Androzentrismus war das Urteil, das über alle „großen Männer" verhängt wurde, während die Feministinnen versuchen wollten, die „methodischen Postulate der Frauenforschung"[15] umzusetzen, politische und wissenschaftliche Ziele zu verbinden. Das Hauptanliegen galt einer „befreienden Praxis", also einer Aufhebung der Unterdrückung von Frauen.

Herrschaftssituationen zwischen den Befragten und den Forscherinnen könnten durch bewußte Parteilichkeit, die Sicht von unten, Teilnahme an emanzipatorischen Aktionen mit Hilfe einer problemformulierenden Methode (individuelle Problematik wird zum Ausdruck unterdrückender Verhältnisse) erreicht werden, wodurch schließlich eine Annäherung an eine „wirkliche" Objektivität[16] in Aussicht gestellt wurde.[17]

> *Aus dieser „inneren Sicht der Unterdrückten" (June Nash 1974) sind Sozialwissenschafterinnen, die die Situation von Frauen und anderen unterdrückten und ausgebeuteten Gruppen studieren, weit eher in der Lage, eine umfassende Analyse zu erstellen als ihre männlichen Kollegen, denen es häufig an diesem Erfahrungswissen, an Empathie, an Identifikationsvermögen und darum auch an sozialer und soziologischer Phantasie fehlt.[18]*

Die Betonung der Gemeinsamkeiten von Frauen (*sisterhood*) verlor jedoch ihre Wirkung durch die erneute Wahrnehmung von sozialen Gegensätzen zwischen Frauen, vor allem aber durch die massive Kritik der *women of color* an der weißen Frauenbewegung. Frauen aus der „Dritten Welt" fühlten sich nicht von westlichen Befreiungskonzepten angesprochen – die Differenzen zwischen den Frauen rückten in den Mittelpunkt der politischen und theoretischen Diskussionen.

Speziell an die Sozialanthropologinnen richtete sich die Kritik von Ifi Amadiume[19], sie forderte Feministinnen auf, sich mit ihrem rassistischen Verhalten und ihrer rassistischen Politik auseinanderzusetzen. Ihre Arbeit war eine Reaktion auf die Interpretationen und den Gebrauch von Daten über afrikanische Frauen durch westliche Forscherinnen, die aber vor allem an sich selbst und ihren eigenen Bedürfnissen interessiert seien und somit genauso ethnozentrisch vorgingen wie ihre männlichen Kollegen.

Auch in Ländern, in denen der Islam die dominante Religion darstellt, verstärkte sich die Kritik an der vermeintlichen *sisterhood*. Bereits 1980 schrieb Nawal el Saadawi in ihrem Buch *The Hidden Face of Eve*: „Nur die arabischen Frauen selbst können die Theorien, Vorstellungen und Kampfformen entwickeln, die notwendig sind, um sie aus jeder Art von Unterdrückung zu befreien."[20]

Sie wendet sich gegen die intensive Beschäftigung der westlichen Feministinnen mit der Klitorisbeschneidung und konterte mit einem Beispiel der Beschneidung der westlichen Frauen im psychischen und sexuellen Bereich durch Freud. Weiters geht es ihr um die Verbindung der politischen und ökonomischen Umgestaltung der Gesellschaft mit sittlich-moralischen, psychologischen, sexuellen und gefühlsmäßigen Wandlungsprozessen.

Der Anspruch auf Veränderung von Herrschaftsverhältnissen unter der Führung der weißen Mittelschichtsfrauenbewegung wurde von den „Schwestern" abgelehnt. Frauen, die durch Rassismus ausgegrenzt werden, haben nicht ein Problem mehr, sondern durch multiple Stratifikationen grundsätzlich andere Erfahrungen. Die westliche Frauenbewegung mußte sich den Vorwurf gefallen lassen, selbst rassistisch zu sein, mit der klaren Aufforderung, an der eigenen Veränderung zu arbeiten.[21]

Feministische Sozialanthropologinnen befinden sich seither in einem Dilemma der Polarisierung: Verlangt die Gemeinsamkeit, Frau zu sein, über andere Frauen zu forschen, vielleicht sogar Befreiungskonzepte für sie/mit ihnen zu entwickeln, oder zwingt die Kritik der *women of color* zu einem totalen Rückzug aus der Forschung über andere Gesellschaften? Diese Kritik führte auf jeden Fall zu einer starken Verunsicherung im Bereich der Erhebung und Bearbeitung von Daten über andere Gesellschaften – also der Ethnographie. Manche feministische Ethnologinnen gingen in die Praxis (in Katastrophengebiete, in Frauenprojekte), andere versuchten mit feministischen Gruppen in anderen Ländern zusammenzuarbeiten und so ihr Denken und Verhalten stets einer Kontrolle auszusetzen, und wieder andere machten sich an die Dekonstruktion der vorhandenen Bilder über andere Kulturen in der eigenen Gesellschaft und in der Wissenschaft. Die wenigsten arbeiteten unbeeindruckt weiter.

Die theoretischen Fragestellungen von Ethnologinnen konzentrieren sich seit Mitte der 80er Jahre auf Differenzen, die möglichst unabhängig von westlichen Diskursen analysiert werden sollen. Differenz bedeutet nicht unbedingt Hierarchie, Gleichheit (*sameness*) nicht Egalität, und die Geschlechterdifferenz ist nicht immer ausreichend für das Verständnis von Gesellschaften. Vor allem ist die Geschlechterdifferenz selbst durchaus nicht ein so einheitliches Konzept, wie lange Zeit angenommen wurde. Collier und Yanagisako stellen sogar in Frage, daß die biologischen Unterschiede zwischen Mann und Frau tatsächlich weltweit zu den Kategorien männlich/weiblich führen.[22]

Arbeiten, die sich mit dem Zusammenspiel von Rassismus und Sexismus beschäftigten, waren erst durch den bewußteren Umgang mit Differenzen und dem Verständnis ihrer Konstruktionen möglich. So wurde z. B. gezeigt, daß sich die westlichen Vorstellungen über Frauen aus Ländern, in denen der Islam die dominante Religion darstellt, seit Jahrhunderten zwischen Haremsphantasien und verschleierten Opfern bewegen und die über Männer zwischen Irrationalität und bedrohlicher sexueller Potenz. Diese Bilder und nicht die Realität halfen mit, das Überlegenheitsgefühl westlicher Männer, mit weitgehender Zustimmung „ihrer" Frauen, zu untermauern und andere – vor allem die islamischen – Kulturen als frauenfeindlich zu diffamieren. Die auf diese Art fortgesetzte Konstruktion von frauenfeindlichen Kulturen führte zu einem breiten Konsens, daß muslimische Männer feministische Errungenschaften gefährden würden.[23]

Diese Auseinandersetzungen machten denjenigen unter den Wissenschafterinnen, die weiter über und mit Frauen aus dem Nahen Osten arbeiten wollten, bewußt, daß die aufgrund der Bilder erfolgten Abwertungen und Ausgrenzungen durch ihre Arbeiten über die soziale Konstruktion der hierarchischen Geschlechterbeziehungen im Nahen Osten noch verstärkt werden konnten. Sollten sie sich solidarisch mit den beforschten Gesellschaften gegen die westlichen Diffamierungen wenden oder mit den Frauen dieser Gesellschaften gegen ihre Männer rebellieren oder sich aus der Ethnographie ganz zurückziehen? Die Komplexität der Machtverhältnisse und die Unausweichbarkeit der eigenen Verwobenheit in diese bewirkten Verunsicherungen, für die schließlich die poststrukturalistische Kritik an der Anthropologie einen verlockenden Fluchtweg anbot, der sich aber rasch als eine Sackgasse entpuppte.

Angeregt durch die *Dichten Beschreibungen*[24] wurde mit *Writing Culture*[25] die Kritik an der Ethnographie seitens der weißen Männer formuliert – und plötzlich auch in etablierten Wissenschaftskreisen vernommen. Sie stellten den Kulturbegriff in Frage, verwarfen die wissenschaftliche Doktrin der Objektivität als unerreichbar, setzten auf Textanalysen und experimentelles Schreiben[26] und bestachen mit der Selbstdarstellung, daß sie das alles neu erfunden hätten.[27]

Ethnographische Beschreibungen wurden als Fiktionen dargestellt, „[...] und zwar in dem Sinn, daß sie ‚etwas Gemachtes' sind, ‚etwas Hergestelltes' – die ursprüngliche Bedeutung von fictio –, nicht in dem Sinn, daß sie falsch wären, nicht den Tatsachen entsprächen oder bloße Als-ob-Gedankenexperimente wären"[28]. Clifford geht weiter und stellt fest, die Ethnographie „[...] is always cought up in the invention, not in the representation, of cultures"[29]. Ethnographische Darstellungen sind konstruiert aus individuellen Begegnungen und daher „*true fictions*", für deren Legitimierungen eine bestimmte wissenschaftliche Rhetorik entwickelt worden ist.

Diese radikalen Kritiken stellen den Anspruch von ethnographischen Beschreibungen als Wahrheiten in Frage und analysieren die oft zweifelhafte Rolle der Sozialanthropologie in der Geschichte. Trotzdem sind die Welle von Begeisterung und das Umdenken, die durch die amerikanische poststrukturalistische Anthropologie ausgelöst wurden, irritierend, da deren Kritiken – wenn auch mit anderen Forderungen verbunden, so doch auch radikal formuliert – bereits in den 60er Jahren ihren Ausgang genommen hatten und ab den 70er Jahren besonders durch die feministische Wissenschaft vorformuliert worden waren.

Die Lösung des Rätsels ist relativ einfach: Die Radikalität und die überraschend hohe Akzeptanz gegenüber dieser Kritik sind möglich, da die Feststellung der Unausweichlichkeit der Produktion von „*true fiction*" keine politischen Konsequenzen fordert. Die poststrukturalistischen AnthropologInnen konzentrieren sich in ihrer Arbeit auf die Analyse von Geschriebenem und auf das Schreiben, und zwar auf experimentelles, literarisches, was die durch sie selbst verursachte wackelige Position der WissenschafterInnen ja doch nur erneut sichern soll.[30] Dieser Ansatz ermöglicht außerdem einen eleganten Ausstieg aus den Auseinandersetzungen mit anderen Gesellschaften, die gerade begonnen haben, über sich selbst zu sprechen,[31] und eine Konzentration auf die eigenen

Väter, wenn auch mit einem kritischen Blick. Sie bildet die Perspektive von „Dominanten und Privilegierten, die erschrocken bemerken, daß der Boden unter ihren Füßen sich zu bewegen beginnt"[32], die jedoch zweifelsfrei würdige Söhne von Malinowski und Co sind.

Feministinnen folgen dagegen dem politischen Anspruch auf eine „biased, interested, partial"[33] Ethnographie und damit auf Veränderung der Verhältnisse nicht nur in der Wissenschaft. Die poststrukturalistische Dekonstruktion von Trugbildern (vor allem dem, Wahrheit produzieren zu können) verhindert die Konstruktion von Brücken zwischen verschiedenen Kulturen und politische Zusammenarbeit. Sie ist für feministische Sozialanthropologinnen zwar notwendige Kritik an den großen Traditionen der Disziplin, aber nicht ausreichende Wissenschaftspraxis.

Denn wenn die Lösung des Dilemmas der feministischen Anthropologie im Rückzug auf die Analyse von Texten besteht oder die Selbstreflexion eine Art Kunstrichtung wird, bleibt die direkte Auseinandersetzung und Begegnung mit anderen denen überlassen, die überzeugt sind, die objektive Wahrheit berichten zu können.

Die Legitimität der EthnologInnen ergibt sich nicht mehr selbstverständlich aus der Möglichkeit, Fragen zu formulieren, durch die partiellen Kenntnisse Diskussionen zu entfachen, sondern steht immer wieder selbst zur Diskussion. Da kulturwissenschaftliches Schreiben durch Machtverhältnisse determiniert ist, sollen die politischen Interessen möglichst offengelegt und beim Schreiben die individuellen Erfahrungen mit der Darstellung des faktischen Wissens in Verbindung gebracht werden. Auch wenn nicht alle Einflüsse bewußt gemacht werden können, scheint es sinnvoll, den Versuch einer Klärung der Eingebettetheit einer Gesellschaft in regionale, nationale und globale Politik und Ökonomie zu unternehmen, wodurch nicht nur die sozialen Konstruktionen ethnischer und geschlechtsspezifischer Differenzen, sondern multiple Stratifikationen in der Gegenwart und in der Geschichte aufgezeigt werden sollen. Doch Wissenschaft kann nicht den Platz politischer Bewegungen einnehmen, sie kann von diesen verwendet werden oder Anregungen von diesen bekommen. Sie kann in die Praxis einfließen, aber nicht eine hinreichende politische Praxis sein.

EthnologInnen haben auch selbst eine Identität, die sich aus mehreren Erfahrungen und Prägungen zusammensetzt, bei weitem nicht alle von ihnen befinden sich im Einklang mit der dominanten (Wissenschafts-)Kultur. Verunsicherung, Selbstreflexion, ein wenig Scham, ein wenig Angst und Demut werden den westlichen WissenschafterInnen in bezug auf ihre Forschungstätigkeit in nichtwestlichen Gesellschaften nicht schaden. Sie sollten jedoch zumindest vor den „weißen Jungs" nicht mehr Respekt haben als vor den Frauen aus den Ländern der „Dritten Welt", von denen zumindest einige eindeutig zu einer Zusammenarbeit – bei Anerkennung der Differenzen – mit dem Ziel der Veränderung von bestehenden Machtverhältnissen aufrufen.[34]

II. Repräsentation der Krisen

Es war einmal ...

„Hatice *abla*[35] ist gestorben, sie hat aufgehört zu atmen, ihr Gesicht ist blau geworden – komm ins Krankenhaus." 20 Minuten später sah ich die Frau, müde, aber zufrieden lächelnd im Krankenbett sitzen. Die vielen BesucherInnen erzählten immer wieder, was Schreckliches passiert war. Hatice hatte während des Abendessens aufgehört zu atmen, und ihr Gesicht hatte sich verfärbt, viele Bißwunden zeugten von ihrem Kampf gegen die Gefühllosigkeit in Armen und Beinen. Aber nun sah sie eigentlich gesund aus. Wir warteten alle gespannt auf die medizinischen Befunde.

Nur der Ehemann schien nicht neugierig auf die Ergebnisse der Untersuchungen zu sein. „Sie hat nichts, es sind die Nerven, sie ist *çalgılı, perilenmiş* (von DämonInnen besessen) und das Ganze ist eine Angelegenheit für den *hoca*[36]. Ich werde sie in die Türkei schicken, hier können sie nichts dagegen machen." Das Gespräch mit dem österreichischen Arzt unmittelbar darauf bestätigte seine Vermutungen. Hatice sei körperlich gesund, weshalb sich die Ärzte im Krankenhaus für nicht zuständig erklärten und sie ohne weitere Behandlung nach Hause schickten.

Hatice hat bereits seit vielen Jahren in unregelmäßigen Abständen Ohnmachtsanfälle. Doch dieser Ausdruck ihres Leidens in Form von Atemlähmung verlangt größere Beachtung ihrer Krisen. Wieder wird ihr Körper zwischen SpezialistInnen hin und her geschickt und in Gehirnströmungen, Blut, Herz, Kreislauf, Urin, Fäkalien usw. unterteilt, erneut nach körperlichen Ursachen gesucht, die nie gefunden werden.

Hatice selbst scheint jede Form von Aufmerksamkeit und Zuwendung für richtig zu halten. Ihr eigentlicher Wunsch ist es aber, von einer (medizinischen, therapeutischen oder traditionellen) Autorität eine erklärende Information und heilende Behandlung zu bekommen. Ein Wunsch, den in Wirklichkeit wohl nur ein langfristiger Prozeß individueller und kollektiver Veränderungen erfüllen kann.

1. Die Welt der DämonInnen

Cin[37] sind nach dem Koran Wesen, die tausend Jahre vor den Menschen „aus dem Feuer der sengenden Glut (?) geschaffen" (Sure 15/27; 55/15) wurden. Es gibt gute und böse unter ihnen (Sure 37/158-160), gläubige und ungläubige, weibliche und männliche. Sie besitzen Verstand wie die Menschen und werden sich vor Gott verantworten müssen (Sure 6/128-130). Eine Kontaktaufnahme zu den DämonInnen wird von den orthodoxen Vertretern des Islam jedoch als unmöglich betrachtet und jegliche Anrufung von Wesen neben Allah strikt abgelehnt.

In *Yeşilköy* wird eigentlich fast ausschließlich der Begriff *peri* verwendet, der in der Türkei ein Synonym für *cin* ist.[38] Die BewohnerInnen von *Yeşilköy* empfinden ihre Vorstellungen von DämonInnen und ihren Umgang mit ihnen nicht als eine Abweichung von den Vorschriften des Koran. Nach Darstellungen im Dorf bewachen die DämonInnen vor allem die Ordnung der Menschen. Sie sitzen nicht nur an den Grenzbächen der Dörfer und Schwellen der Häuser, sondern tauchen auch vermehrt an den Übergängen in eine neue soziale Rolle, insbesondere von Frauen, auf. Häufig werden *cin/peri* an verunreinigten Orten, wie in Badehäusern und Toilettenanlagen gesehen, sie sitzen an Quellen und Bächen, an verlassenen Orten wie in Mühlen, in Ruinen, alten Häusern, bei großen Bäumen, in Höhlen und auf Friedhöfen. In Abfallhaufen, unter zerknitterten Kleidern und an den Orten, wo Abwaschwasser ausgeleert wird, muß mit ihrer Anwesenheit gerechnet werden. Sie können in unterschiedlichen Gestalten erscheinen: als Winde, Tiere oder gar als Menschen. Erscheinen sie als menschliche Wesen, so sind sie durch irgendeine Unvollkommenheit (Tierbein, falsch angeordnete Augen ...) erkenntlich. *Peri* blenden oft in Gestalt schöner Frauen die Männer, nehmen ihren Geist in Besitz, beeinflussen ihre Träume und nehmen sie schließlich mit, um sie zu töten.[39]

Besitz ergreifen können DämonInnen vor allem von Menschen, die bestimmte Verhaltensregeln nicht einhalten. Nach dem *ikindi* (Nachmittagsgebet) gelten sie als besonders gefährlich. Ab diesem Gebet bis nach der Morgendämmerung schützen Koranrezitationen die Menschen vor Angriffen der DämonInnen, gefährdete Personen (Frauen an sozialen Übergängen und bereits befallene Frauen) sollen in dieser Zeit das Haus nicht verlassen. Da die *Basmala* (Anrufung Gottes) angeblich die *cin/peri* warnt, soll sie zu jeder Tageszeit vor jeder Tätigkeit, vor allem beim Hinaustreten über die Schwelle des Hauses und an den Dorfgrenzen ausgesprochen werden. Wird die Formel vergessen, könnte ein *cin/peri* verletzt oder gestört werden und aus Rache mit Gewalt in den menschlichen Körper eindringen, derselben Körperstelle, die auch bei ihm oder ihr verletzt wurde, Schaden zufügen oder gar den Verstand seines Opfers verwirren oder es töten. Die Folge von falschem Verhalten – partielle oder vollkommene Besessenheit – kann nicht mit westlicher Medizin geheilt werden.

Die Existenz der *cin/peri* wird im Dorf von beiden Geschlechtern jeden Alters bestätigt. Durch die Vorstellungen über ihr Auftreten werden sie zu Garanten der Ordnung, indem mit ihrer Hilfe die Grenzüberschreitungen, Verunreinigungen und Normverletzungen sichtbar gemacht werden.[40] Das gesamte normative System spiegelt sich in Geschichten und Berichten über Gefahren, die von DämonInnen ausgehen.

2. Die Offenheit der Frauen

Wenn ein Paar kein Kind bekommt oder ein Mann Potenzstörungen hat, wenn ein Mädchen freiwillig zu einem Mann läuft oder ein Verlobter sich grundlos von seiner Braut trennen will, wenn unheilbare Krankheiten oder unerklärliche bzw. unerwünschte Verhaltensweisen festgestellt werden müssen, werden DämonInnen verantwortlich gemacht. Die häufigsten körperlichen Symptome sind Ohnmachtsanfälle, Sprachverlust oder Lähmungserscheinungen – und davon sind überwiegend Frauen betroffen.

Körperflüssigkeiten werden allgemein mit den DämonInnen in Verbindung gebracht. Sperma, Menstruationsblut, Vaginalflüssigkeit, aber auch Urin und Fäkalien sind mit dem Austritt aus dem Körper unrein, und dies zieht DämonInnen an. Der Körper wird durch sich verändernde Energien während der Menstruation, nach der Geburt und durch den Geschlechtsverkehr nach den Aussagen eines *cinci-hoca* für DämonInnen durchlässiger. Auch große Angst oder große Schmerzen machen die Menschen für eine Besessenheit „offen" (*acık*). Der Tod naher Verwandter, die Trennung von den Eltern, Ehrkonflikte oder unerlaubte Sehnsüchte und nicht erfüllte Erwartungen können zu dieser Angst (*korku*) führen. Oft wird von den Frauen selbst ein bloßer Schrecken in der Nacht oder an dunklen Orten als Beginn ihrer Besessenheit angegeben, die unerlaubte Handlungen und Gefühle und schließlich körperliche Symptome nach sich zieht.

Frauen sind durch Menstruation, Schwangerschaft und Geburt – die Zeichen der Fruchtbarkeit, aber auch der weiblichen Unreinheit[41] –, die der gesellschaftlichen Wahrnehmung von Frauen als die Schwächeren, Ängstlicheren und Offeneren zugrundeliegen, und durch die individuellen Spannungen aufgrund der an sie gerichteten gesellschaftlichen Erwartungen stärker den Bedrohungen durch DämonInnen – somit auch den körperlichen Symptomen – ausgesetzt als Männer.

Ich mußte feststellen, daß körperliche Krisen vor allem bei den Frauen auftreten, die ohnedies starker sozialer Kontrolle ausgesetzt sind. Nach den Berichten der Mädchen und Frauen hatten sie die Symptome nach der Menarche, vor oder nach der Eheschließung und in der Zeit von Schwangerschaft und Geburt des ersten Kindes, also in Phasen, in denen die Beachtung der gesellschaftlichen Regeln durch eine neue soziale Rolle besonders stark eingefordert wird.

Eine Krise hat einen bestimmten Ablauf, sie kündigt sich meist an. Die betroffene Frau ist unruhig oder gelangweilt und kommt ihren Pflichten nicht nach. „*Canım sıkılıyor!*" (Meine Seele langweilt sich!) sagt sie häufig, was bedeutet, daß eine seelische Belastung unerträglich ist. Ein Ohnmachtsanfall wird oft durch aggressives, jähzorniges Verhalten eingeleitet. Die Frau kümmert sich nicht mehr um den erforderlichen Respekt, schreit mit ihren Eltern, beschimpft den Bruder oder tanzt vor Männern oder der Schwiegermutter. Ihre Besessenheit kann sich auch durch Zärtlichkeiten gegenüber dem Ehemann vor anderen Personen ausdrücken. Manche Frauen schreien laut, andere sperren sich in ein Zimmer ein, wieder andere verweigern sich ihren Männern oder werfen sich ihnen an den Hals. Alle diese Verhaltensweisen haben etwas gemeinsam, sie stellen Normüberschreitungen dar. Das hierarchische Geschlechterverhältnis, geschlechtsspezifische Pflichten oder das Respektsverhältnis gegenüber den Alten und der Gesellschaft werden herausgefordert.

Während einer Krise treten verschiedene körperliche Symptome auf, die aber begrifflich nicht unterschieden werden. Sie werden – mit der Ausnahme von *baygınlık* (Ohnmacht) – nach der angenommenen Ursache benannt, wie *marazlı* (Kummer, Plage, Krankheit), *çalgılı* (Getroffene), *perilenmiş* (von DämonInnen befallen), oder schlicht nach der Zuständigkeit – *cincilik* (eine Angelegenheit für die HeilerInnen).[42] Eine Phase von Besessenheit kann aus einem Anfall, aber auch aus mehrjährigen Krisen mit zeitlich begrenzt auftretenden Symptomen bestehen. Während dieser Krisenzeiten kommt es immer wieder zu dramatischen Höhepunkten, die in einem Schwächeanfall (Ohnmacht, Atemnot, Sprachlosigkeit) enden. Die Frauen wissen angeblich von den Normverletzungen und den Anfällen selbst nichts. Sie erzählen übereinstimmend von schönen Erlebnissen und angenehmen oder ersehnten Begegnungen, und daß sie sich unmittelbar nach einem Anfall müde, aber gereinigt und gestärkt fühlten. Obwohl die Anfälle nach Möglichkeit verheimlicht werden, wissen alle Frauen im Dorfviertel genau über die Entwicklung der Krisen Bescheid.

Mädchen mit Krisen werden meist nicht verheiratet, sie werden stärker segregiert und mit heiligen Texten konfrontiert. Doch die anderen Frauen scheinen diese Opfer der DämonInnen nicht nur zu bedauern, sondern auch mit Neugier und Bewunderung und, wenn es zu Behandlungen kommt, auch mit Neid zu verfolgen.

3. Die Praktiken der *hoca*

Krankheiten werden in den sunnitischen Dörfern am Schwarzen Meer grundsätzlich in verschiedeke Kategorien eingeteilt. Sie sind aber nach den Aussagen der Männer und Frauen aus *Yeşilköy* alle durch äußere Umstände verursacht. Die eigentliche schicksalhafte Entscheidung über Leben und Tod, Reinheit und Gesundheit liegt bei Gott. *„Allah bilir!"* (Gott weiß es!), warum jemand an einer Krankheit oder einer Krise zu leiden hat, mehr gibt es da nicht zu sagen. Für die Heilung von unterschiedlichen Symptomen werden trotzdem unterschiedliche SpezialistInnen aufgesucht. Die Trennung der Zuständigkeiten ist jedoch nicht strikt. Richtig erscheint eine Behandlung, egal wer sie durchführt, wenn die Symptome erfolgreich bekämpft werden. Heute werden je nach ökonomischer Situation der PatientInnen auch unterschiedliche SpezialistInnen für nur ein Leiden aufgesucht. Eine grundsätzliche Einteilung, an wen man sich wenden soll, traf ein alter Mann aus *Yeşilköy*: „Wenn du dir das Bein brichst, gehst du zum Knocheneinrichter, wenn du eine Grippe hast, gehst du zum Arzt, und wenn deine Seele krank ist, dann ist eben der *hoca* zuständig."

In der Türkei untersagt die laizistische Gesetzgebung bereits seit 1925 die Heilung außerhalb des medizinischen Systems.[43] Trotzdem suchen immer noch viele Menschen mit unterschiedlichsten Symptomen den Heiler, seltener Heilerinnen auf.[44] Die SpezialistInnen (*cinci-hoca*) beherrschen und kontrollieren ihrerseits die DämonInnen. Diese Fähigkeit ist, nach den Aussagen eines praktizierenden *hoca*, von Gott gegeben und muß durch jahrelanges Arbeiten und Lernen unter Kontrolle gebracht werden: „Man muß sich DämonInnen wie Radio- oder Fernsehwellen vorstellen. Sie sind nicht sichtbar und nicht hörbar, aber wenn du den Fernseher einschaltest, kannst du alles hören und sehen. Auch wenn du die *cin* nicht siehst, sind sie aber immer vorhanden. Nur wenn du weißt, wie man mit ihnen umgeht, kannst du sie einschalten."

Die HeilerInnen dieser Region leben wie alle DorfbewohnerInnen von Haselnuß-, Gemüse- und Obstanbau, wohnen mit ihren Familien, deren Vorstand sie meist sind, in einfachen Häusern, führen also ein durchschnittliches Dorfleben. Sie genießen aber aufgrund ihrer Fähigkeiten großes Ansehen und sind über weite Entfernungen bekannt. Die DorfbewohnerInnen suchen sie unter erheblichem finanziellen Aufwand für die Anreise auf. Die Preise für die Behandlung der *hoca* sind unterschiedlich hoch. Manche verlangen und nehmen nichts, andere akzeptieren Spenden und Geschenke, und wieder andere haben sogar fixe Tarife für die angebotenen Leistungen. Die Praktiken sind unterschiedlich und auch die Leistungen und Erfolge, die ihnen nachgesagt werden.

Mit Hilfe verschiedener Rituale vertreiben die *hoca* die *cin/peri* aus dem Körper der Hilfesuchenden und stärken sie gegen neue Angriffe. Zu diesem Zweck werden von den SpezialistInnen häufig *muska* hergestellt: Eine Koransure wird auf ein Stück Papier geschrieben, das zu einem Dreieck gefaltet und in Stoff eingenäht wird. Die PatientInnen wissen meist nicht, was auf ihrem Amulett steht, sie glauben aber an die Kraft der heiligen Worte, und viele tragen immer ein *muska* bei sich.

Manchmal werden die stärkenden Worte des Koran auch auf einen Teller geschrieben, mit Wasser abgespült und die Flüssigkeit anschließend als Heilmittel verabreicht. Die schützende oder heilende Kraft kann auch mit dem Rauch der verbrennenden Worte eingeatmet werden. Darüber hinaus gelten Olivenöl, Honig, Orangenblätter und *okunmuş* (mit Koranversen besprochenes) Wasser als Heilmittel. Da die Worte des Koran als der wirkungsvollste Schutz gegen alles Übel gelten, wird das Heilige Buch selbst zur Abwehr des Bösen verwendet, und Mini-Korane werden als Amulette am Markt verkauft.[45]

Ich begleitete Gül zu einem *cinci-hoca* in einem benachbarten Bezirk, der auch schon den Tod ihrer Schwester vorausgesagt hatte. Sie vertraute sich ihm an, nachdem der *hoca* im Dorf keine Abhilfe geschaffen hatte. Wir wurden in einem kleinen Zimmer, in dem sich nur ein Ofen und niedrige Sitzbänke befanden, empfangen. Der kahlköpfige stattliche Mann stellte ihr ein paar Fragen zu ihren Beschwerden, um – wie mir schien – Erbkrankheiten ausschließen und ihre Familiengeschichte ungefähr erfassen zu können.

Dann schrieb er Güls Namen und den ihrer Mutter[46] auf ein Papier, malte verschiedene Symbole und arabische Buchstaben dazu und gab Gül diesen Zettel in die Hand. Sie mußte sich auf Gott konzentrieren und seinen Namen still vor sich hin sagen. Der *hoca* rezitierte aus dem Koran. Als er sie anhauchte (*üflemek*), fiel sie in Ohnmacht. Zufrieden nickte er und meinte: „Ja, sie ist besessen." Meine Nervosität bestätigte ihm nur, daß ich von nichts wußte, *cahil* (unwissend, dumm, vorislamisch) war.

Mit Wasser weckte er das Mädchen wieder auf und malte Zeichen auf ihre Fingernägel, die den Körper verschließen sollten. Er hielt der Benommenen brennendes Haar, das er ihr abgeschnitten hatte, unter die Nase, worauf sie zu weinen und zu kreischen anfing. Er war offensichtlich wieder sehr zufrieden und meinte, daß sie in zwei Wochen *tertemiz* (blitzsauber) sein würde. Er machte ihr eine Flüssigkeit zurecht, indem er heilige Worte aus dem Koran mit unsichtbarer Tinte auf einen Teller schrieb und das Wasser, mit dem er es abspülte, in ein kleines Fläschchen füllte.

Drei Tage lang sollte Gül eine große rituelle Waschung machen, wobei von diesem heiligen Wasser ein paar Tropfen in das Badewasser gegeben werden sollten. An diesen drei Tagen sollte sie die Toilette, die Orte für Waschungen und Waschbecken und Brunnen mit diesem heiligen Wasser besprengen. Die Mutter und sie sollten sieben Tage lang davon trinken, und ebenfalls sieben Tage sollte sie ein wenig von ihrem Haar verbrennen und den Rauch einatmen. Olivenöl als Nasentropfen und Honigwasser statt schwarzem Tee sollten täglich einen Monat lang zur Stärkung der Abwehrkräfte verwendet werden. Dazu schrieb der *hoca* noch die Meidung von Kraut und Eiern vor.

Begegnungen mit *cin/peri* zeigen nicht nur Grenzüberschreitungen und Unreinheit auf, sondern stellen selbst eine Verunreinigung dar, die rituell wieder aufgehoben werden muß.

III. Die fruchtbare Unreinheit von Frauen und die Bestätigung der Ordnung

Der menschliche Körper liefert ein Modell, das als Symbol für die Gesellschaft begriffen werden kann.[47] Durch die islamischen Vorstellungen von Fruchtbarkeit und Reinheit kommt dem Körper besondere Bedeutung für die Konstruktion der Geschlechterdifferenz und in der Folge der sozialen und kosmischen Ordnung zu.

Die körperlichen Unterschiede erfahren durch die „Unreinheit" ihre spezifische Interpretation. Reinheit ist in den Augen der DorfbewohnerInnen die Grundlage für rituelle Handlungen und für das Leben. Sie ist die Voraussetzung für das Gebet, das wiederum die wichtigste Pflicht der Muslime und der Schlüssel für das Paradies ist. Menstruation und Wochenfluß stellen die exklusiv weiblichen rituellen Unreinheiten dar und bilden neben den Zeugungsvorstellungen eine wichtige Voraussetzung für männliche Dominanz und weibliche Akzeptanz sozialer Unterschiede als von Gott geschaffen.

Exklusiv weibliche Unreinheiten sind wie alle Verunreinigungen unkontrollierbar im Sinne von unvermeidbar, doch darüber hinaus nicht jederzeit aufhebbar. Sie erfordern für ihre Aufhebung eine Ganzkörperwaschung. Biologische Eigenschaften werden durch ihre Darstellung als unrein zu Gefahren für und Schwächen von Frauen. Die körperlichen Unterschiede zwischen Frau und Mann werden betont. Durch die Entfernung der Schamhaare oder die Beschneidung wird das Geschlecht rein im Sinne von eindeutig oder sichtbar. Langes Haar steht für weibliche Sexualität und wird dementsprechend kontrolliert (bedeckt), ein Oberlippenbart bestätigt die Männlichkeit. Die Folge der Interpretation der biologischen Unterschiede zwischen den Körpern von Frau und Mann ist die Segregation der Geschlechter und ein hierarchisches Verhältnis zwischen diesen.

„Der Ort der rituellen Handlung für die Frauen ist das Haus", sind sich die Frauen in *Yeşilköy* einig, „weil Gott Mann und Frau unterschiedlich geschaffen hat, es ist sein Wille, daß die Frauen im Haus sind. Das steht im Buch [Koran]." Den Frauen wird (meist allerdings nur von den Männern) auch ein höheres Maß an Verantwortung für die Vertreibung aus dem Paradies gegeben, was auch bedeutet, ihnen mehr Verantwortung für die Unreinheit während des irdischen Daseins zuzuschieben. Nach dem Koran sind Adam und Eva vom Satan verführt worden, im Dorf wird aber oft dazugesagt, daß die Frauen eben leichter zu überreden oder reinzulegen (*kandırmak*) seien. Es gibt keine andere Erklärung für die Schuldzuweisung an Eva als die, daß sie moralisch schwächer sei als Adam.

Frauen interpretieren weibliche Unreinheit meist als eine direkte Schöpfung Gottes, der sie ihnen gab, weil sie mehr zu ertragen hätten als Männer, wodurch sie Zeiten der Schonung brauchten. Schonung, die sie aber auch ausgrenzt und unterordnet.

Unreinheit kennzeichnet in der Folge ihr Leben vor allem an den Übergängen zu neuen sozialen Rollen in Verbindung mit weiblicher Fruchtbarkeit. Das Mädchen wird mit der Menarche nicht nur zu einer fruchtbaren Frau, sondern auch sexuell begehrenswert. Sie ist ab diesem Ereignis für ihre Sünden vor Gott verantwortlich und wird wegen der Gefahren, die durch ihre sexuellen Reize der gesellschaftlichen Ordnung und ihr selbst drohen, segregiert, und ihr Haar wird verhüllt. Das Blut macht sie unrein und offen, weshalb sie verstärkt beschützt, kontrolliert und verhüllt werden muß. Während der Menstruation darf eine Frau den Koran nicht berühren, nicht beten und die Moschee nicht betreten. Der erste Schritt einer Integration in die Welt der Erwachsenen bedeutet für Frauen gleichzeitig Ausgrenzung, verstärkte Kontrolle und auch die erhöhte Gefahr, besessen zu werden.

Den nächsten Übergang in die Welt der Vernunft bildet die Hochzeit. Auch hier mischt sich die Freude über das wichtigste Ereignis im Leben der Dorfbewohnerinnen mit dem Nachteil einer verstärkten Kontrolle und der Trennung von den Eltern oder auch dem eigenen Wohnviertel und der vertrauten Umgebung. Die Braut gilt nach dem ersten Geschlechtsverkehr, der ihre Reinheit (Jungfräulichkeit) beweist, als unrein und offen. Der Mann, der sie – ihren Schleier, ihr Haar und ihren Körper – öffnet, muß sie auch beschützen und kontrollieren. Wegen der verstärkten Bedrohung durch die neue Umwelt und vor allem durch die *cin/peri* soll sie drei Tage lang die Schwelle möglichst selten überschreiten. Bis zum *yedi* (ritueller Besuch bei den Eltern der Braut am siebten [*yedi*] Tag nach der Hochzeit) macht sie keine Besuche in ihrem neuen Wohnviertel. Eine Schwangerschaft wird unmittelbar nach dem Ende der Menstruation erwartet, da der Körper in dieser Zeit am reinsten und damit am fruchtbarsten sein soll.

Die Geburt eines Kindes bedeutet die Erfüllung der wesentlichen gesellschaftlichen Erwartungen an ein Paar. Ab der Öffnung der Fruchtblase gilt die Frau bis vierzig Tage nach der Geburt als unrein. Rituelle Waschungen mit Fruchtbarkeitssymbolen (*yedilemek*) sollen ihr Milch für das Kind geben. Mutter und Kind verlassen das Haus sieben Tage lang nicht, und insgesamt vierzig Tage soll die Mutter das Haus nur bis zum Nachmittagsgebet verlassen. Geschlechtsverkehr ist verboten, wenn Frauen bluten, und wird mit Inzest gleichgesetzt. Frauen unterliegen während des Wochenflusses den gleichen Tabus wie Menstruierende. Nach vierzig Tagen ermöglicht ihnen ein *banyo* (Ganzkörperwaschung), die rituellen Handlungen wieder aufzunehmen, und sie werden in die Gesellschaft reintegriert.

Die Verknüpfung von weiblicher Sexualität mit männlicher Ehre (*namuz*), die erst die Kontrolle von Frauen und die Gewißheit, daß die Nachkommen vom Samen des Vaters gezeugt wurden, ermöglicht, ist auch ein Ergebnis der kulturellen Interpretation der Zeugung. Der Mann zeugt das Kind – wenn Allah es will – mit seinem Samen, und die Frau nährt es in ihrem Körper.[48] Die Kontrolle erscheint legitim und notwendig, da sie dazu dient, die Gebärmutter und damit die Patrilinie (*sülale*) rein zu erhalten, und ist somit ein Beitrag zur Ordnung der Gesellschaft. Rituelle Unreinheit durch Sexualität kann aufgehoben werden, nicht die durch unerlaubten oder vorehelichen Geschlechtsverkehr, diese bleibt ein ewiger Fleck auf dem Körper der Frau, vor allem aber der Patrilinie, die für das ehrbare Verhalten der Frau verantwortlich ist.

Die Vorstellung der Legitimität von Abwertung und Kontrolle der Frauen durch ihre Körper wird von diesen geteilt, führt aber häufig zu Widersprüchen zwischen normativen Erwartungen und individuellen Bedürfnissen.[49] Ich behaupte, daß diese Widersprüche, die an den Übergängen in neue soziale Rollen ihren Höhepunkt erreichen, zu den körperlichen Symptomen, die oben beschrieben wurden, führen. In den Vorstellungen der DorfbewohnerInnen werden die Symptome aber nicht als Versuche der Abweichung von der Norm, sondern mittels Besessenheit erklärt. Es wird nicht das Herrschaftsverhältnis selbst und damit die gesellschaftliche Ordnung durch abweichendes Verhalten der Frauen bedroht, sondern der weibliche Körper wird durch DämonInnen verunreinigt. Die Frau wird auch nicht, wie bei bewußten Normüberschreitungen, bestraft, sondern durch Rituale behandelt, bis sie wieder ganz rein (*tertemiz*) ist.

Die Interpretation der biologischen Unterschiede zwischen den Geschlechtern wird als Erklärung sowohl für die Inferiorität der Frauen als auch für die größere Bedrohung des weiblichen Körpers durch die grenzüberschreitenden Wesen – die *cin/peri* – gesehen. Offenheit ist nur dort erlaubt, wo sie bedeckt werden kann. Frauen sind durch die Interpretation ihrer Anatomie offener, durchlässiger, und es erscheint normal, daß sie häufiger besessen sind. Doch durch die Übertreibung der Unkontrollierbarkeit der Unreinheit, ihre Verunreinigung durch andere Wesen und die Verhaltensweisen während der Anfälle überschreiten besessene Frauen die normativen Grenzen. Die Sprache des Körpers erzählt dann nicht nur von den Reinheitsvorstellungen im Islam, sondern auch von den Momenten der unerträglichen Belastung durch die daraus abgeleitete Inferiorität von Frauen und ihren Wünschen nach Veränderung. Die Unreinheit wird fruchtbar.[50]

Die Reinigung von den DämonInnen bedeutet in diesem Sinn, die Akzeptanz ihrer eigenen Unterdrückung bei den Frauen wiederherzustellen. Auf diese Art gereinigte Frauen inszenieren nicht, sind vernünftig, halten sich an die Norm, tragen die gesellschaftliche Ordnung mit. Sie sind nur dann unrein, wenn es erwartet wird, und nur dann offen, wenn sie bedeckt werden können. Eine Auseinandersetzung mit den kollektiven Ursachen der Krisen von Frauen würde eine Bedrohung der gesellschaftlichen Ordnung nach sich ziehen. Durch die rituelle Reinigung werden Frauen ohne Gewalt zur Vernunft gebracht.

Körperliche Krisen als Besessenheit – und damit als eine Angelegenheit für die HeilerInnen – wahrzunehmen, bietet die Möglichkeit, in einer Form damit umzugehen, die zwar die Frauen und die Gesellschaft entlastet, aber durch heilende Rituale letztendlich die soziale Ordnung, die wohl auch die Ursache für die Krisen bildet, bestätigt.

Anmerkungen

1   Yeşilköy liegt am Ende eines der vielen Täler, welche die hinter dem östlichen Schwarzen Meer steil ansteigenden Berge durchschneiden. Mit der Höhe werden die vielen Bäche und Wasserfälle spärlicher, so wie auch die Besiedlung der dicht bewachsenen grünen Hänge. Hauptsächlich werden in den Dörfern dieser Region Haselnüsse und Tee für den Markt und Mais, Gemüse und Obst für die Subsistenz angebaut. Viele Dorfbewohner haben auch Berufe wie Maurer, Koch oder Chauffeur, die sie in den umliegenden Kleinstädten oder in der Provinzhauptstadt Trabzon ausüben. Meist unverheiratete Frauen verdienen als Tagelöhnerinnen bei großen Haselnußbauern weiter unten im Tal für ihre Aussteuer (çeyiz). Andere Arbeiten von Frauen außerhalb des Dorfes sind für die Gesellschaft nicht vorstellbar.
2   BRAUN 1990: 76.
3   BODDY 1989: 159.
4   ABU-LUGHOD 1990: 23.
5   CRAPANZANO 1986: 53.
6   Vgl. KRONSTEINER/STRASSER 1989.
7   WEINER 1976.
8   LEACOCK 1981.
9   BELL 1983.
10 MATHIEU 1985.
11 ORTNER 1974.
12 Vgl. ROSALDO/LAMPHERE 1974; REITER 1975; LEACOCK 1981.

13 Vgl. MACCORMACK/STRATHERN 1980.
14 Vgl. SACKS 1979.
15 Vgl. MIES 1978.
16 Objektivität wurde zwar in Frage gestellt, blieb aber ein Ziel im Sinne der Befreiung.
17 MIES 1984: 8 ff.
18 A. a. O.: 11.
19 AMADIUME 1987.
20 SAADAWI 1980: XVII (zitiert nach der deutschen Fassung: *Tschador. Frauen im Islam*).
21 Dieser Vorwurf müßte sich m. E. auch an die WissenschafterInnen richten, die unter dem Banner des Humanismus für universelle Menschenrechte und Demokratie – auf Grundlage eines westlichen Verständnisses derselben – eintreten.
22 MOORE 1993: 194f.
23 Vgl. KNECHT 1993.
24 GEERTZ 1987.
25 CLIFFORD/MARCUS 1986.
26 Micaela di LEONARDO (1991: 22) bezeichnet sie deshalb als „ethnography-as-text school".
27 „However, what appear to be new and exciting insights to these new postmodernist anthropologists – that culture is composed of seriously contested codes of meaning, that language and politics are inseperable, and that constructing the ‚other' entails relations of domination – are insights that have received repeated and rich exploration in feminist theory for the past forty years." (MASCIA-LEES u. a. 1989: 11)
28 GEERTZ 1987: 23.
29 CLIFFORD 1986: 2.
30 MASCIA-LEES 1989: 15 ff.
31 „Why is it just when subject or marginalized peoples like blacks, the colonized and women have begun to have and demand a voice, they are told by the white boys that there can be no athoritative speaker or subject." (HARTSOCK 1987, zit. nach ABU LUGHOD 1990: 17)
32 KNECHT/WELZ 1992: 11.
33 ABU LUGHOD: 1990: 9.
34 Zum Beispiel fordert Nahid TOUBIA 1993 „*A Global Call to Action*" gegen die Verstümmelung von weiblichen Genitalien. Sie betont dabei aber den Respekt vor den verschiedenen Kulturen und die Notwendigkeit, lokale AktivistInnen und religiöse SpezialistInnen miteinzubeziehen.
35 Alle Namen wurden geändert. Türkische Ausdrücke werden im Nominativ Einzahl gebraucht. *Abla* bedeutet große Schwester und ist ein Ausdruck des Respekts gegenüber Älteren, nur jüngere Personen werden ohne Verwandtschaftsbezeichnung angesprochen.
36 *Hoca* bezeichnet verschiedene gesellschaftliche Funktionen, weist aber immer auf Gelehrte oder Schriftkundige hin. Das sind LehrerInnen, staatliche Geistliche, respektierte Personen, die den Koran lesen und interpretieren können, und HeilerInnen mit verschiedenen Fähigkeiten. Je nach Problemstellung werden bei Krisen auch bestimmte *hoca* um Rat gefragt oder um Hilfe gebeten. Der staatliche Geistliche wird als Beamter wahrgenommen, der die Moschee verwaltet. Bei kleinen Problemen wird der

hoca (einer, der den Koran lesen kann) im Dorf aufgesucht. Er weiß das richtige Verhalten in rituellen Angelegenheiten und gilt als weiser Mann. Bei Krisen, wie Kinderlosigkeit, Potenzschwäche oder erste Ohnmachts- und Schwindelanfälle, rezitiert er für die von DämonInnen bedrohten Frauen und Männer zur Stärkung der Abwehrkräfte den Koran (manchmal auch als Ausführender der Anordnungen von HeilerInnen). Bei länger andauernden Bedrohungen durch DämonInnen, die seelische Krisen und Krankheiten auslösen, wenden sich die Hilfesuchenden an den Meister der DämonInnenen – den *cinci-hoca*. Er kann im Gegensatz zum *hoca*, der das Schicksal aus den Sternen (*yıldızname*) voraussagt, selbst Kontakt zu den DämonInnen aufnehmen.

37 Das türkische Wort *cin* (Geist, DämonIn) ist etymologisch vom arabischen Begriff *Ginn* herzuleiten. Die Wurzel (ğnn) bedeutet im Arabischen sowohl bedecken als auch versteckt sein. „Die Wurzelbedeutung informiert uns also darüber, daß sich die Ğinn vor den Menschen verbergen und daß sie ebenso den Verstand des Menschen verhüllen können, sodaß er besessen (mağnun) wird." (HENTSCHEL 1987: 4.)

38 Vgl. dazu EI II „Djinn". Das Begriffspaar *cin/peri* soll sowohl auf die synonyme Verwendung der beiden Begriffe im Dorf als auch auf die Unterschiedlichkeit der Vorstellungen in der Schrifttradition und in den regionalen Überlieferungen hinweisen.

39 Vorstellungen über *cin* in der Türkei sind auch bei BORATAV (1984: 74 ff), über jene im arabischen Raum bei HENTSCHEL (1987: 36 ff) und HENNINGER (1981: 128 ff) ausführlich behandelt.

40 Hentschel bestätigt die Bedeutung der *cin* als Ordnungshüter und Grenzwächter: „Die Einzigen, die vor den Nachstellungen der Ğinn gefeit sind, sind die wahren Gläubigen." (HENTSCHEL 1987: 10)

41 Wesentlich für die Verunreinigung ist der Austritt von Körperflüssigkeiten. Es wird nach der islamischen Schrifttradition, die auch in diesem Dorf weitgehend homogen bestätigt wird, zwischen kleinen Reinigungsritualen (*aptes*) und Ganzkörperreinigungen (*banyo, gusül aptesi*) unterschieden. Verunreinigungen, die ein kleines Reinigungsritual erfordern, werden durch Urin, Fäkalien, Erbrochenem, und durch aus Wunden austretendes Blut hervorgerufen. Die großen Reinigungen sind erforderlich bei Eintritt in den Glauben (eventuell schon bei der Geburt), beim Tod, also bei der Geburt ins Jenseits (vgl. DELANEY 1991: 60), nach einem Geschlechtsverkehr, wenn dabei Flüssigkeiten austreten, und nach den exklusiv weiblichen Unreinheiten, dem Ende der Menstruation und dem Ende des *loğusalık* (Wochenfluß). Mädchen gelten auch als unrein und müssen ein *büyük aptes* (große rituelle Reinigung) durchführen, wenn sie von einem geliebten Mann nur geträumt haben. Bei Männern tritt die Verunreinigung durch die Ejakulation ein, also auch durch Selbstbefriedigung und nächtlichen Samenguß.

42 Öztürk bezeichnet die Anfälle nach psychiatrischer Taxonomie: „[...] aphonia, aphasia, strokes, epileptic attacks, schizophrenic reactions, manias, and severe delusional depressions" (ÖZTÜRK 1964: 351).

43 ÖZTÜRK 1974: 348.

44 Es wird auch von anderen Einrichtungen zur Heilung verschiedener Symptome berichtet, die aber in *Yeşilköy* weniger Bedeutung haben. ÖZTÜRK (1964) und SACHS (1983) erwähnen zum Beispiel *ocak* (bedeutet wortwörtlich: Herdfeuer), die ebenfalls Heiler, entsprechend den *hoca*, sein können, aber auch Grabstätten und andere heilige Orte, die durch die Übertragung der heiligen Kraft auch heilende Wirkung haben.

45 Eine Auflistung der *cinci büyüleri* (Zauberpraktiken der HeilerInnen) mit einer fast rezeptartigen Darstellung findet sich bei EYÜBOĞLU (1978), eine Auflistung regiona-

ler Vorstellungen zu Zauber- und Heilpraktiken in Zusammenhang mit Heirat und Fruchtbarkeit bei BARLAS (1974).

46 Auch bei der Herstellung von Horoskopen werden meist die Namen von Mutter und Kind zur Errechnung der Zahlenwerte verwendet. Die Begründung der dazu befragten Heiler lautete: „Nur die Mutter eines Kindes ist gewiß. Ob der Vater wirklich der Vater ist, wissen wir nicht."

47 DOUGLAS 1988: 152.

48 DELANEY (1991: 27) beschäftigt sich in ihrem Buch *The Seed and the Soil* ausführlich mit diesen Vorstellungen von Zeugung – „the process by which life comes into being" –, also Reproduktion in einem kulturellen und nicht biologischen Kontext und deren Auswirkungen auf das Verhältnis der Geschlechter, auf Heiratsstrategien sowie auf Beziehungen im Dorf, zur Welt und zum Jenseits.

49 Vgl. STRASSER 1995: 199 ff.

50 Die gesellschaftliche Bewältigung dieser Krisen, die Abgrenzung gegenüber der Unordnung, ist ein wesentlicher Aspekt der Aufrechterhaltung der herrschenden Verhältnisse und zeigt die Dynamik in den Beziehungen der Geschlechter. Der Versuch, die Analyse des abendländischen Diskurses über Hysterie und der hysterischen Symptombildung von Christina von BRAUN (1990) als Anregung für das Verständnis von Unreinheit als *cincilik* einzubeziehen, wird in STRASSER (1995) unternommen.

Literatur

ABU-LUGHOD, Lila: Can There Be A Feminist Ethnography? In: Women and Performance, Bd. 5 (1). 1990: 7-27.

AMADIUME, Ifi: Male Daughters, Female Husbands. Gender and Sex in an African Society. London 1987.

BARLAS, Uğurol: Anadolu Düğünlerinde Büyüsel İnanmalar. Karabük 1974.

BELL, Diane: Daughters of the Dreaming. Melbourne 1983.

BODDY, Janice: Wombs and Alien Spirits. Women, Men and the Zar Cult in Northern Sudan. Madison, Wisconsin 1989.

BORATAV, Pertev Naili: 100 Soruda Türk Folkloru. Inanışlar. Töre ve Törenler. Oyunlar. (= 100 Soruda Dizisi 40). Istanbul 1984 (1973).

BRAUN, Christina von: Nichtich. Logik, Lüge, Libido. Frankfurt am Main 1990 (1985).

CLIFFORD, James: Introduction: Partial Truth. In: Ders./Marcus, George E. (Hg.): Writing Culture. The Poetics and Politics of Ethnography. Berkeley/Los Angeles 1986: 1-26.

DERS./MARCUS, George E. (Hg.): Writing Culture. The Poetics and Politics of Ethnography. Berkeley/Los Angeles 1986.

CRAPANZANO, Vincent: Hermes' Dilemma: The Masking of Subversion in Ethnographic Description. In: Clifford, James/Marcus, George E. (Hg.): Writing Culture: The Poetics and Politics of Ethnography. Berkeley/Los Angeles 1986: 51-76.

DELANEY, Carol: The Seed and the Soil. Gender and Cosmology in Turkish Village Society. Berkeley/Los Angeles 1991.

di LEONARDO, Micaela: Introduction: Gender, Culture, and Political Economy. In: Dies. (Hg.): Gender at the Crossroads of Knowledge: Feminist Anthropology in the Postmodern Era. Berkeley/Los Angeles 1991: 1-48.

DOUGLAS, Mary: Reinheit und Gefährdung. Eine Studie zu Vorstellungen von Verunreinigung und Tabu. Frankfurt am Main 1988 (1966).

THE ENCYCLOPAEDIA OF ISLAM (EI II). New edition. Vol 1- . Leiden 1954- .

EYÜBOĞLU, İsmet Zeki: Cinci Büyüleri ve Yıldızname. Istanbul 1978.

GEERTZ, Clifford: Dichte Beschreibungen. Beiträge zum Verstehen kultureller Systeme. Frankfurt am Main 1987 (1973).

HENNINGER, Joseph: Geisterglaube bei den vorislamischen Arabern. In: Arabica Sacra. Aufsätze zur Religionsgeschichte Arabiens und seiner Randgebiete. (= Reihe Orbis Biblicus et Orientalis, Bd. 40) Freiburg/Göttingen 1981.

HENTSCHEL, Kornelius: Ǧinn-Glaube, Zauber- und Heilwesen im heutigen Kairo. Phil. Diss. Wien 1987.

KNECHT, Michi: Bilder – Texte – Macht. Wie die Darstellung von „anderen" Frauen als Opfer und „anderen" Kulturen als frauenfeindlich zur Rechtfertigung von Ausgrenzung benutzt wird. In: WIDEE (Hg.): Nahe Fremde, Fremde Nähe. Frauen forschen zu Ethnos, Kultur, Geschlecht. (= Reihe Frauenforschung, Bd. 24) Wien 1993: 273-301.

DIES./WELZ, Gisela: „Postmoderne Ethnologie" und empirische Kulturwissenschaft. Textualität, Kulturbegriff und Wissenschaftskritik bei James Clifford. In: Tübinger Korrespondenzblatt, Nr.41. 1992: 3-18.

KRONSTEINER, Ruth/STRASSER, Sabine: Frauen im Feld – Überlegungen zu einer nie enden wollenden Reise. In: Kossek/Langer/Seiser (Hg.): Verkehren der Geschlechter. Reflexionen und Analysen von Ethnologinnen. (= Reihe Frauenforschung, Bd. 10) Wien 1989: 180-194.

LEACOCK, Eleanor B.: Myth of Male Dominance. Collected Articles on Women Cross-Culturally. New York/London 1981.

MacCORMACK, Carol/STRATHERN, Marilyn (Hg.): Nature, Culture, Gender. Cambridge/New York 1980.

MASCIA-LEES, Frances/SHARPE, Patricia/BALLERINO COHEN, Colleen: The Postmodernist Turn in Anthropology: Cautions from a Feminist Perspective. In: Signs, Bd.15 (1). 1989: 7-33.

MATHIEU, Nicole-Claude: Quand Ceder n'est pas Consentir. In: Dies. (Hg.): L'arraisonnement des femmes. Essais en anthropologie des sexes. Cahier de l'homme, Nouvelle Série XXIV. Paris 1985: 169-237.

MIES, Maria: Methodische Postulate der Frauenforschung. In: beiträge zur feministischen theorie und praxis, Bd. 1. 1978: 41-63.

DIES.: Methodische Postulate zur Frauenforschung – dargestellt am Beispiel der Gewalt gegen Frauen. In: beiträge zur feministischen theorie und praxis, Bd. 11. 1984: 7-25.

MOORE, Henrietta L.: The differences within and the differences between. In: del Valle, Teresa (Hg.): Gendered Anthropology. London 1993: 193-204.

ORTNER, Sherry: Is female to male as nature is to culture? In: Rosaldo, Michelle Zimbalist/Lamphere, Luise (Hg.): Women, culture and society. Stanford 1974: 67-88.

ÖZTÜRK, Orhan: Folk Treatment of Mentall Illness in Turkey. In: Kiev, Ari (Hg.): Magic, Faith, and Healing. Studies in Primitive Psichiatry Today. New York 1974: 343-363.

PARET, Rudi: Der Koran. Übersetzung. Stuttgart 1979.

REITER, Rayna (Hg.): Toward an Anthropology of Women. New York/London 1975.

ROSALDO, Michelle Zimbalist/LAMPHERE, Luise (Hg.): Women, Culture and Society. Standford 1974.

SAADAWI, Nawal el: Tschador. Frauen im Islam. Bremen 1980.
SACHS, Lisbeth: Evil Eye or Bacteria. Turkish Migrant Women and Swedish Health Care. Stockholm 1983.
SACKS, Karen: Sisters and Wives. The Past and the Future of Sexual Equality. Urbana/Chicago/London 1982.
STRASSER, Sabine: Die Unreinheit ist fruchtbar. Grenzüberschreitungen in einem türkischen Dorf am Schwarzen Meer. (= Reihe Frauenforschung, Bd. 25) Wien 1995.
TOUBIA, Nahid: Female Genital Mutilation. A Call for Global Action. New York 1993.
WEINER, Annette B.: Women of Value, Men of Renown. New Perspectives in Trobriand Exchange. Austin, Texas 1983 (1976).

Sabine Strasser
Cincilik

Bir Türk köyündeki kadınların bedensel krizlerinin anlamı üzerin

Etnografi ve Feminizm alanlarındaki „temsilin krizi" ve „farklılığın krizi" hakkında kısa bir bakıştan sonra, bu makale, bir Türk köyündeki, cinsiyetlerin sosyal yapısı hakkında incelemelerde bulunmaktadır. Biyolojik hiç bir nedeni olmayan bedensel semptomların analizi, peri ve cinlerin aracılığıyla, toplumsal düzen ve toplumsal beklentilerin sınırına götürür.

İslami kurallara göre dini temizlik, dini eylemlerin ve yaşamın temel ilkesidir. Kadına özgü kirlilik (aybaşı kanaması ve lohusa akıntısı) yoluyla, güya, bedenin kendisi, cinsiyetler arası hiyerarşiyi yasallaştırır. Cin ve peri çarpmış olma şeklindeki kirlilik, sadece kadınların zayıflığının bir ifadesi değil, aksine ve herşeyden önce, hiyerarşiye karşı istek ve niyetin dile getirilişidir. Bu, önce güçsüzlük olarak gözüken şey, başkalarının iktidarına karşı olan taktiklere dönüşür.

Bu sırada toplumsal düzenin sınırlarını aşan kadınlar, toplumun geçerli düşüncelerini erkeklerle paylaşmaya da devam ederler. Cin ve peri çarptığında, toplumsal kuralların sınırını aşmanın yükümlülüğü kadınların değil, cin ve perilerindir.

Kadınların, hiyerarşiyle olan ilişkilerindeki taktikleri, bir Türk köyü topluluğundaki kadınların arasındaki farklılıkları gösterdiği gibi, çeşitli ataerkil toplumlardaki kadınsal taktiklerin karşılaştırılmasına da olanak verir.

Bu makale, oldukça yaygın olan „pasif zavallı Türk kadını" imajını ve karşılaştırılması ve de anlaşılması olası olmayan bir farklılığın varsayımını sorgulamak istemektedir.

Çeviri: Aslıhan Karabiber-Ertuğrul

Die Autorinnen

Elisabeth Andeßner, 1960 in Wels/OÖ geboren. 1978 Matura in Wels. Studium der Ethnologie und Afrikanistik in Wien. Tätigkeit als Bildungsberaterin im Berufsinformationszentrum Wien. Mitbegründerin der ARGE Wiener Ethnologinnen. Seit 1991 Mitarbeiterin des Vereins *Miteinander Lernen – Birlikte Öğrenelim* als Kinder- und Lernhilfebetreuerin, Projektadministratorin und Kursleiterin.
Arbeitsschwerpunkte: Rassismus/Sexismus, Migration/Schule.

Judith Hanser, 1956 in Klagenfurt geboren. Nach mehrjährigem Aufenthalt in Istanbul/Türkei Matura in Klagenfurt. Studium der Turkologie und Islamwissenschaften an der Universität Wien. Seit 1993 systemische Familientherapeutin mit Schwerpunkt Therapie für MigrantInnen aus der Türkei. Langjährige Referentin und Seminarleiterin in der Fort- und Weiterbildung von PflichtschullehrerInnen am PI Wien und anderen Bildungs- und Sozialeinrichtungen. Gründungsmitglied des Vereins *Miteinander Lernen – Birlikte Öğrenelim.* Im Verein als Kursleiterin, Sozialarbeiterin und Projektadministratorin tätig. Lehrauftrag am Institut für Erziehungswissenschaften der Universität Innsbruck im Rahmen der Veranstaltungsreihe *Multikulturelles Zusammenleben, aber wie?* im Sommersemester 1993.

Cora K. Hiebinger, Mag. rer. nat., 1964 in Linz/OÖ geboren. 1981/82 einjähriger Aufenthalt in Istanbul bei einer türkischen Familie im Rahmen eines AFS-Stipendiums (Austauschprogramm für soziales und interkulturelles Lernen), Besuch des staatlichen Konservatoriums. 1984 Matura in Linz. Studium der Biologie an der Universität Wien, Teilnahme an Seminaren und Symposien in Wien, Gorizia/Italien, Freysing, Erlangen und León/Spanien. Mitglied der Forschungsgruppe von Univ.-Prof. DDr. L. Mucina, Abteilung Populationsökologie. Im Oktober 1994 Abschluß der Diplomarbeit: *On lifehistory patterns of interstitial perennial herbs in a dry grassland.* 1989-91 Tänzerin bei der „Dance Corporation", 1992-93 beim „Diesel Contemporary Dance Theatre"; Trainingsaufenthalte in New York. Seit 1985 Mitarbeiterin bei *Miteinander Lernen – Birlikte Öğrenelim.* Im Verein als Kinderbetreuerin, Projektadministratorin, Kursleiterin, Lernhilfebetreuerin und Dolmetscherin tätig.

Aslıhan Karabiber-Ertuğrul, 1960 in Istanbul geboren. Nach der Matura Studium der Pädagogik und Psychologie an der Universität Istanbul. 1982 Studienabschluß mit Diplom. 1983 Ausreise nach Österreich. Doktoratsstudium an der Universität Wien. Seit 1984 Kursleiterin für Alphabetisierung in türkischer Sprache für Migrantinnen. Langjährige Referentin und Seminarleiterin in der Fort- und Weiterbildung von LehrerInnen und SozialarbeiterInnen. Seit 1985 Mitarbeiterin des Vereins *Miteinander Lernen – Birlikte Öğrenelim*. Im Verein als Kursleiterin, Dolmetscherin, Beraterin, Psychotherapeutin tätig. Seit 1993 systemische Familientherapeutin mit Schwerpunkt Therapie für MigrantInnen aus der Türkei.

Ruth Kronsteiner, 1959 in Wien geboren. Studium der Ethnologie, Volkskunde, Arabistik und Turkologie. Psychoanalytische Sozialtherapeutin, derzeit Ausbildung in systemischer Familientherapie. Seit zehn Jahren im Bereich psychosoziale Versorgung von MigrantInnen aus der Türkei und in der Erwachsenenbildung für Frauen tätig. Diverse Studien- und Forschungsaufenthalte in der Türkei. 1993 Lehrauftrag am Institut für Erziehungswissenschaften der Universität Innsbruck gemeinsam mit Judith Hanser.
Publikationen u.a.: Teile und Herrsche. Haupt- und Nebenwidersprüche in der Ausländerinnenfrage. In: Frauensolidarität, Nr. 32. Wien 1990: 9-11. – Ausländerinnen und Gesundheit. Ein unüberwindbarer Gegensatz? In: Schratz/Fuchs (Hg.): Interkulturelles Zusammenleben, aber wie? Innsbruck 1994: 99-115. – Die Konstruktion von Fremdheit per Gesetz. In: Dohnal (Hg.): Gewalt gegen Frauen gegen Gewalt. Tagungsdokumentation, Bd. 2. Wien 1994: 211-220. – Gemeinsam mit Sabine Strasser: Frauen im Feld. Überlegungen zu einer nie enden wollenden Reise. In: Kossek/Langer/Seiser (Hg.): Verkehren der Geschlechter. Reflexionen und Analysen von Ethnologinnen. Wien 1989: 180-194. – Impure or Fertile? Two Essays on the Crossing of Frontiers through Anthropology and Feminism. In: del Valle (Hg.): Gendered Anthropology. London 1993: 162-192.
Arbeitsschwerpunkte: AusländerInnengesetze, sozialpsychologische und psychosoziale Hintergründe und Auswirkungen von Migration, ethnopsychoanalytische und feministische Ansätze in der Arbeit mit Migrantinnen aus der Türkei, Frauen im ethnologischen Feld.

Nilüfer Sözer, 1964 in Izmir geboren. Matura am Lycee de Galatasaray; Hochschulabschluß an der Universität Istanbul: Fakultät für Wirtschaft, Studienrichtung: Internationale Beziehungen. Arbeit als Korrektorin in einem Verlag (Remzi Kitabevi) und ehrenamtliche Mitarbeit in einem Verein für Kinder (Sevgi ve Çocuk Evreni) während des Studiums. 1989 Migration nach Österreich, um weiter zu studieren. Ein Jahr lang Deutschkurs im Vorstudienlehrgang und Beginn des Studiums an der Wirtschaftsuniversität Wien (Studienrichtung Volkswirtschaft). Seit 1990 Mitarbeiterin des Vereins *Miteinander Lernen – Birlikte Öğrenelim*. Tätigkeiten im Verein: Kinder- und Lernhilfebetreuung, Kursleitung (Türkisch- und Alphabetisierungskurse), Beratung, Dolmetsch und Buchhaltung. Verheiratet, eine Tochter und einen Sohn.

Karin Stangl-Mähner, DSA, 1960 in Eggenburg/NÖ geboren. 1978 Matura in Horn, NÖ. 1981 Diplom der Bundesakademie für Sozialarbeit in Wien. Studium der Ethnologie und der Politikwissenschaft an der Universität Wien. 1989 Abschluß der Ausbildung zur psychoanalytischen Sozialtherapeutin mit Diplom bei der Arbeitsgemeinschaft für Psychoanalyse und Sozialtherapie. Seit 1984 im Verein *Miteinander Lernen – Birlikte Öğrenelim* als Sozialarbeiterin, Kursleiterin, Lernhilfebetreuerin und Projektadministratorin tätig. Verheiratet, eine Tochter.

Sabine Strasser, Dr. phil., geboren 1962 in Oberösterreich. Studium der Ethnologie und Afrikanistik in Wien. 1988, 1990 und 1993 mehrmonatige Forschungs- und Studienaufenthalte in der Türkei und in Frankreich. Mehrere ethnologische Aufsätze in wissenschaftlichen Anthologien. Mitbegründerin von *Miteinander Lernen – Birlikte Öğrenelim* und Mitarbeit im Dachverband der Bildungs- und Beratungseinrichtungen für ausländische Frauen.
Publikationen u.a.: Die Unreinheit ist fruchtbar! Grenzüberschreitungen in einem türkischen Dorf. (= Reihe Frauenforschung, Bd. 25) Wien 1995. – Gemeinsam mit Ruth Kronsteiner: Impure or Fertile? Two Essays on the Crossing of Frontiers through Anthropology and Feminism." In: del Valle (Hg.): Gendered Anthropology. London 1993: 162-192. – Gemeinsam mit Dilek Çınar: Grenzziehungen in Österreich. Anmerkungen zu den Gefahren der Entdeckung von Fremdheit. In: WIDEE (Hg.): Nahe Fremde – Fremde Nähe. Frauen forschen zu Ethnos, Kultur, Geschlecht. Wien 1993: 257-272.
Arbeitsschwerpunkte: Körper und Ideologie; Migration; Geschlechterverhältnisse in der Türkei; feministische Anthropologie.

Aurelia Weikert, 1960 in Wien geboren. Studium der Ethnologie und Politikwissenschaft. Mehrer Artikel und Referate zum Thema Gen- und Fortpflanzungstechnologien sowie Bevölkerungspolitik. Seit Herbst 1988 im Verein *Miteinander Lernen – Birlikte Öğrenelim* in den Bereichen Kinderbetreuung, Lernhilfe, Deutschkurs sowie Projektorganisation und Administration tätig.
Publikationen u.a.: Mann tut, was mann kann. In: Weikert/Riegler/Trallori (Hg.): Schöne neue Männerwelt. Beiträge zu Gen- und Fortpflanzungstechnologien. Wien 1989(2): 165-179. – Gemeinsam mit Johanna Riegler: Heisere Gegenstimmen – Reflexionen zur Kritik an Gen- und Reproduktionstechnologien. In: Fleischer/Winkler (Hg.): Die kontrollierte Fruchtbarkeit. Neue Beiträge gegen die Reproduktionsmedizin. Wien 1993: 107-133.

Patricia Zuckerhut, 1961 in Schwarzach/Salzburg geboren. Seit 1980 Studium der Ethnologie und Psychologie in Wien. 1988 Leitung des Arbeitskreises *Subsistenzarbeit – ein Angelpunkt des Widerstands* bei den Ethnologinnentagen in Wien, zusammen mit Aurelia Weikert und Sabine Strasser. 1988-89 Mitarbeit im Studienzentrum Wien. 1985 und 1989 Mitarbeit an der Herausgabe der Zeitschrift *Cargo. Zeitschrift für Ethnologie*, Nr. 6 bzw. 12/13, Wien. 1989 Teilnahme an der Arbeitsgruppe Ethnologie Wien. 1990 Begleitveröffentlichung zum wissenschaftlichen Film E 2916 des ÖWF *Herstellung einer Stichplatte für den Musiknotendruck* sowie Mitarbeit bei der Produktion des zugehörigen Films. 1992/93 diverse Vorträge zum Thema Rassismus – Sexismus. Mitbegründerin der ARGE Wiener Ethnologinnen. Derzeit Arbeit an der Dissertation zum Thema *Gesellschaftliche Verhältnisse – Machtverhältnisse im Alten Mexico. Zwischen Autorität und Herrschaft.*

Es gibt vieles, das unser Miteinander lebenswert macht

Wenn verschiedene Kulturen und Lebensarten aufeinandertreffen, dann gibt es Reibungen. Und das ist eigentlich gut so. Denn Integration und Zusammenleben heißt auch Zusammenraufen. Die Zauberworte heißen Verständnis und Toleranz. Menschlichkeit und Freundschaft sind Dimensionen, die nichts damit zu tun haben, welchen Paß man besitzt.

Unser Ziel ist die dauerhafte Integration aller in Österreich lebenden Ausländer, wenn sie es wünschen. Es ist die große Aufgabe der Politik, die Voraussetzungen dafür zu schaffen. Denn Arbeitslosigkeit, Wohnungsnot und überlastete Schulen bilden den Nährboden für Ausländerfeindlichkeit. Aktive Beschäftigungspolitik, Sozialer Wohnbau und Weiterentwicklung des öffentlichen Bildungswesens müssen dem entgegenwirken.

Dafür stehen wir ein.
Wir, die Gewerkschaft der Privatangestellten.

GEWERKSCHAFT DER PRIVATANGESTELLTEN

Und vieles wird möglich.

GGK

Die beste Verbindung.

Christof Parnreiter

MIGRATION UND ARBEITSTEILUNG

AusländerInnenbeschäftigung
in der Weltwirtschaftskrise

Christof Parnreiter
MIGRATION UND ARBEITSTEILUNG
AusländerInnenbeschäftigung
in der Weltwirtschaftskrise
224 Seiten, 34.- DM; 240.- öS; 35.- sFr;
ISBN 3-900478-82-1

Migration ist das zentrale Thema der 90er Jahre. Ihre Entstehung und Funktion sowie ihr konkretes Erscheinungsbild stehen im Mittelpunkt dieser Arbeit. Die vorliegende Studie zeigt, wie die gegenwärtige Krise der Weltwirtschaft überall zum Entstehen neuer Wanderungen führte bzw. traditionelle Migration verändert hat.